Florian Hartleb

EINSAME WÖLFE

Der neue Terrorismus
rechter Einzeltäter

Hoffmann und Campe

1. Auflage 2018
Copyright © 2018
by Hoffmann und Campe Verlag, Hamburg
www.hoca.de
Satz: Arnold & Domnick GbR, Leipzig
Gesetzt aus der Warnock Pro
Druck und Bindung: CPI books GmbH, Leck
Printed in Germany
ISBN 978-3-455-00455-7

HOFFMANN
UND CAMPE

Ein Unternehmen der
GANSKE VERLAGSGRUPPE

INHALT

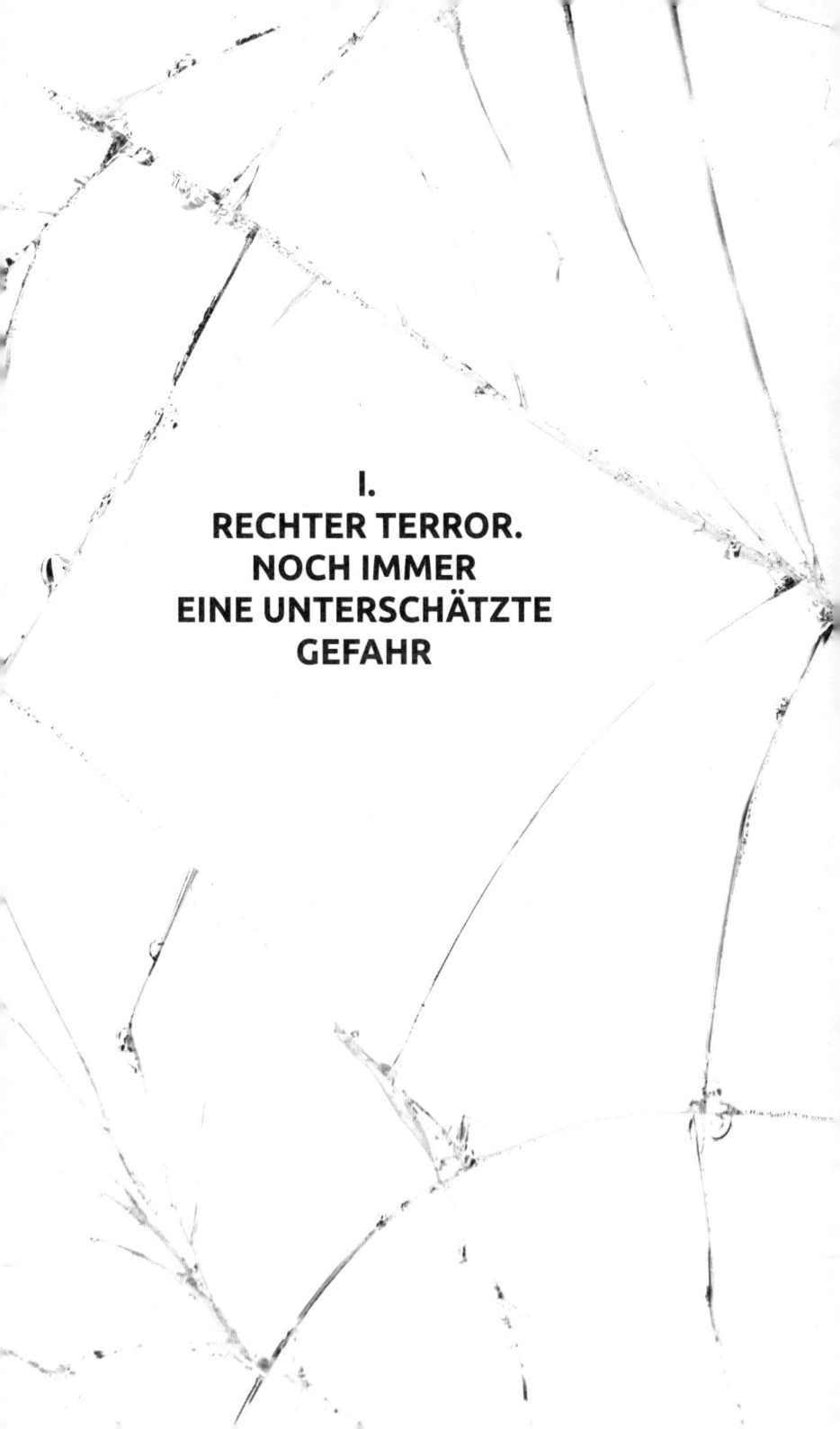

I.
RECHTER TERROR.
NOCH IMMER
EINE UNTERSCHÄTZTE
GEFAHR

1. Die aktuelle Bedrohung durch Terroranschläge von Einzeltätern

Eine neue Art der Beklemmung hält in den westlichen Gesellschaften Einzug. Das 21. Jahrhundert ist zwar schon jetzt das Jahrhundert des Individualterrorismus. Doch die neuartige Art der politisch motivierten Brutalität ist »hausgemacht« (*homegrown*) und nicht per se dem islamistischen Fundamentalismus zuzuordnen: Rechtsradikale töten, um eine Gesellschaft nach ihren Maßstäben zu errichten, ohne große Organisation im Hintergrund, sondern autonom und scheinbar unvorhersehbar. Dabei hätte sich die Weltöffentlichkeit dieser Gefahr spätestens seit dem 22. Juli 2011 bewusst sein müssen: Nach jahrelanger Planung ermordete der norwegische Rechtsextremist Anders Behring Breivik nach einer diabolischen Choreographie 77 Menschen, darunter viele Jugendliche. Erste reflexhafte und vorschnelle Einschätzungen, etwa von den medial gefragten Experten Guido Steinberg oder Elmar Theveßen,[1] meinten ob der Kaltblütigkeit einen Akt von al-Qaida zu erkennen.

---

1 Vgl. Stefan Niggemeier: »Fernsehberichterstattung zum Terror. Wer solche Experten kennt, braucht keine Laien«, in: *Faz.net* vom 24. Juli 2011, http://www.

Es stellte sich jedoch schnell heraus, dass hier ein Einzeltäter gehandelt hatte. Breivik fiel vorher polizeilich nicht auf, war weder einschlägig registriert noch vorbestraft. Geradezu weitsichtig zeigte sich der frühere US-Präsident Barack Obama im Nachgang der Breivik-Attacken. Er äußerte im August 2011, dass die Bedrohung durch die »Einsamen Wölfe« (*lone wolves*), die terroristischen Einzeltäter, größer sei als die durch organisierte Gruppen, die etwa den Terroranschlag vom 11. September 2001 durchführt hatten. Obama konstatierte: »Das Risiko, mit dem wir gegenwärtig konfrontiert sind, ist der Einsamer-Wolf-Terrorist, jemand mit einer einzigen Waffe, der in der Lage ist, Massaker von großem Ausmaß durchzuführen, wie wir sie kürzlich in Norwegen sahen.«[2]

Es geht den Feinden einer demokratischen Werte- und Gesellschaftsordnung längst nicht nur um Worte, etwa im virtuellen Raum, sondern um Taten. Um konkrete, perfide geplante Aktionen, die von Einzelnen, sogenannten Einsamen Wölfen, durchgeführt werden. Diese neue Dimension von Terrorismus wurde lange Zeit von politischen Entscheidern, Ermittlungs- und Geheimdienstbehörden sowie Terrorismusexperten ignoriert und als Taten von verrückten Einzelgängern ad acta gelegt. Diese Tendenz hält bis heute an. Rechtsextremistische und/oder fremdenfeindlich motivierte Gewaltakte gelten Sicherheitsbehörden und anderen Beobachtern eigenartigerweise immer noch als emotional-hassgeladen, wenig planhaft und organisiert. Po-

---

faz.net/aktuell/feuilleton/fernsehen/fernsehkommentare-zum-terror-wer-solche-experten-kennt-braucht-keine-laien-11109925.html

2 Barack Obama: »Obama says ›lone wolf terrorist‹ biggest US threat« , in: *Reuters.com* vom 17. August 2011, https://www.reuters.com/article/us-usa-obama-security/obama-says-lone-wolf-terrorist-biggest-u-s-threat-idUSTRE77F6XI20 110816 [Übersetzung aus dem Englischen im gesamten Buch durch den Autor, sofern nicht anders vermerkt.]

litisch motivierte Intensivtäter, die ein rechtsextremistisches Weltbild haben, tauchen in wissenschaftlichen und journalistischen Arbeiten »unter ferner liefen« auf.[3]

Terror durch Einzelne, ohne dass eine Organisation dahinter die Strippen zieht – dieses Phänomen, umschrieben mit der Metapher des Einsamen Wolfes, meinten wir bislang nur aus anderen Weltregionen zu kennen, aus Afghanistan, dem Irak oder dem Israel-Konflikt, wo radikale Palästinenser gezielte Messerattacken verüben. Doch ob wir es wahrhaben wollen oder nicht: Akte des Terrors, selbst mit Bussen und Lkw, kommen mittlerweile auch in Europa vor. Nicht immer muss der Hintergrund dabei ein politischer sein, wie wir seit dem Anschlag von Münster durch Jens R. im April 2018 wissen. Der Mann raste mit einem Kleinbus in die Menschenmenge, tötete vier Menschen und verletzte zahlreiche Personen.[4] Doch zeigt sich bei all diesen Handlungen die zerstörerische Kraft des Individuums.

Es ist höchste Zeit, die Gewaltexzesse von Einzeltätern als akute Bedrohung wahrzunehmen und zu erkennen. Dazu gehört die Einsicht, dass diese Bedrohung bislang nur unzureichend charakterisiert wurde, terroristische Gewalttaten von rechts fast immer jeden politischen Anspruchs beraubt werden.[5] Wir sind

---

3 Vgl. Uwe Backes: »Rechtsextremistische Gewalt in Europa«, in: Gerhard Hirscher / Eckhard Jesse (Hrsg.): *Extremismus in Deutschland*, Baden-Baden 2013, S. 43.

4 Das hindert rechtspopulistische Politiker nicht daran, zwanzig Minuten nach den ersten Meldungen in einem Tweet zu erklären, dass es sich bei dem Täter nur um einen Ausländer / Flüchtling / Islamisten handeln könne. Vgl. Detlef Esslinger: »Anschlag in Münster. Ob Jens oder Ali mordet«, in: *Süddeutsche Zeitung* vom 8. April 2018, https://www.sueddeutsche.de/panorama/anschlag-in-muenster-ob-jens-oder-ali-mordet-1.3935644

5 Eine Ausnahme, die auf die Bedeutung des Einzeltäters innerhalb des Rechtsterrorismus in der Bundesrepublik hinweist, ist das Buch von Daniel Koehler: *Right-Wing Terrorism in the 21ˢᵗ Century. The »National Socialist Undergound« and the history of terror from the Far-Right in Germany*, London / New York 2017.

bislang nicht auf diese Art von Gefährdung vorbereitet, verbinden wir doch Terrorismus mit festen Netzwerken und Strukturen sowie mit einer sorgsamen Planung, die eine hohe operative Intelligenz erfordert. Einem Einzeltäter traut man es scheinbar nicht zu, sich ohne direkte Anbindung an eine Gruppe derart zu radikalisieren und danach unter dem Denkmantel von politischem Fanatismus in Eigenregie loszuschlagen – als Ultima Ratio. Es scheint den Behörden oft unbegreiflich zu sein, dass solch ein Täter keine kriminelle Vorgeschichte haben muss, dass er ein sogenannter »Clean-Face-Täter«[6] sein kann, also jemand, der vermeintlich in die Gesellschaft integriert und polizeilich nicht vorbelastet ist.

Dieses Buch tritt den Gegenbeweis an und gibt erstmals einen fundierten und detaillierten Einblick in die Charakteristika, Motivationen und Radikalisierungsprozesse rechtsradikaler Einsamer-Wolf-Attentäter. Die Bezeichnung »Einzeltäter« steht in diesen Fällen lediglich für die konkrete Tatplanung. Sie verneint nicht, dass die einschlägige Gewalt- und Ideologiefixierung der Täter Ursachen hat, dass ihre Taten Folge von Kommunikation und Interaktion mit Gleichgesinnten sein können und dass die Akteure sich angesichts von zunehmender Fremdenfeindlichkeit in der Gesellschaft und des damit einhergehenden Diskurses motiviert fühlen. Ihre Taten sind alles andere als ein Spontanakt: Aber vieles passt auf den ersten Blick doch nicht zusammen.

Eine Annäherung an die Thematik kann nur über Mosaiksteine erfolgen, ein diffuses Unbehagen bleibt. Die öffentliche Sicherheit ist in den westlichen Demokratien, dort, wo bisher der Grundsatz galt, dass Menschen hier im Großen und Ganzen gut und gerne leben, gefährdet. Das politisch motivierte Engagement

---

6 Yassin Musharbash: *Die neue al-Qaida. Innenansichten eines lernenden Netzwerks*, Köln 2006, S. 211.

der Täter speist sich aus rassistischen Versatzstücken, Überlegenheitsdenken und der gewollten Eliminierung von Menschen. Wir sehen uns konfrontiert mit Menschen, die für die »weiße Rasse« morden wollen, die ihr Weltbild auf Adolf Hitler beziehen und im Terror einen Weg sehen, ihre persönlichen Kränkungen zu überwinden und ihren Hass mit Gewalt auszudrücken. Ihr niedriger Beweggrund ist militanter Ausländerhass: Sie wollen in erster Linie eine ethnische Minderheit im eigenen Land ins Mark treffen und stellvertretend die Gesellschaft als Ganzes. Gerade die Opferauswahl unterscheidet den Rechtsterrorismus von anderen Varianten des Terrors – vom Linksterrorismus, der sich gegen Symbole des Kapitalismus und den »Bonzenstaat« richtet, und vom islamistischen Fundamentalismus, der den Westen und »Andersgläubige« ins Visier nimmt.

2. Emotionale Aufladung –
Die Frage nach dem »Warum«

Der Risikoforscher Nassim Nicholas Taleb bringt in seinem Weltbesteller *Antifragilität. Anleitung für eine Welt, die wir nicht verstehen* meine eigene Motivation, dieses Buch zu schreiben, auf den Punkt: »Wir wollen Ungewissheit nicht nur knapp überleben, nicht nur ›gerade noch einmal davonkommen‹. Wir wollen Ungewissheit vollkommen unbeschadet überleben und darüber hinaus – wie eine bestimmte Klasse streitlustiger römischer Stoiker – das letzte Wort haben. Die Frage ist: Wie gelingt es uns, das, was wir nicht sehen, nicht durchschauen, nicht erklären, zu domestizieren, zu dominieren, vielleicht sogar zu bezwingen?«[7] Wenn das gelingen soll, braucht es strategische und internationale Kompetenz – rechtzeitig. Schließlich finalisiert Terror einen akribisch vorbereiteten Akt. Er wühlt durch seine scheinbare Unvorhersehbarkeit unser aufgeklärtes Wertesystem auf.

Menschen, die nicht mehr in zivil-harmonischer Weise mit sich reden lassen, wollen der westlichen Gesellschaft, in der sie leben, einen letzten Bärendienst erweisen. Wenn Menschen aus Lust oder Rache töten, einfach willkürlich, nennen wir sie Mörder oder Amokläufer. Töten Menschen nach Plan und aus politischen Überzeugungen, verbunden mit einer heroischen Selbstüberhöhung, sprechen wir von Terroristen. Wir fragen uns unwillkürlich: Wie konnte es passieren, dass eine offenbar kranke Idee umgesetzt wurde? Welche Botschaft liegt solchen Taten zugrunde? Geht es um einen destruktiven oder revolutio-

---

7 Nassim Nicholas Taleb: *Antifragilität. Anleitung für eine Welt, die wir nicht verstehen*, München 2014, S. 21.

nären Impuls? Lassen sich im sozialen Umfeld Spuren finden? Generell: Was hätte die Gesellschaft tun können, um das zu verhindern? Warum griffen die Mechanismen eines Frühwarnsystems im sozialen Umfeld nicht? Weshalb sind die Sicherheitsbehörden nicht rechtzeitig eingeschritten? Zugleich zeigt die Kamera, oft sensationsheischend, das Ausmaß an Verzweiflung und Zerstörung.[8] Das deckt sich mit der Gaffermentalität in der Gesellschaft, die auf Schaulust beruht. In der Medienbranche ist bereits zynisch von »Terrortainment« die Rede. Die Terrorberichterstattung trägt Züge einer medialen Hysterie, die starke kommerzielle Züge trägt.[9] Mit anderen Worten: »Terrorismus ist ein emotional besetztes Modethema.«[10]

Warum erschüttert uns Terrorismus so sehr? Immerhin ist die Wahrscheinlichkeit, Opfer eines Terroraktes zu werden, nach wie vor gering. Dazu gibt es einige Erklärungsansätze:

- Wir unterteilen die Menschen in »ganz normal« und »psychisch gestört«. Besonders das Extreme fasziniert uns.
- Es gefällt uns, über Implikationen im sozialen Umfeld zu rätseln, Dekadenz und einen Verfall der Sitten zu wittern.
- Es fesselt uns, über die politische Motivation zu diskutieren, generell über die Botschaft, die sich hinter einer von langer Hand geplanten Tat offenbar verbirgt.
- Wir hinterfragen die Gewichtung von persönlicher Kränkung und exzessiver politischer Radikalisierung beim Täter.

---

8 Vgl. Michael König: *Poetik des Terrors. Politisch motivierte Gewalt in der Gegenwartsliteratur*, Bielefeld 2015, S. 9.
9 Vgl. Roman Maria Koidl: *Warum wir irre wählen*, Hamburg 2017, S. 105 f.
10 Peter Waldmann: *Terrorismus, Provokation der Macht*, München 1998, S. 9.

- Wir trauern um die Opfer, deren Leben willkürlich und abrupt ausgelöscht wurde.
- Wir denken an eine angemessene Würdigung, reflektieren über die Frage nach einer gebührenden Erinnerungskultur.
- Es wird deutlich, dass Staat und Gesellschaft nicht perfekt sind und dass wir Alarmzeichen früher erkennen müssen, um solch eine Tat in Zukunft zu verhindern.
- Wir diskutieren, ob im ersten Schritt die öffentlichen Reaktionen der Schwere des Anlasses angemessen waren und ob im nächsten Schritt die Präventionsmaßnahmen nachhaltig angelegt sind.

Grad und Art des Terrorismus sagen etwas über den Ist-Zustand unserer Gesellschaft aus. Vielleicht liegt gerade darin der besondere Anreiz begründet, die dahinterstehende Botschaft zu entschlüsseln und eine Gegenstrategie zu entwickeln.

3. Rechter Terror in der öffentlichen Wahrnehmung

In der Öffentlichkeit spielen heute islamistische Fundamentalisten als Bedrohung die zentrale Rolle, sie dominieren in terroristischer Hinsicht die Berichterstattung. Al-Qaida und IS rufen explizit zu Einsamer-Wolf-Terrorismus auf und bekennen sich zu entsprechenden Anschlägen – unabhängig davon, ob wirklich Verbindungen bestanden haben. Über die Motive, Radikalisierungsprozesse und die Gefahr, die von islamistischen Terroristen für unsere liberale Gesellschaft ausgeht, wird viel und ausführlich geschrieben. Das ist auch völlig berechtigt.

Rechte Terroristen, wie der Nationalsozialistische Untergrund (NSU) in Deutschland, scheinen hingegen eine Randerscheinung zu sein. Eine öffentliche, anhaltende Auseinandersetzung findet nicht auf gleiche Weise statt. Dabei gibt es Studien, wonach die rechtsextremistisch eingestellten Einzeltäter mehr Menschen getötet haben als solche mit islamistischen Motiven. Doch steht der islamistische Fundamentalismus im Zentrum der Aufmerksamkeit, da er einen größeren Bedrohungszusammenhang repräsentiert.[11]

---

11 Das in London beheimatete Royal United Services Institute (RUSI), ein Thinktank für Sicherheitsfragen, kam für den Zeitraum von 2000 bis Ende 2014 auf Grundlage der Global Terrorism Database zu einem solchen Befund. Vgl. RUSI (2016): *Final Report Lone Actor Terrorism*, London, https://rusi.org/sites/default/files/201604_clat_final_report.pdf
Freilich sind, wie Experten konstatieren, die Statistiken zum Einsamer-Wolf-Terrorismus mit Vorsicht zu genießen. Vgl. Mark S. Hamm / Ramón Spaaij: »Key Issues and Research Agendas in Lone Wolf Terrorism«, in: *Studies in Conflict & Terrorism*, 38(2015), S. 173.

Eine neue Dimension wurde der Weltöffentlichkeit am 22. Juli 2011 vor Augen geführt, als das friedliche Norwegen ins Mark getroffen wurde. Genau fünf Jahre danach, am 22. Juli 2016, kehrte ein ähnliches Muster des Rechtsterrorismus in München wieder: die akribische, im virtuellen Raum forcierte Planung, die gezielte Opferauswahl, mit einer Glock 17 die gleiche Tatwaffe und der rassistische Bezug. Nicht nur der indische Intellektuelle Pankaj Mishra erkennt hier in seinem weit beachteten Bestseller *Das Zeitalter des Zorns. Eine Geschichte der Gegenwart* die offenkundige Parallele. Er sieht »Erben des Nihilismus« und »verwandte Geister« am Werk. Breivik sei »der erste vom Internet hervorgebrachte Massenmörder [...]. Er inspirierte seinerseits den deutsch-iranischen Teenager.«[12] Bei diesem Teenager handelte es sich um den 18-jährigen David Sonboly, als Ali Sonboly Hamedani in München geboren und dort aufgewachsen. Dieser Gewaltakt stellte alles in Deutschland auf den Kopf. Er schien so ungewöhnlich zu sein, dass er sich einer Einordnung scheinbar entzog. Die Behörden waren auf diese Art des Terrors einfach nicht eingestellt und haben bei der Ermittlungsarbeit entscheidende Details nicht beachtet.

Um uns dem Verständnis des Falls »Sonboly« und seiner Bedeutung zu nähern, müssen wir auch betrachten, was den Terror allgemein in unserer Zeit ausmacht. Zwischen den Tätergruppen gibt es Überschneidungen, aber auch große Unterschiede, die nicht vernachlässigt werden dürfen. Der terroristische Anschlag ist so kalkuliert, dass er in Echtzeit maximale Aufmerksamkeit auf sich zieht – vorschnelle Urteile und hysterische Reaktionen eingeschlossen. In Zeiten von Facebook, Twitter und Co. entfaltet diese Komponente eine besondere Wirkung. Die

---

12 Pankaj Mishra: *Das Zeitalter des Zorns. Eine Geschichte der Gegenwart*, Frankfurt a. M. 2017, S. 319.

Orchestrierung bezieht die Möglichkeit einer späteren literarischen oder filmischen Darstellung mit ein, es entsteht ein mediales Narrativ. Heute gilt mehr denn je ein Urteil, das bereits vor vier Jahrzehnten getroffen wurde: »Kommunikation ist unerlässlicher Bestandteil der terroristischen Gewalttat: Der Terrorist bewirkt für sich allein nichts, die Publizität hingegen alles.«[13] Anders ausgedrückt: Öffentlichkeit ist der Sauerstoff für Terroristen.

Es besteht kein Zweifel: Das Phänomen des Terrors ist en vogue, hat längst globale Ausmaße erreicht. Passiert ein Anschlag, drücken politische Entscheider einander Solidarität und Mitgefühl aus, versprechen, in einem »Kampf gegen den Terror« fest zusammenzustehen. Wer heute von Terrorismus spricht, hat das Weltereignis des 11. September 2001 vor Augen, denkt an die größten Schreckensereignisse etwa in Brüssel oder Paris, als terroristische Netzwerke brutal zuschlugen. Oder an das Horrorjahr 2016, als die Lkw-Attacken auf der Prachtmeile in Nizza und auf einem Weihnachtsmarkt in Berlin unschuldige Menschen abrupt und unvermittelt in den Tod rissen. Diese Ereignisse haben dazu geführt, dass inzwischen geradezu reflexhaft hinter jedem Anschlag ein islamistischer Hintergrund vermutet wird. Man kann davon ausgehen, dass sich unmittelbar nach jeder Tat Populisten melden, die eine Attacke auf den Westen durch »den Islam« vermuten, um mit simplifizierender Empörungsrhetorik Kapital daraus zu schlagen.

Das alles ereignet sich in einem Kontext, wo allerorten in Anlehnung an ein Zitat aus William Shakespeares *Hamlet* konstatiert wird, dass die Zeit aus den Fugen geraten sei. Der Held des Dramas, der Prinz von Dänemark, übt sich mehr und mehr im

---

13 Sepp Binder: *Terrorismus. Herausforderung und Antwort*, Bonn 1978, S. 55.

Selbstmitleid, bis er sich schließlich seinem Schicksal fügt. Befinden wir uns ebenfalls auf diesem Weg? Der Soziologe Ulrich Beck prägte mit seinem Weltbesteller den Begriff der »Weltrisikogesellschaft«, in der die Suche nach einer verlorenen Sicherheit prägend wird. Risiken sind demnach nicht nur real vorhanden, sondern werden inszeniert und für politische Ziele ausgenutzt. Mit dem Resultat, dass Angst zum dominanten Lebensgefühl wird.[14] Das gilt insbesondere für Terroristen: »Ihnen gelingt ein Doppelschlag, zunächst mit physischer Gewalt und dann über unsere Gehirne. Der erste Schlag zieht zunächst die ganze Aufmerksamkeit auf sich, der zweite bleibt hingegen oft unbemerkt.«[15]

Fast geht bei der heutigen, emotional aufgeladenen Debatte um die neue Dimension des Terrors ein wichtiger Aspekt unter: Entgegen der aktuellen Aufregung ist der Terror in Westeuropa nicht neu. Europa wurde ab den siebziger Jahren bis Mitte der neunziger Jahre des 20. Jahrhunderts immer wieder von Terrorwellen heimgesucht. Globale Datenbanken zeigen, dass der Terrorismus weltweit zunimmt, nicht aber in Europa. Forscher der US-Universität Maryland versuchen seit 1970 weltweit Terroranschläge zu dokumentieren. Eine Terrorattacke gelangt unter folgender Voraussetzung in die »Globale Terrorismus Datenbank«: Ein nichtstaatlicher Akteur muss vorsätzlich Gewalt gegenüber Menschen oder Objekten anwenden oder zumindest androhen, um politische, religiöse oder soziale Ziele zu erreichen.[16]

---

14 Vgl. Ulrich Beck: *Weltrisikogesellschaft. Auf der Suche nach der verlorenen Sicherheit*, Frankfurt a. M. 2007.

15 Vgl. Gerd Gigerenzer: *Risiko. Wie man die richtigen Entscheidungen trifft*, München 2013, S. 22 f.

16 Vgl. University of Maryland: *Global Terrorism Index 2017*. Institute for Economics & Peace, https://reliefweb.int/sites/reliefweb.int/files/resources/Global%20Terrorism%20Index%202017%20%284%29.pdf

Es existiert und existierte eine Vielzahl von terroristischen wie separatistischen Organisationen: die sich katholisch nennende Irisch-Republikanische Armee (IRA) in Nordirland, die baskisch-separatistische Euskadi Ta Askatasuna (ETA – baskisch für Baskenland und Freiheit), die linksextremistische Rote Armee Fraktion (RAF) in der Bundesrepublik Deutschland, die kommunistischen Roten Brigaden und die neofaschistische Ordine Nuovo in Italien sowie viele nicht-europäische Terrorzellen. Diese Gruppen haben die Strukturen der jeweiligen Länder infrage gestellt und wurden von Teilen der Bevölkerung aktiv oder heimlich unterstützt. Ein Blick auf die siebziger und achtziger Jahre zeigt, dass damals jährlich sogar noch mehr Opfer beklagt wurden als heutzutage.[17] Allein den Terrorakten der IRA fielen in 30 Jahren mindestens 3500 Menschen zum Opfer. Der Rechtsterrorismus spielte bei der Betrachtung des Nachkriegsterrorismus im 20. Jahrhundert eine vergleichsweise bescheidene Rolle. Das hat sich nun schlagartig geändert, zumal sich der »Erfolg« des Terrorismus nicht nach der Zahl der getöteten oder verletzten Opfer bemisst. Als ein wichtiges Kriterium gilt die Aufmerksamkeit, die eine terroristische Attacke bekommt.

---

17 Vgl. ebd.

4. Die NSU als Menetekel

Das unerkannte Agieren des Nationalsozialistischen Untergrundes (NSU) kann als Beginn einer neuen Dimension des Rechtsterrorismus in Deutschland gelten. Die Morde der Kleinzelle NSU wurden jedoch jahrelang als unpolitische Kriminalität abgetan, gar die Hinterbliebenen der Opfer selbst verdächtigt. Über 13 Jahre, von 1998 bis 2011, lebten die drei Rechtsextremisten Uwe Mundlos, Uwe Böhnhardt und Beate Zschäpe im Untergrund und ermordeten in dieser Zeit mindestens zehn Menschen – neun Migranten und eine Polizistin. Die einzige überlebende Person, Beate Zschäpe, wurde im Juli 2018 nach einem Prozess, der mehr als fünf Jahre dauerte, zu einer lebenslangen Haftstrafe verurteilt. Ihre rechtsextremistische Gesinnung konnte ebenso nachgewiesen werden wie ihr wesentlicher Tatbeitrag. Offensichtlich hatte es das Trio primär auf die Face-to-Face-Ermordung von Ausländern abgesehen, nach dem Motto »Taten statt Worte«. Darüber hinaus gingen mehrere Banküberfälle und Sprengstoffanschläge auf das Konto der Terroristen. Bekennerschreiben fanden sich nicht. In einem später aufgefundenen Film machten sich die Täter in höhnischer und zynischer Weise über ihre Verbrechen lustig, sprachen auch von einem »Netzwerk an Kameraden«.[18] Die deutschen Sicher-

---

[18] Das 15-minütige Video besteht aus Sequenzen der Zeichentrickserie *Der rosarote Panther*, in die Originalaufnahmen von Opfern und Tatorten sowie von Fernseh- und Zeitungsausschnitten über die Anschlagsserie montiert werden. Die DVDs lagerten wohl mehrere Jahre in dem Wohnhaus der NSU-Aktivisten und sollten zu gegebener Zeit an bestimmte Einrichtungen, Medien und Organisationen verschickt werden (Vgl. Petra Bernhardt: »Terrorbilder«, in: *Aus Politik und Zeitgeschichte*, 24–25, 13. Juni 2016, S. 8).

heitsbehörden und Geheimdienste sahen, vorsichtig gesagt, ta-
tenlos zu. Es gab keine Frühwarnung für rechten Terrorismus,
obwohl das von politischer Seite behauptet wurde. Der dama-
lige Bundesinnenminister Hans-Peter Friedrich pries den Verfassungsschutz nur wenige Monate vor Bekanntwerden des NSU
als »unverzichtbares Frühwarnsystem«, das »gute und wertvolle
Arbeit« leiste.[19]

Im Verfassungsschutzbericht stand: »Auch 2010 waren
in Deutschland keine rechtsterroristischen Strukturen fest-
stellbar.«[20] Dabei hatte das mörderische Trio in ganz Deutschland ein großes Unterstützernetzwerk, bis zu 200 Personen, die
etwa Wohnungen und Waffen bereitstellten, logistisch und fi-
nanziell unter die Arme griffen. Die Morde wurden quer durch
Deutschland verübt, von Rostock über Dortmund bis nach
München. Es wäre daher unzutreffend, von einem abgeschot-
teten Terror-Trio zu sprechen. Der Verfassungsschutz spielte
eine äußerst unglückliche Rolle. Ein massiver Vertrauensver-
lust in die Einrichtung entstand nach dem Bekanntwerden von
Aktenvernichtungen und Manipulationen von Computerdateien
in den Behörden, speziell in einigen Landesämtern des Verfassungsschutzes.[21]

Inspiriert waren die NSU-Terroristen offenbar von dem Einzeltäter John Ausonius, der sich Anfang 2018 in einem 26 Jahre
alten Mordprozess in Frankfurt verantworten musste. Der als
Wolfgang Alexander John Zaugg geborene Schwede mit deutsch-
schweizerischen Wurzeln war Anfang der neunziger Jahre wegen

---

19 Vgl. mit Originalbelegen Olaf Sundermeyer: *Rechter Terror in Deutschland*,
München 2012, S. 253.

20 Bundesministerium des Innern (Hrsg.): *Verfassungsschutzbericht 2010*, Berlin
2011.

21 Vgl. Olaf Sundermeyer: *Rechter Terror in Deutschland*, München 2012, S. 253.

einer Mordserie auf Einwanderer in Schweden bekannt geworden. Die schwedischen Medien nannten ihn den »Lasermann«,
weil er für einige seiner Anschläge eine Laser-Zielvorrichtung
auf ein abgesägtes Gewehr montiert hatte. Der Verfassungsschutz bezeichnete ihn 2012 als »mögliche Blaupause für den
NSU«, als er schließlich von der deutschen Terrorzelle Kenntnis nahm. Die Leiterin der Rechtsextremismus-Abteilung des
Inlandsgeheimdiensts berichtete von »deutlichen Parallelen«
bei den beiden rassistischen Tatserien – diese erschöpften sich
längst nicht darin, dass die Opfer zufällig ausgewählte Einwanderer waren. Die Bundesanwaltschaft führte deswegen ein Prüf-
verfahren gegen Ausonius. Es existieren verblüffende Analogien:
Wie er schossen Uwe Mundlos und Uwe Böhnhardt oft aus di-
rekter Nähe auf den Kopf ihrer Opfer, die sie nicht persönlich
kannten.[22] Das Leben finanzierten sie sich mit Banküberfällen.
Warum aber sollte sich das Zwickauer Terror-Trio ausgerech-
net einen schwedischen Serientäter zum Vorbild genommen
haben? Auch hier hat der Verfassungsschutz eine Theorie: Sie
könnten von seinen rassistischen Anschlägen in Schriften des
weltweit agierenden rechtsextremen Blood-and-Honour-Netz-
werks gelesen haben. Anfang der 2000er Jahre erschien unter
dem Pseudonym »Max Hammer« (dahinter steht der norwegische Neonationalsozialist Erik Blücher) das sogenannte C18-
Field-Manual (auch als *Blood & Honour Field Manual* bekannt).
Dort steht unter anderem, dass der »arische Mensch kämpfend
sterben müsse«.[23] In einem Extra-Kapital über Terrorismus wird
John Ausonius lobend erwähnt.[24] Ausonius hinterließ wie der

---

22 Vgl. Ulrich Schmidt: »Blaupause ›Laserman‹«, in: *taz* vom 5. September 2012,
http://www.taz.de/Vorbild-des-Terrornazi-Trios/!5084793
23 Max Hammer: *Blood & Honour Field Manual*, o.O., S. 29.
24 Ebd. S. 21.

NSU keine Bekennerschreiben – ein Kalkül? Eine gefundene Adressenliste weist auf die engmaschige Verbindung zu Blood and Honour hin.

Hier zeigt sich bereits die über Grenzen hinweggehende aktuelle Herausforderung durch den rechtsterroristischen Einzeltäter, der in keinerlei Organisationen eingebunden ist. Der NSU, eine Kleinzelle mit drei Protagonisten, fällt nicht darunter. Ihr Antrieb war aber ähnlich: Geprägt vom Hass auf ethnische Minderheiten, wollten sie ein Zeichen setzen gegen die Einwanderungsgesellschaften. Eine Mitgliedschaft in einer Partei, Kameradschaft oder einer sonstigen Gruppierung ist heute längst nicht mehr notwendig, der Besuch von »Parteistammtischen« anachronistisch geworden. Ebenso wenig trifft das Bild von minderbemittelten, alkoholisierten Jugendcliquen zu, die Ausländer zum Sündenbock für die eigene Situation machen, sich gegenseitig stimulieren, gemeinsam losziehen und im wahrsten Sinne des Wortes losschlagen. Gleichgesinnte finden sich längst in den sozialen Medien, in Chats etwa mit Partnern von Gewaltspielen oder im Darknet. Mit Verschlüsselungsdiensten oder gefakten Accounts lassen sich dabei leicht Spuren verwischen.

5. Warum wir uns
den Einsamen Wölfen stellen müssen

Europaweit zeigt der rechte Terror sein neues Gesicht. In den letzten Jahrzehnten konnte man in vielen Ländern das Einsamer-Wolf-Phänomen konstatieren, gerade auch mitten in den westlichen Demokratien. In den USA kamen solche Fälle gehäuft vor, aber auch in Österreich, Großbritannien, Norwegen, Schweden, Italien, Finnland und hierzulande. Experten sprechen gar vom »Zeitalter des Einsamer-Wolf-Terrorismus«.[25] Wir befinden uns mitten in einer neuen Welle des Terrorismus. Auf die vier bisherigen Wellen folgt die fünfte:[26]

- 1. Welle: anarchistischer Terrorismus (Ende des 19. und Anfang des 20. Jahrhunderts): Anschläge auf zahlreiche Staats- und Regierungschefs in Monarchien (Russland und Europa).
- 2. Welle: antikoloniale Gewaltwellen (von den zwanziger Jahren an), etwa in Indochina, Algerien und einigen südamerikanischen Ländern.
- 3. Welle: linksextremistisch motivierter Terrorismus in Ländern wie Italien, Deutschland, Spanien (zweite Hälfte des 20. Jahrhunderts).

---

25 So Mark S. Hamm / Ramón Spaaij: *The Age of Lone Wolf Terrorism*, New York 2017.
26 Vgl. Jeffrey D. Simon: »Technological and Lone Operator Terrorism: Prospects for a Fifth Wave of Global Terrorism«, in: Jean Rosenfeld (Hrsg.): *Terrorism, Identity, and Legitimacy: The Four Waves Theory and Political Violence*, 2011, S. 44–65; Sebastian Gräfe: *Rechtsterrorismus in der Bundesrepublik Deutschland*, Baden-Baden 2017, S. 76 f.

- 4. Welle: islamistischer Terrorismus (ab 1979,[27] vor allem im 21. Jahrhundert) mit einer Entgrenzung der Gewalt, vorangetrieben durch die Terrororganisationen al-Qaida und IS.
- 5. Welle: Einsamer-Wolf-Terrorismus mit den neuen Möglichkeiten des Internets in den USA und Europa (unterschiedliche ideologische Inspiration).

Auch die Boulevardmedien beschäftigen sich meinungsstark mit dem Thema Einsamer-Wolf-Terrorismus, *Bild* spricht vom »gefährlichsten Terrorphänomen der Welt«.[28] Gerade weil keine größere Organisation dahintersteht, keine »Szene« ausgemacht werden kann, tun sich Öffentlichkeit, Politik und Behörden im Umgang und in der Bewertung so schwer. Das Dilemma liegt in der Täterfixierung begründet. Opfer werden zu Schatten und ihre Angehörigen schnell vergessen. Vielleicht warnen gerade deshalb die deutschen Sicherheitsbehörden vor einer möglichen Glorifizierung.[29] Eine einzige kriminell – mehr noch, barbarisch – agierende Person sollte nicht in das Zentrum der Aufmerksamkeit rücken.

Dieses Buch will die längst notwendige Auseinandersetzung mit dem neuen rechten Terrorismus anstoßen, der gerade nicht importiert ist, sondern mitten unter uns entsteht. Ich zeige auf,

---

27 Bei einem Angriff durch eine bewaffnete Gruppe von sunnitischen Fundamentalisten auf die Große Moschee in Mekka kamen 1979 fast tausend Menschen ums Leben.

28 Viktoria Dümer: »Bild erklärt die ›einsamen Wölfe‹. Das gefährlichste Terror phänomen der Welt«, in: *Bild.de* vom 20. Oktober 2015, https://www.bild.de/politik/ausland/terroranschlag/einsame-woelfe-was-macht-sie-so-gefaehrlich-43064650.bild.html

29 So das Bayerische Landesamt für Verfassungsschutz in einem Schreiben an mich vom 22. September 2017 auf Nachfrage. Der Begriff »lone wolf« sei eine »heroisierende Wortwahl«.

wie sich mit den neuen technischen wie digitalen Möglichkeiten ein Tätertypus herausgebildet hat, der bisher noch kaum wahrgenommen worden ist. Wir sollten nicht einer Beschwichtigungsrhetorik anheimfallen, wonach dieses Phänomen undurchschaubar oder gar marginal wäre. In diesem Buch möchte ich ihm auf die Spur kommen und zugleich Möglichkeiten beschreiben, wie wir mit dieser Gefährdung umgehen können. Terror kommt nicht wie eine Naturkatastrophe über uns, ist kein Erdbeben oder Vulkanausbruch. Auf der anderen Seite ist die Gefahr, Opfer eines Autounfalls zu werden (gerade wenn der Fahrer SMS schreibt), weitaus wahrscheinlicher. Die Reaktion auf Terror wirkt wie ein Balanceakt zwischen Fatalismus (nach dem Motto: An Terror müssen wir uns gewöhnen, wir sollten ihn besser totschweigen) und Paranoia (nach dem Motto: Der Terror zerstört die humanitären Grundlagen unseres Zusammenlebens). Wir dürfen jedoch nicht der Panikmache unterliegen. Populisten und Boulevardmedien, aber auch viele Meinungsträger schüren das Bild, wonach wir immer und überall mit Terror rechnen müssen. Das ist bedenklich: Vielmehr geht es mir um eine sachliche Debatte, ohne Eifer und Sensationshascherei. Ziel muss es sein, ein Frühwarnsystem zu entwickeln und Warnzeichen zu erkennen.

Daher müssen die destruktiven Verbindungen zwischen dem Individuum und den gesellschaftlichen Rahmenbedingungen aufgezeigt werden. Erst dann können Strategien im Umgang mit dem neu auftretenden rassistischen Hass gefunden werden, wie ich sie im letzten Teil meines Buches einführen möchte. Viel steht auf dem Spiel. Es geht um die Bewahrung unserer freiheitlichen Gesellschaftsordnung, die Einzelne aushöhlen wollen. Dabei ist nicht nur die staatliche Seite angesprochen, die das Konzept der wehrhaften Demokratie neu denken muss. Der Schlüssel liegt auch in der Zivilgesellschaft selbst, sich gegen Verrohung und Barbarisierung zu stemmen. Wir brauchen eine integrierte Prävention, müssen gemeinsam an einem Strang ziehen, um stärker als die »Propaganda der Tat« zu sein. Dazu gehört auch, psychische Erkrankungen ernst zu nehmen und sie in die Betrachtung dieses Phänomens einfließen zu lassen, zumal sie lange gesellschaftlich tabuisiert waren und es noch immer sind. Es besteht kein Zweifel: Wer als Einzeltäter nach langer Planung exekutiert, trägt oftmals tiefe Frustrationen in sich und – mehr noch – seelische Leiden. Rassistische Vorstellungen eignen sich dann als perfektes Auffangbecken, um andere für die eigene innere Misere verantwortlich zu machen oder chauvinistische Gefühle auszuleben.

6. Die aktuelle Lage:
Politische und behördliche Fehleinschätzungen

So war es auch im Fall von David Sonboly. Exakt fünf Jahre nach Breiviks kaltblütigen Morden schritt er zur Tat. Elf Wochen vor der Tat änderte er seinen Name zum zweiten Mal, von Ali zu David. Er wollte als Deutscher firmieren, bevor er losschlug. Am 22. Juli 2016 befand sich die Stadt München stundenlang im apokalyptischen Ausnahmezustand – unter Anteilnahme der Weltöffentlichkeit. Menschen gerieten an einem symbolträchtigen Ort im Herzen der Stadt, am Olympia-Einkaufszentrum, in Massenpanik. Etwa 2600 Sicherheitskräfte waren in einen der größten Ad-hoc-Einsätze der letzten Jahrzehnte eingebunden. Busse und Bahnen stellten den Betrieb ein, Fernsehsender und Online-Medien überboten sich via Liveticker in sensationslüsternen Spekulationen, auch über Phantomtatorte und weitere Täter. Eine Eigendynamik entfalteten vor allem die sozialen Medien. In einer am 18. Juli 2018 erstmals ausgestrahlten Dokumentation des Bayerischen Rundfunks kommt der Journalist Martin Bernkopf, der damals live für den Sender berichtete, zu dem Schluss: »Alle miteinander haben wir Terror gemacht. Die Leute, die auf Facebook gepostet haben. Wir, die Medien. Die Polizei, die nicht gesagt hat: ›Nein, es ist kein Terror‹, in gewisser Weise auch. Das Wort ›Terror‹ ist gefährlich und hat die ganze Hysterie ausgelöst.«[30] Schnell wurde über einen islamistischen Hintergrund spekuliert, etwa auch auf CNN. Die Berichterstattung in der ARD setzte ein, als noch nicht feststand,

---

30 Vgl. Bayerischer Rundfunk *München – Stadt in Angst*, Regisseur Stefan Eberlein, erstmalige Ausstrahlung 18. Juli 2018.

wie viele Opfer es gab und wie viele Täter womöglich beteiligt waren.[31]

Die virtuelle Gerüchteküche lief so weit, dass über weitere Anschläge in der Münchener Innenstadt berichtet wurde. So verbreitete sich über eine Stunde lang der irrtümliche Tweet eines jungen Mannes, dass am Karlsplatz / Stachus geschossen werde. Diese Information übernahmen verschiedene Fernseh- und Radiosender. Taxis wurden daraufhin von ihrer Zentrale angewiesen, den Platz zu meiden. In der Folge verbreitete sich über den gleichen Informationsweg eine große Anzahl an Legenden über den Aufenthaltsort und die Anzahl der Täter.[32] Solcherlei Irrtümer erhöhten die Aufmerksamkeit für die an sich bereits dramatische Tat zusätzlich. Neun Menschen, acht Jugendliche und eine Mutter, fielen den Taten eines Einzelnen zum Opfer, fünf weitere wurden durch Schüsse zum Teil schwer verletzt. Mehrere Dutzend Menschen verletzten sich auf der Flucht und bei der ausbrechenden Panik. Augenzeugen, die das Schießen aus nächster Nähe beobachten mussten, sind traumatisiert. Die Tat hat für viele Menschen einen persönlichen Bezug, der nicht außer Acht gelassen werden sollte.

Als offizieller Gutachter der Stadt München in diesem Fall habe ich dargelegt, dass es der 18 Jahre alte Deutsch-Iraner aus einem festen rechtsextremistischen Weltbild heraus auf Migranten als Opfer abgesehen und dabei ganz alleine gehandelt hat. Er wollte deutscher als deutsch sein, hasste Zuwanderer, obwohl er selbst Zuwanderer war. Mehr als ein Jahr lang plante er

---

31 *Focus.de*: »Amoklauf in München. Zuschauer kritisieren ARD-Mann Roth für Berichterstattung«, 24. Juli 2017, https://www.focus.de/kultur/kino_tv/nach-bluttat-in-muenchen-zuschauer-kritisieren-ard-mann-roth-fuer-berichterstattung_id_5756468.html
32 Vgl. Robert Kahr / Frank Robertz / Ruben Wickenhäuser: »Mediale Inszenierung von Amok und Terror«, in: *Aus Politik und Zeitgeschichte* 4/2017, S. 35.

seine Taten. Den Behörden galt er »aufgrund seines Selbstbildes eher [als] ein psychisch kranker Rächer«, nicht aber als »terroristischer Kämpfer«, so etwa das Bayerische Landesamt für Verfassungsschutz.[33] Seine Tat sei nicht politisch motiviert gewesen, hieß es unisono. Rache, nicht politische Motivation, wirkte angeblich »tatauslösend«.[34] Die Behörden schreiben in ihrem Abschlussbericht: »Es ist nicht davon auszugehen, dass die Tat politisch motiviert war.«[35] Kritik an der behördlichen Einschätzung ruft gerade die Festlegung auf das Hauptmotiv »Schulmobbing« hervor.

Sollte oder darf es in Bayern – der Freistaat rühmt sich traditionell für seine vermeintliche Vorreiterrolle im Kampf gegen Extremismus und Terrorismus – keinen Rechtsterrorismus geben, zumal nach dem NSU-Debakel? Die Terrorzelle hatte zahlreiche Verbindungen in den Freistaat, wo fünf Morde verübt wurden. In der Folge wollte man etwa seitens des Verfassungsschutzes daran arbeiten, Fehler abzustellen. Im Fall Sonboly erkennen die Behörden, scheinbar unverrückbar, keinen Terrorismus, sondern eine unpolitische Gewalttat, die Folge eines angeblichen Schulmobbings, das der Täter »nachträglich aufblähte«.[36] Der bayerische Verfassungsschutz bewertete den

---

33 Bayerisches Landesamt für Verfassungsschutz: *Vorläufige Erstbewertung vom 10. August 2016*, München.

34 Bayerisches Innenministerium (Juli 2017): Antwort auf die schriftliche Anfrage der Abgeordneten Katharina Schulze (Fraktion der Grünen im Landtag) vom April 2017, S. 4, https://www.bayern.landtag.de/www/ElanTextAblage_WP17/Drucksachen/Schriftliche%20Anfragen/17_0017018.pdf

35 Vgl. mit Originalbeleg Heiner Effern: »Tödlicher Hass eines Rassisten«, in: *Süddeutsche Zeitung* vom 7. / 8. Oktober 2017, S. 79.

36 Zitiert nach der Amoklauf-Forscherin Britta Bannenberg, die hier dennoch einen Amoklauf erkennt, nach: Martin Bernstein: »Das war ein rassistischer Ansatz«, in: *Süddeutsche Zeitung* vom 18. Juni 2018, S. 43. Sonboly war eher Täter als Opfer. So sagte ein einstiger Freund aus, dass Sonboly seinen alten Facebook-

Fall intern, stellte in Deutungshoheit die Weichen auf Amok und ignorierte ihn dann in seinen offiziellen Berichten. Wer unter Rechtsextremismus und Rechtsterrorismus in den offiziellen Verlautbarungen zum Jahr 2016 blättert, findet nichts – als ob es die Attacken in der bayerischen Landeshauptstadt nie gegeben hätte. Auf Biegen und Brechen soll die Tat allem Anschein nach kein Rechtsterrorismus sein, David Sonboly, wie die *Frankfurter Allgemeine Zeitung* schreibt, als »Rechtsextremist durchfallen«. Feuilletonredakteur Patrick Bahners macht sich über die Bewertung des Bayerischen Landesamts für Verfassungsschutz regelrecht lustig: »Es ist von ›Anleihen aus dem Bereich Rechtsextremismus‹ die Rede wie bei einem Doktoranden, der aus Prestigegründen Theorien zitiert, die er nicht richtig verstanden hat. Vermisst wird die ›Verinnerlichung‹ des rechten Gedankenguts. David S. habe es ›nicht geschafft, noch im Vorfeld eine Ideologie zu adoptieren oder wie Breivik eine eigene Ideologie zu entwickeln.‹«[37] Offenbar wird nach dieser Logik nur derjenige zum Ideologen, der wie bei der RAF über ein Studium und eine elaborierte Ausdrucksweise verfügt.

Dem schloss sich die politische Seite nahtlos an. Der bayerische Innenminister Joachim Herrmann sagte nach Abschluss der Ermittlungen: »Von einer rechtsextremistischen Tat zu sprechen, erscheine dann schon etwas gewagt«.[38] Seine Pressekonferenz spiegelt die Kapitulation vor festen, schematisch wie wissenschaftlich vorgegebenen Beurteilungskriterien wider. Auf

---

Account gehackt habe: »Er kannte meine E-Mails und mein Passwort, daraufhin hat er Dieter Bohlen als Profilbild reingestellt. Er hat dann an meine Freunde geschrieben, ich sei schwul.«

37 Patrick Bahners: »Als Rechtsextremist durchgefallen«, in: *Frankfurter Allgemeine Zeitung* vom 9. Oktober 2017, http://www.faz.net/aktuell/feuilleton/kommentar-als-rechtsextremist-durchgefallen-15237076.html

38 Zitat aus ZDF *heute journal*, Sendung vom 12. Juli 2017.

Nachfrage sprach Herrmann davon, dass »jeder selbst entscheiden [müsse], ob er die Tat als rechtsextrem einstufe«.[39] Zur Begründung, diese Tat nicht als rechtsextremistisch einzustufen, gab er an, dass Sonboly niemals Teil einer rechtsextremistischen Organisation gewesen sei.[40] Diese Argumentation geht aber von einem stark antiquierten Verständnis aus, das im virtuell geprägten Zeitalter des Einsamer-Wolf-Terrorismus längst nicht mehr zeitgemäß und obsolet geworden ist. Zwei Jahre später erkennt er nun zumindest einen »rassistischen Ansatz« an.[41] An der falschen Weichenstellung ändert das nichts, ebenso wenig an der bleibenden Fehlbewertung. Dass die Tat unmittelbar im Anschluss und bis zum Ende der Ermittlungen scheinbar unumstößlich in Richtung unpolitischer Amoklauf gedeutet wurde, verwundert – zumal Herrmann selbst bereits früh ein rechtsextremistisches Weltbild von David S. bestätigte.[42]

Das Narrativ »Amok« schuf auch der »Profiler« Alexander Horn, prominenter Buchautor und Leiter der Dienststelle für Operative Fallanalyse (OFA), Kommissariat 115 des Polizeipräsidiums München. Er gilt als Super-Fahnder, als einer der erfolgreichsten Verbrecherjäger, sogar als Deutschlands brillantester Cop.[43] Seine These »einstiges Mobbing in der Schule als Haupt-

---

39 Zitiert nach ARD *Fakt*: »München-Attentat: Warum viele Hintergründe im Dunkeln bleiben«, Bericht: Christian Bergmann / Marcus Weller, Sendung vom 22. August 2017.

40 Vgl. Joachim Herrmann: »Bei der Polizei gibt es Baustellen«, in: *Der Spiegel* 32/2017, S. 42–44.

41 Zitiert nach Martin Bernstein: »Das war ein rassistischer Ansatz«, in: *Süddeutsche Zeitung* vom 18. Juni 2018, S. 43.

42 Zitiert nach *Frankfurter Allgemeine Zeitung* vom 28. Juli 2016: »Herrmann bestätigt Hinweise auf rechtsextremistisches Weltbild«, http://www.faz.net/aktuell/politik/inland/herrmann-bestaetigt-rassistisches-weltbild-von-muenchen-amok laeufer-14361209.html

43 Vgl. *Badische Zeitung*: »Alexander Horn ist Deutschlands brillantester Cop«,

ursache für einen Racheakt an die Gesellschaft« sollte verfangen, der politische Hintergrund ausgeblendet werden. Im Fazit heißt es über David Sonboly: »Ein psychisch gestörter Jugendlicher, der Opfer von Mobbing und körperlichen Misshandlungen wurde und hierdurch selbstwertbelastende Kränkungen erlebte, begann, Rachephantasien zu entwickeln.«[44] Nach dieser Argumentation dürften auch islamistische Anschläge nicht als Terrortaten bezeichnet werden, wenn die Täter keine umfassende Ideologisierung aufweisen.

Auch durch mein im Oktober 2017 im Rahmen eines Expertengesprächs mit dem Landeskriminalamt und der Staatsanwaltschaft München vorgestelltes Gutachten, das in einem mühsamen Studium Tausender Seiten von Ermittlungsakten entstanden ist,[45] findet mittlerweile ein Umdenken statt. Und das, obwohl bislang nur ein kleiner Auszug, eine Kurzfassung davon veröffentlicht wurde. Die Beweislage ist zu erdrückend. Im Februar 2018 spricht erstmals eine Behörde, das Bundesamt für Justiz, von einer extremistischen Tat und zahlt Hinterbliebenen und Verletzten eine Härteleistung aus.[46] Dazu kommt eine ganz neue Wendung, auf die ich bei meinen internationalen Recherchen für dieses Buch stieß. Verblüfft nahm ich im April 2018

1. Oktober 2014, http://www.badische-zeitung.de/deutschland-1/alexander-horn-ist-deutschlands-brillantester-cop--92087210.html

44 Alexander Horn: *Amoklauf von David Sonboly, Ergebnis der Fallanalyse*, 15. Dezember 2016.

45 Vgl. Florian Hartleb: *Rechtsextremistisch motivierter Einsamer-Wolf-Terrorismus statt Amoklauf. Eine notwendige Neubewertung der Morde am Olympia-Einkaufszentrum München. Gutachten für die Stadt München im Zuge einer Expertenanhörung*, München, Oktober 2017.

46 Vgl. Bundesamt für Justiz, Pressemitteilung: »Bundesamt für Justiz zahlt Härteleistungen zugunsten der Opfer der Tat am Münchener Olympia-Einkaufszentrum«, Berlin, 14. März 2018, https://www.bundesjustizamt.de/DE/Presse/Archiv/2018/20180314.html?nn=3449818

einen frei verfügbaren Artikel in den US-Medien zur Kenntnis, der ganz neue Kontakte von Sonboly enthüllte und den ich umgehend an das Bayerische Landeskriminalamt (BLKA) weiterleitete. Die Behörde wusste von der öffentlich zugänglichen Information scheinbar nichts oder gab es mir gegenüber vor. So informierte ich, über das offenkundige Desinteresse verwundert, auch investigative Journalisten, die nach weiteren Recherchen eine Existenz von geistigen Zwillingen Sonbolys mit ähnlicher Weltsicht und Tatabsicht nahelegten.

Einer dieser Journalisten war Christian Bergmann, der unter anderem für ARD *Fakt* arbeitet. Er fand schnell heraus: Sonboly war mit einem Gleichgesinnten aus Deutschland Teil eines virtuellen Netzwerks von potenziellen Massenmördern. Als Schlüsselfigur darin fungierte der 21-jährige William Atchison, der im Dezember 2017 in Aztek, New Mexico, ein Schulattentat verübte, zwei Studierende ermordete und sich dann, wie beabsichtigt, selbst richtete. Die beiden standen im Online-Kontakt, kommunizierten über die Internet-Plattform »Steam«, wie ein Sheriff zu Protokoll gab.[47] In einem Forum namens »Anti-Refugee-Club« tauschten sie rechtsextremistische und rassistische Inhalte, Amok- und Attentatsphantasien sowie globale Tötungslisten aus. Nach den Morden von David Sonboly im Münchner OEZ feierte Atchison den Attentäter. Der US-Amerikaner, ein bekennender Rassist, sorgte dafür, dass Sonboly in einer virtuellen Ahnengalerie, die Wikipedia ähnelt, als Held verewigt wurde (er wurde zudem auf Steam zum »Ehrenspie-

---

47 Vgl. *Farmington Daily Times*: »Aztec school shooter reached out to other school shooters, planned killings online«, 20. April 2018, https://www.daily-times.com/story/news/crime/2018/04/17/aztec-high-school-shooting-investigation-william-atchison/513013002/

ler« ernannt).[48] Das verwundert nicht: Einzeltäter werden trotz nachgewiesener sozialer Störungen in solchen Foren groß gemacht und überhöht.

Es war einfach, die Chatclubs auf der Spieleplattform Steam nachzuvollziehen, die einstigen Propagandaforen zu rekonstruieren und einstige Gesprächspartner anzuchatten.[49] Die Überraschung der Staatsanwaltschaft München ob dieser neuen Wendung verwundert. Im Prozess gegen den Waffenhändler, der Sonboly die Tatwaffe verkaufte, wurden mehrmals Beweisanträge zu Steam abgelehnt. Dabei gab es konkrete Hinweise durch einen Zeugen. Pikant ist, dass im März 2017 die Ermittlungen im Fall David S. offiziell abgeschlossen wurden. Alle Spuren schienen nach den Aussagen der Behörden gründlich überprüft. Gut 60 Ermittler der Sonderkommission OEZ werteten rund 1750 Hinweise aus und sichteten mehr als 1000 Dateien.[50] Dennoch blieb das virtuelle Netzwerk unerkannt.

Ebenso heikel: Das BKA wusste ab dem 9. Dezember 2017, also vor meinem Fund, von der Verbindung zwischen Atchison und Sonboly. Nach eigener Auskunft des BKA wurde das LKA Bayern aber erst am 14. Juni 2018 davon unterrichtet,[51] obwohl es federführend ermittelte. Die fehlende Weitergabe mitsamt dem

---

48 Vgl. Eintrag »Munich Massacre«, https://encyclopediadramatica.rs/Munich_Massacre.

49 Vgl. ARD *Fakt*, Sendung vom 15. Mai 2018, Bericht: Christian Bergmann, https://www.mdr.de/investigativ/ermittlungsfehler-oez-attentat-muenchen-100.html

50 So Martin Bernstein / Susi Wimmer: »Freunde von David S. nun in der Psychiatrie«, in: *Süddeutsche Zeitung* vom 28. Juli 2016, https://www.sueddeutsche.de/muenchen/nach-amoklauf-in-muenchen-freunde-von-david-s-nun-in-der-psychiatrie-1.3099158

51 Vgl. Antwort der Bundesregierung (Bundesministerium des Innern, für Bau und Heimat) auf die Anfrage der Bundestagsabgeordneten Martina Renner (Die Linke) vom 27. Juni 2018, Verbindungen des Attentäters vom Olympia-Einkaufszentrum in München in die USA, BT Drucksache 19/2246, Antwort auf Frage 82.

mangelnden Informationsabgleich ist bemerkenswert, »begleitete und unterstützte« das Bundeskriminalamt doch »auf Ersu-
chen die zuständige Bayerische Polizei in seiner Zentralstelle.
Dies beinhaltete die Koordinierung und Steuerung des kriminal-
polizeilichen Informationsaustausches mit dem Ausland.«[52] Dieses behördeninterne Versagen entlarvt auch die Legende von der
angeblich so akkuraten deutschen Verwaltung. So stellt sich nun
öffentlich die Frage, ob die These vom Amoklauf weiter aufrecht-
erhalten werden kann oder die Tat nicht als Ausfluss eines virtuellen Terrornetzwerks gedacht werden muss.[53]

Ein spätes Gefälligkeitsgutachten[54] mit dem Bayerischen Landeskriminalamt als Auftraggeber sollte vor und während dieser
Wendung im Fall das Narrativ retten. Die Amoklaufforscherin
Britta Bannenberg ging so weit, David S. explizit nicht als rechtsextrem zu bezeichnen. Angeblich war ein vor Jahren erlittener
Liebeskummer tatauslösend – ein neues, abstrus wirkendes Tat-
motiv.[55] In ihrer Analyse steht: »Der Täter war weder auf rechtsextremistischen Internetseiten, noch in einschlägigen Foren aktiv, schon gar nicht hat er Kontakt zu rechten Gruppen gesucht,
schon deshalb, weil er niemals eine Gruppentat im Sinn hatte.
Seine Persönlichkeit war immer einzelgängerisch und seine

---

52 Vgl. ebd.

53 Vgl. Alexander Kain: »Amoklauf oder Tat eines virtuellen Terror-Netzwerks?«,
in: *Passauer Neue Presse* vom 16. Mai 2018, S. 3.

54 Dafür spricht etwa die Äußerung: »Bei der Wahl des Tatdatums kann der Jahrestag der Tat in Norwegen nicht geleugnet werden (22. 7. 2011)« (Britta Bannenberg: *Gutachten zum Fall von David S. für das Bayerische Landeskriminalamt*, Gießen, Februar 2018). Das wirkt so, als ob etwas geleugnet werden soll, das nicht zu
leugnen ist.

55 So bereits in einem öffentlichen Vortrag, siehe *Gießener Anzeiger*, 12. November
2017, S. 14, http://www.giessener-anzeiger.de/lokales/stadt-giessen/nachrichten-
giessen/giessen-teilnehmer-informieren-sich-ueber-den-aktuellen-forschungs
stand-zum-thema-amoklauf_18310878.htm

Tatplanung dementsprechend auf eine Einzeltat gerichtet. Allein auf die rechtsextremistische Thematik abzustellen, wäre hier aber deutlich zu kurz gegriffen.«[56]

Die Irritationen haben sich durch das Gutachten noch einmal verstärkt. Sie sorgen dafür, dass die bayerische Staatsregierung auf einstimmigen Beschluss des Innenausschusses im Landtag hin (mit Zustimmung der CSU) die bisherigen Einschätzungen überdenken muss.[57] Nach wie vor herrscht gemäß einer Salamitaktik aber wenig Aufklärung. Die bayerische Staatsregierung bittet das Parlament um Geduld und Aufschub,[58] verlängerte mit spärlichen Informationen die Vorlage eines Abschlussberichts. Die neuen Erkenntnisse mit der Spur in die USA ließen eine Bewertung unmöglich erscheinen: »Trotz der grundsätzlichen verfassungsrechtlichen Pflicht, Informationsansprüche des Bayerischen Landtags zu erfüllen, tritt hier nach sorgfältiger

---

56 Vgl. Britta Bannenberg: *Gutachten zum Fall von David S. für das Bayerische Landeskriminalamt*, Gießen, Februar 2018, S. 64. Vgl. zur Kritik am Gutachten auch Ralph Hub: »Rechtsextrem oder nicht? Streit um Todesschützen«, in: *Abendzeitung* vom 9./10. Juni 2018, S. 6. Ebenfalls *Süddeutschen Zeitung*: »Über die wissenschaftliche Qualität des Gutachtens von Bannenberg werden Fachleute vielleicht auch noch diskutieren. An einigen Stellen beschreibt sie die Gedanken des Täters, als würde sie diese kennen. ›Dass er die Polizeibeamten bat, ihn zu erschießen, hat mit der Angst zu tun, Schmerzen zu erleiden und möglicherweise zu überleben.‹ Das sei immer so.« (Ronen Steinke: »Der große Streit über David S.«, in: *Süddeutsche Zeitung* vom 8. Juni 2018, S. 47).

57 Antrag mit der Drucksachennummer 17/22714, beschlossen am 13. Juni 2018 durch den Innenausschuss im Bayerischen Landtag.

58 Aus den Reihen des Landtags gab es im Zeitraum von über zwei Jahren einzelne Anfragen etwa durch die Angeordneten Florian Ritter (SPD), Katharina Schulze (Grüne) und Claudia Stamm (fraktionslos). Teilweise wurden die Antworten verschleppt oder formalistisch abgetan. Der Gesamtzusammenhang wurde im Landtag bislang nicht diskutiert, auch nicht in den Fachausschüssen. Die CSU-Fraktion stimmt mittlerweile den Anträgen zu. Dennoch gibt es seitens der Staatsregierung kaum Aufklärung, auch kein Geständnis, Fehler gemacht zu haben. Das betrifft insbesondere das Innenministerium.

Abwägung der betroffenen Belange im Einzelfall das Informationsinteresse des Parlaments hinter den berechtigten Interessen bei der Durchführung strafrechtlicher Ermittlungen zurück. [...] Da die Erkenntnisse aus den Ermittlungen der US-Behörden zu William A. für die Bewertung des Motivs von David S. möglicherweise von Relevanz sein können, eine Rückmeldung der US-Behörden aber noch aussteht, ist derzeit eine abschließende Bewertung der Motivlage und Hintergründe nicht möglich. [...] Da eine Berichterstattung, die den Komplex William A. mangels eigener hinreichender Erkenntnisse derzeit ausblenden muss, das erkennbare Informationsinteresse der Abgeordneten nur teilweise befriedigen könnte, bitte ich daher um Ihr stillschweigendes Einverständnis, dass zur Thematik berichtet wird, wenn die Ermittlungen hinsichtlich William A. und David S. abgeschlossen sind [...].«[59] Anders die Stadt München: Oberbürgermeister Dieter Reiter bezeichnete am 22. Juli 2018 auf der Gedenkfeier die Tat als »rechtsextremistisch und rassistisch«. Für die Stadt München sei sie ebenso einschneidend gewesen wie das Olympia-Attentat von 1972 und das Oktoberfest-Attentat von 1980.[60]

Der hier erwähnte Attentäter vom Münchener Oktoberfest, Gundolf Köhler, der zwölf Menschen in den Tod riss, galt den Ermittlern als ein verschrobener Eigenbrötler, der aus Liebeskummer und voller Weltschmerz agierte. Die politische Seite des 21-jährigen Geologiestudenten aus Donaueschingen wurde nicht weiter beachtet. Dabei wollte er »Teil einer Elitegruppe« sein, die zur »Machtübernahme der Bundesrepublik« bereitste-

---

59 Schreiben des Bayerischen Innenministeriums an den Landtag, 3. Juli 2018.
60 Zitiert nach *Bayerischer Rundfunk*: »OB Reiter nennt OEZ-Attentat rechtsextrem und rassistisch«, 22. Juli 2018, https://www.br.de/nachrichten/muenchner-ob-reiter-nennt-oez-attentat-rechtsextrem-und-rassistisch-100.html

hen würde. Er besaß einen Mitgliedsausweis der Wiking-Jugend, die Bundeswehreinrichtungen überfiel.[61] Erst nach Jahrzehnten des Kampfes mit den Behörden, vorangetrieben durch den Journalisten Ulrich Chaussy, wurde offenkundig, dass der Täter hochgradig politisch motiviert war und über zahlreiche Kontakte zu rechtsextremistischen Organisationen verfügte. 2014 wurde schließlich ein Wiederaufnahmeverfahren eingeleitet, wohl auch deswegen, weil das rechtsterroristische Morden des NSU für öffentliche Empörung sorgt.[62]

Die ganze Angelegenheit im Fall Sonboly ist hochbrisant und scheint es zu bleiben. Sie ist auch der Ausgangspunkt dafür, sich mit dem viel zu wenig beachteten Phänomen Einsamer Wolf in diesem Buch eingehend auseinanderzusetzen. Wahrscheinlich hätte man in ein Wespennest stoßen und die Taten in München und Aztek verhindern können, wenn man den offensichtlichen Hinweisen nachgegangen wäre, von amerikanischer wie von deutscher Seite. Mutmaßliche Terroristen nutzten die Plattform Steam, um ungestört zu kommunizieren, zugleich zu spielen und sich aufzuwiegeln. Spätestens jetzt wird deutlich, dass solche Anschläge längst eine internationale Tragweite haben. Virtuelle Kontakte über Teamspeaker, Chats etc. machen es leicht möglich. Die Spuren in die USA wurden dennoch nicht verfolgt, es gab keine offizielle Anfrage an FBI & Co. Die Ermittler gaben aber an, alle Chat-Kontakte von David S. gründlich ausgewertet zu haben. Wie kommt es zu dieser offensichtlichen Diskrepanz? Wieder einmal zeigen sich die fehlende Kooperation zwischen

---

61 Vgl. Annette Rammelsberger/Katja Riedel: »Rechtsextremismus statt Liebeskummer«, in: *Süddeutsche Zeitung* vom 24. Juni 2018, http://www.sueddeutsche. de/muenchen/2.220/oktoberfestattentat-von-rechtsextremismus-statt-liebeskummer-1.2235425
62 Vgl. Ulrich Chaussy: *Oktoberfest. Ein Attentat. Wie die Verdrängung des Rechtsterrors begann*, Darmstadt 1985; überarbeitet und aktualisiert Berlin 2014.

den Behörden und eine fehlende Sensibilität für rechten Terror, auch im Nachgang.

Das BKA wies vor den Taten von David S. in dem Bericht »Gefährdungslage Politisch motivierte Kriminalität – rechts« (PMK – rechts) darauf hin, dass Anschläge und Mordserien wie beim NSU zu Nachahmungstaten führen könnten. Einzelne terroristische Aktionen durch selbstradikalisierte Einzeltäter sowie die Bildung terroristischer Kleingruppen müssten in Betracht gezogen werden.[63] Dennoch gilt die Tat von David Sonboly als »unpolitischer Amoklauf«, besiegelt durch die Deutungshoheit von Bayerns Behörden in diesem Fall. Vielleicht hat diese Fehleinschätzung mit dem merkwürdig wirkenden Umstand zu tun, dass der iranstämmige Täter auf seine »arischen Wurzeln« (aus dem Iran stammen angeblich die »Ur-Arier«) stolz war und Fremdenhass gegenüber Menschen mit einem anderen Migrationshintergrund entwickelte. Mit der Folge, dass sich der Fall von tradierten Normvorstellungen löste und schon vor Bekanntwerden der US-Spur zum »Politikum«[64] geworden war. Immerhin wurde lange verschwiegen, wie gravierend der Täter von politischen, rechtsextremistischen Motiven getrieben war.

Während bei islamistischen Tätern die Ideologie als zentraler Erklärungsansatz gilt, wird bei rechten Tätern die rassistische Gesinnung oft als Nebenaspekt abgetan. Die ausgewiesene Terrorismus- und Extremismusforscherin Karin Priester versteigt sich in ihrem Buch *Warum Europäer in den Heiligen Krieg ziehen. Der Dschihadismus als rechtsradikale Jugendbewegung*, in

---

63 Vgl. Michail Logvinov: »Terrorismusrelevante Indikatoren und Gefahrenfaktoren im Rechtsextremismus«, in: *Totalitarismus und Demokratie*, 13/2013, S. 267 f.
64 Nina Job: »Nicht politisch motiviert – das darf bezweifelt werden«, in: *Abendzeitung* vom 22. Juli 2017, http://www.abendzeitung-muenchen.de/inhalt.amoklauf-am-oez-nicht-politisch-motiviert-das-darf-bezweifelt-werden.4672c2f9-63cf-44bb-8609-53b4c079d73f.html

dem sie die Lebensläufe von über 500 muslimisch sozialisierten oder konvertierten Dschihadisten aus fünf westeuropäischen Ländern auswertet, zu folgender Mutmaßung: »Der 18-jährige Amokläufer Ali David Sonboly konnte sich wohl nur deshalb nicht dem Dschihad anschließen, weil er Türken und Araber hasste und sich ihnen rassisch überlegen fühlte.«[65]

65 Karin Priester: *Warum Europäer in den Krieg ziehen. Der Dschihadismus als rechtsradikale Jugendbewegung*, Frankfurt a. M. 2017, S. 267.

7. Zehn Hypothesen

Ein Verständnis vom Agieren der Terroristen ist essenziell, um für die Zukunft zu lernen und präventiv wirken zu können. Das gilt auch für die ausführliche ideologische Begründung der Tat – schon bei Adolf Hitlers *Mein Kampf* wies die Ideengeschichtlerin Barbara Zehnpfennig nach, dass es sich dabei eben nicht um geistiges Wirrwarr, sondern um ein in sich logisches Gedankenkonstrukt handelt, das ebenfalls erst theoretisch manifestiert, dann praktisch umgesetzt wurde.[66] Offenbar tun sich die Sicherheitsbehörden schwer, die neue Gefährdung durch rechtsgerichtete Einzeltäter anzuerkennen.

Terroristen sind Menschen, keine Monster oder Roboter. Plötzlich tauchen sie auf: die scheinbar gestörten Einzeltäter, die sich ein Denkmal setzen wollen, auch wenn es nur posthum ist. Sie handeln eben nicht pathologisch wie Amokläufer (auf den Unterschied werde ich noch gesondert eingehen), sondern begründen ihre Schreckenstaten mit Pamphleten, Bekennerschreiben oder -videos, Manifesten, Geständnissen oder Testamenten. Auf Seiten der Öffentlichkeit setzt hingegen erst einmal Sprachlosigkeit ein. Ein psychologischer Trick besteht dann darin, den Akteur als »Kranken« und »Fremden« darzustellen. Zu schmerzhaft ist der Befund, dass der Terrorismus unter uns entsteht, im stillen Kämmerlein gedeiht und dann explosiv seine Wirkungskraft entfaltet – gegenüber unschuldigen Menschen, die zur falschen Zeit am falschen Ort sind. Terrorismus ist eine kulturelle Herausforderung, welche die Macht und Kraft der Zivilisation

---

66 Vgl. Barbara Zehnpfennig: *Hitlers »Mein Kampf«. Eine Interpretation*, München 2006.

infrage stellt. Wer Terroristen eindimensional auf Psychopathen reduziert oder Analogien zu Bösewichten aus Filmen herstellt, kann schwerlich geeignete Antiterrorstrategien entwickeln.

Rechtsterrorismus speist sich gerade daraus, dass eine ethnische Gruppe auf ihrer Überlegenheit gegenüber einer anderen besteht und diese mit militanten Mitteln durchsetzen will. Die sich zuspitzende Debatte um Migranten, speziell Flüchtlinge, dürfte die Relevanz des Themas erhöhen. Im Oktober 2015 wollte Frank Steffen ein Zeichen gegen die seiner Meinung nach verfehlte Flüchtlingspolitik setzen und verletzte die Kölner Oberbürgermeisterkandidatin Henriette Reker schwer. Einst in rechtsextremistischen Gruppen aktiv, handelte er hier als Einzeltäter. Im Juni 2016, kurz vor dem Brexit-Referendum, wurde die britische Parlamentsabgeordnete Jo Cox, die sich für die Aufnahme von Flüchtlingen eingesetzt hatte, durch einen sozial isolierten Rechtsextremisten ermordet. Im Februar 2018 schoss der Italiener Luca Traini in Macerata aus Rassenhass auf afrikanische Migranten. Die westlichen Gesellschaften sind gespalten, Verschwörungstheorien haben Konjunktur, nicht nur im Umfeld terroristischer Attacken. Es gibt beträchtliche Bevölkerungteile, die sich von der gesellschaftlichen Mitte dauerhaft entfremdet haben. Das lässt sich schon daraus ablesen, dass rechtspopulistische und -extremistische Formationen reüssieren, Verschwörungstheorien in Filterblasen und Echokammern grassieren und obskure Bewegungen wie die »Reichsbürger« massiven Zulauf erhalten. Es geht mir hier folglich nicht um eine willkürliche oder glorifizierende Aufzählung von Straftaten, sondern um das Erkennen von Mustern, Parallelen und aktuellen Entwicklungen.

Mein Buch will folgende zehn Hypothesen aufstellen und belegen:

- Politik, Behörden, Medien und Gesellschaft sind auf die neue Herausforderung durch Individualterrorismus nicht vorbereitet. Es herrscht immer noch das Bild vor, dass Gruppen und Netzwerke hinter Terroranschlägen stecken.
- Der Rechtsterrorismus generell wird aufgrund des Linksterrorismus in der zweiten Hälfte des 20. Jahrhunderts und des islamistischen Terrorismus im 21. Jahrhundert chronisch vernachlässigt. Immer noch wird der Rechtsterrorismus von allen Beteiligten permanent unterschätzt, trotz der »Schatten der Vergangenheit«.
- Gruppenförmig organisierter Terrorismus gehört der Vergangenheit an: Im virtuellen Zeitalter haben sich die Möglichkeiten der Informationsbeschaffung und Kommunikation vereinfacht, das Internet gibt potenziellen Einsamen Wölfen die Möglichkeit, ihrem Bedürfnis nach einer größeren Gruppe nachzukommen, ohne in persönlichem Kontakt zu sein, und Theorie und Praxis des Terrorismus autodidaktisch zu erlernen.
- Einsame Wölfe sind Teil eines globalisierten Rechtsterrorismus, eines virtuellen Netzwerks, in dem potenzielle Täter miteinander verbunden sind. Auf unverdächtigen Plattformen chatten sie, spielen gemeinsam und tauschen sich über Anschlagspläne aus. Dort findet innerhalb einer kleinen Minderheit der zentrale wie fatale Radikalisierungsprozess statt.
- Einsamer-Wolf-Terrorismus ist ein Männerphänomen. Meist betrifft es junge Menschen in der schwierigen Phase des Erwachsenwerdens, mitunter aber auch Männer, die sich in der Mitte ihres Lebens als gesellschaftlich gescheitert sehen.

- Die Ermittlungen verlaufen nach wie vor in nationalen Bahnen, was angesichts der Bedrohungslage und der virtuellen Kommunikation nicht mehr zeitgemäß ist. Längst müsste die Umfeldanalyse angepasst und ausgedehnt werden, um Attentate zu verhindern.
- Amoklauf aufgrund von Liebeskummer oder Schulmobbing kann von dem Terror Einsamer Wölfe durch die politische Dimension der Tat klar abgegrenzt werden. Psychische Erkrankungen sollten nicht von rechtsradikalem Gedankengut ablenken.
- Der individuell vorgehende Rechtsterrorist handelt bei seiner Opferauswahl berechnend. Er sieht es gerade auf ethnische Minderheiten und Menschen ab, die sich für eine offene Gesellschaft einsetzen.
- Es gibt keine praktikablen Gesetze, mit denen rechter Individualterror angemessen geahndet werden kann. Das liegt daran, dass das Strafrecht keine Gesinnungstaten erfasst und Terrorismus als Gruppenphänomen betrachtet.
- Die Präventionsmaßnahmen sind in Deutschland noch völlig unzureichend. Sie beziehen sich zu stark auf etwaige und vorhandene Persönlichkeitsstörungen und klammern den politischen Radikalisierungsprozess aus.

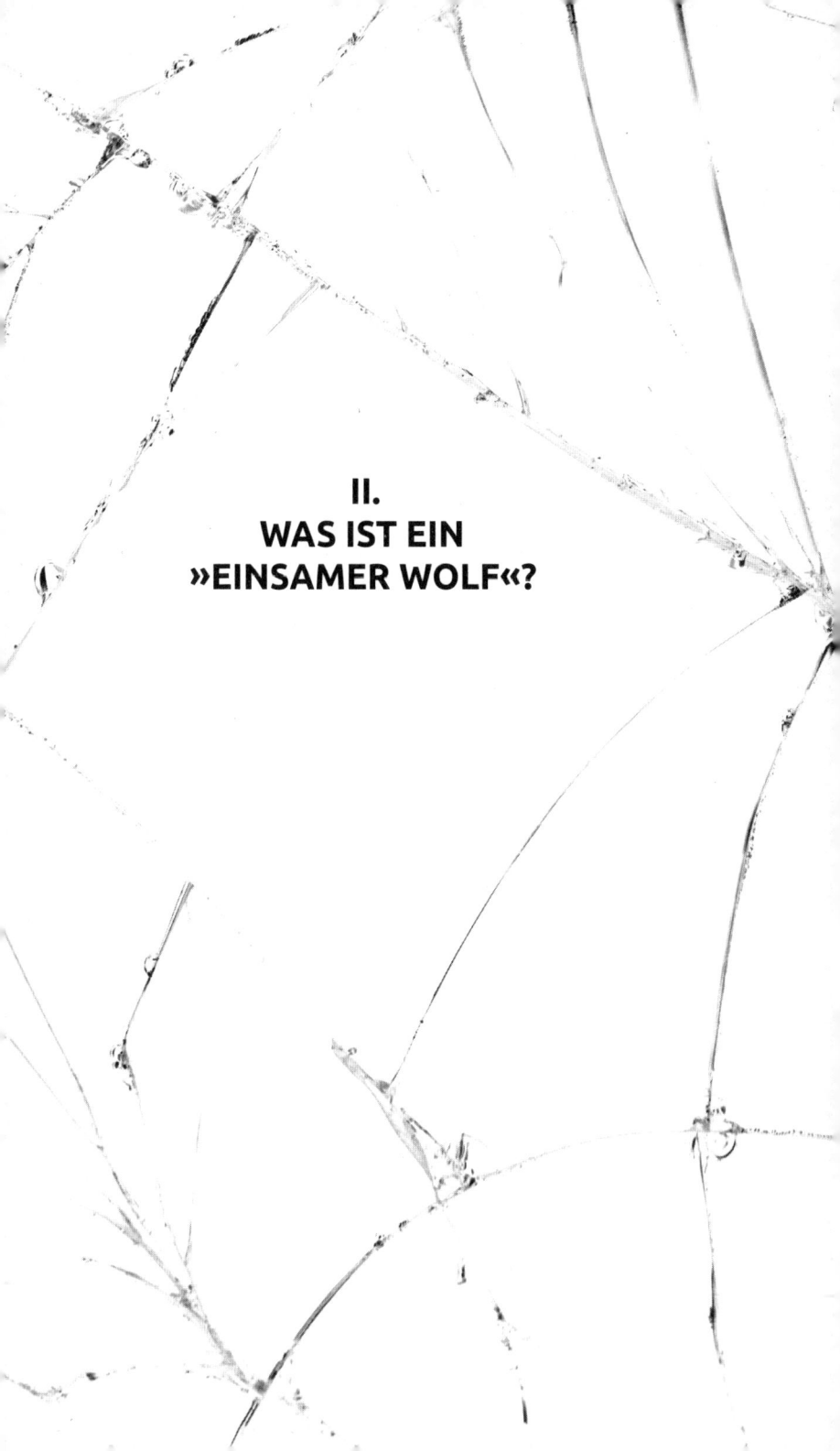

II.
WAS IST EIN
»EINSAMER WOLF«?

1. Ein Phantom?

Terrorismus per se gilt bereits als »kompliziertes, eklektisches Phänomen«.[1] Sich dem Einsamen Wolf zu nähern ist noch anspruchsvoller. Wir verlassen den Regelfall und gehen zu Ausnahmen über. Der dem Terrorismus attestierte notwendig hohe Organisationsgrad, verbunden mit sektenähnlichen Strukturen, scheint den Einzeltäter nicht zu erfassen. Anders gesagt: »Man hat bei Terroristen und deren Opfern bisher immer *kollektive* oder *korporative* Akteure im Sinn.«[2]

Der Terrorismusexperte Peter Waldmann macht das an der notwendigen operativen Intelligenz fest, die er einem Individuum nicht zutraut. Sie umfasst die planmäßige Vorbereitung gezielter Anschläge unter den schwierigen Bedingungen des Untergrunds und die Kalkulation des Schockeffekts.[3] Der »Terrorist« wird als eine ideologisch geleitete Person begriffen, die mit einer hohen Gruppenkohärenz in einer fest organisierten,

---

Vgl. Hendrik Hegemann / Martin Kahl: *Terrorismus und Terrorismusbekämpfung. Eine Einführung*, Wiesbaden 2018, S. 5.

2 Thomas Kron: *Reflexiver Terrorismus*, Weilerswist 2015, S. 423.

3 Vgl. *Peter Waldmann*: Determinanten des Terrorismus, Weilerswist 2005, S. 15.

arbeitsteiligen Struktur eingebunden ist.[4] Dies ist das einst gängige Bild von Rädelsführern, Hintermännern und Sympathisanten, die mit Kampagnen (Hungerstreik etc.) um Verständnis werben, für »Nachschub« (gestohlene Autos, Waffen, falsche Pässe) sorgen und Unterschlupf gewähren.[5]

Der Begriff »Einsamer-Wolf-Terrorist« ist nicht unumstritten, er wird mitunter als Mythos oder Mär abgetan.[6] Gerade im europäischen Kontext besteht ein besonderer Rechtfertigungsbedarf, wenn man ihn verwenden will. »Einsame Wölfe« scheint es nicht zu geben.[7] Die häufige Exklusion des Alleintäters verwundert nicht. Rein statistisch ist er eine »quantité négligeable«, eine zu vernachlässigende Größe. Immer noch fristet die wissenschaftliche Beschäftigung mit ihm ein Schattendasein. Die letzte Zählung solcher Fälle liegt Jahre zurück, sie erfolgte noch vor der Zeitenwende des IS-Terrorismus und vor Breivik. Eine solche kam zu dem Ergebnis, dass nicht einmal zwei Prozent aller terroristischen Anschläge auf die Kappe Einsamer Wölfe gehen, wobei schon damals die Häufung der Fälle in den USA auffällig war.[8] In der öffentlichen Diskussion wie in Lehrbüchern zum Thema Terrorismus nimmt der Individualterrorismus, wenn überhaupt, eine Randrolle ein. Ein Blick auf das Recherchesystem der Library of Congress in Washington, D.C. bringt Aufschluss: Gibt

---

4 So etwa Astrid Bötticher / Miroslav Mareš: *Extremismus. Theorien – Konzepte – Folgen*, München 2012, S. 4.

5 Vgl. Hans Joachim Schneider: *Kriminologie der Gewalt*, Stuttgart / Leipzig 1994, S. 175.

6 So Peter A. Neumann: *Der Terror ist unter uns. Dschihadismus und Radikalisierung in Europa*, Berlin 2016, S. 181.

7 So Pauline Garaude: »Einsame Wölfe gibt es nicht«, in: *Die Weltwoche* vom 30. Mai 2015.

8 So in einer breiten Auswertung Ramón Spaaij: *Understanding Lone Wolf Terrorism. Global Patterns, Motivations and Prevention*, Heidelberg u. a. 2012.

man »terrorism« ein, bekommt man 32 552 Resultate, bei »lone wolf terrorism« exakt 312. Das bedeutet, dass bei weniger als 0,001 Prozent aller Literatur, Artikel, Quellen etc. über das Phänomen Terrorismus das Augenmerk auf dem Einsamen Wolf liegt. Noch weniger Treffer gibt es übrigens für »Amok«, nur 292.[9]

Theodore (»Ted«) John Kaczynski, ein US-amerikanischer Mathematiker und Bombenleger, gilt bis heute als Bezugspunkt und eine Art »Prototyp« für Einsame Wölfe. Im Zeitraum von 1978 bis 1995 soll er 16 Briefbomben an verschiedene Personen in den USA verschickt haben, wodurch drei Menschen getötet und weitere 23 verletzt wurden. Bevor seine Identität bekannt wurde, bezeichnete ihn das FBI mit dem Codenamen »Unabomber« (*university and airline bomber*), da die Bomben vornehmlich an Universitätsprofessoren und Vorstandsmitglieder von Fluggesellschaften geschickt wurden. Ab 1970 lebte der Terrorist in den Bergen von Montana in einer kleinen selbstgebauten Holzhütte. 1995 verschickte Kaczynski anonym ein 35 000 Wörter langes Manifest mit dem Titel *Die industrielle Gesellschaft und ihre Zukunft* (*Industrial Society and its Future*) an verschiedene Adressaten mit dem Angebot, die Bombenattentate zu beenden, falls dieser Text in einer bekannten Zeitung veröffentlicht würde. Ihm ging es darum, aufzuzeigen, dass die industrielle Revolution und ihre Konsequenzen einen unabdingbaren Nachteil für den Menschen hinterlassen hätten. Obwohl der Zivilisationskritiker linke politische Kräfte (»leftism«) ebenso wie eine angeblich dominante Rolle der Schwarzen kritisiert, ist er nicht dem Rechtsextremismus zuzuordnen.[10] Persönlich beklagte er Zurückweisung in sozialen Beziehungen. Am 19. September 1995

---

9 Suche vom 31. Juli 2017.
10 Vgl. Jay Robert Nash: *Terrorism in the 20th century. A narrative Encyclopedia*

veröffentlichten die *New York Times* und die *Washington Post* das Manifest, um Hinweise auf den Täter zu bekommen. Nach dem Zeitungsabdruck des Manifests erkannte Teds jüngerer Bruder David darin den Schreibstil seines Bruders und verständigte nach eigenen Ermittlungen die Behörden. Der Terrorist lebte also zweieinhalb Jahrzehnte in strikter Einsamkeit und jagte seiner Umwelt dennoch Schrecken ein.[11]

Gabriel Weimann, langjähriger und renommierter Terrorismusexperte an der Universität Haifa, sieht in der fehlenden Beschäftigung mit dem Thema ein Forschungsdesiderat. Obwohl ein alarmierender Anstieg im Bereich des Einsamer-Wolf-Terrorismus offensichtlich sei, klaffe immer noch eine Lücke zwischen der wahrgenommenen Bedrohung und der fast ausschließlichen Fixierung der Experten auf gruppenbasierten Terrorismus. Er fordert ein Umdenken, gerade mit Blick auf das virtuelle Zeitalter.[12]

Häufig ranken sich um den Einsamen Wolf viele Mythen. Auch sie streben nach Ruhm und Anerkennung wie jeder Terrorist, doch sitzen sie in der Realität allein in ihrer Wohnung. Wie allein sie auch sein mögen, man darf nicht vergessen, dass sie sehr wohl Teil einer größeren Gemeinschaft von Gleichgesinnten sind – real oder virtuell oder in beiden Sphären.[13] Ein 1999 veröffentlichtes FBI-Täterprofil der Mitarbeiterin Kathleen M. Pucket über »lone wolves« kam zum Ergebnis, dass Einsame Wölfe

from the Anarchists through the Westermen to the Unabomber, New York 1995, S. 275–282.

11 Vgl. Ramón Spaaij: *Understanding Lone Wolf Terrorism. Global Patterns, Motivations and Prevention*, Heidelberg u. a. 2012.

12 Vgl. Gabriel Weimann: »Lone Wolves in the Cyberspace«, in: *Journal of Terrorism Research*, 2/2012, S. 75–90.

13 Vgl. Jeffrey Kaplan / Heléne Lööw / Lenna Malkki: »Introduction«, in: Dies. (Hrsg.): *Lone Wolf and Autonomous Cell Terrorism*, London / New York 2015, S. 4.

sehr wohl Teil einer größeren Gruppe sein möchten. Davon erhofften sie sich Ansehen und Macht, zumindest posthum. Durch ihre Unfähigkeit, stabile soziale Beziehungen zu führen, sei dies aber auf Dauer unmöglich. Stattdessen sucht der Einsame Wolf in einer Ideologie Halt, die ihn nicht zurückweist, wie das andere Personen in einer Gruppe tun könnten. Er wird zum »true believer«, zum blinden, fanatischen Gläubigen. In der Ideologie des Hasses bündelt er all seine negative Energie.[14] Der Einsame Wolf kann folglich also als ein Phänomen gelten, das in den gesellschaftlichen Kontext eingebettet und Kind unserer Zeit ist.

---

14 So Kathleen M. Pucket / Therry D. Turchie: *The American Terrorist. The FBI's War On Homegrown Terror*, New York 2007, S. 239 und 270 f. Der Ausdruck erklärt die blinde Gefolgschaft und Unterstützung totalitärer Systeme. Das Standardwerk hierzu verfasste der Sozialpsychologe Eric Hoffer: *The True Believer*, New York City 1951. Heute hat das Werk wieder Aktualität, um etwa die Unterstützung des »angry white man« für Donald Trump zu erklären.

2. Die Gesichter des Terrors

Hinter dem Terrorismus stehen gewaltige Ziele: die Proklamation eines Befreiungskampfes, einer sozialen Revolution, Separatismus oder ein rassistisches Brandzeichen gegenüber einer ethnischen Gruppierung. Es geht um eine Kampfgemeinschaft, die durch die gemeinsame, wenn auch oftmals vage Zielsetzung auf emotionale Weise verbunden ist. Die Solidarität untereinander lässt sie in die Illegalität ein- und abtauchen. In einer auf Gedeih und Verderb zusammengeschweißten Gruppe können sie sich gegenseitig stützen, überzeugt davon, unter der gemeinsamen Flagge zu kämpfen. Selbst der introvertierte und unabhängige Einzelgänger wird sektengleich vom Sog des vermeintlich historischen Kampfes mitgerissen, erfährt innerhalb der Gruppe Kameradschaft und eine ganz neue Form der Anerkennung. Gruppendynamische Prozesse entfalten ihre Wirkung. Aus der Bedeutung des Kollektivismus speisen sich Legitimation und Manipulation von totalitären Terrorregimen, wie sie idealtypisch der Nationalsozialismus und der Stalinismus repräsentierten. Aufgrund der propagandistisch aufgeladenen Gewaltherrschaft konnten sie eine überzeugte Anhängerschaft hinter sich scharen, die bereit war, sich bedingungslos den Zielen der Bewegung unterzuordnen, auch unter Einsatz des eigenen Lebens. Heute finden wir mit Nordkorea noch einen Vertreter einer solchen staatlichen und gesellschaftlichen Struktur.

Mitunter fällt es schwer, zu entscheiden, wann es sich um Terrorismus handelt. Deshalb soll im Folgenden der Versuch unternommen werden, seine Merkmale zu definieren, bevor wir zum Individualterrorismus kommen. Terrorismus zeichnet sich durch inhumane, perfide und propagandistische Aktionen aus, die darauf angelegt sind, politische Ziele zu erreichen. Louise Richardson, die sich langjährig unter anderem an der Harvard Universität mit dem Phänomen beschäftigt hat, spricht von den drei *Rs*, Rache, Ruhm und Reaktion, nach denen »substaatliche Akteure« agieren, wenn sie Terror ausüben. Terroristen nehmen vermeintliches oder angebliches Leid zum Vorwand, das es zu rächen gilt. Sie streben nach einem Nimbus als große Personen der Geschichte. Ihr Ziel ist es, von einer Gemeinschaft gehuldigt, ja idolisiert zu werden. Ihr Handeln soll Stärke demonstrieren, weshalb sie eine Reaktion etwa des Staates provozieren wollen. Aus diesem Verständnis heraus beschwören die islamistischen Terroristen einen Krieg zwischen der islamischen und westlichen Welt herauf. Sie demonstrieren damit ihre Macht, einen weltweiten Konflikt nach Belieben anfachen und beenden zu können.[15]

Terroristen müssen keineswegs eine beständige politische Arbeit, etwa in Parteien oder anderen Organisationen, betrieben haben, bevor sie zur Tat schreiten. Ihr Antrieb speist sich aber dennoch stets aus einer politischen Motivation, wie sie etwa durch Bekennerschreiben oder die Opferauswahl zum Ausdruck kommt. Kurz gesagt bedeutet Terrorismus, aus politischen Beweggründen Unschuldige in den Tod zu reißen. Die Exekutoren der Gewalt zielen dabei auf mediale Präsenz und eine möglichst große Breitenwirkung, während der Taten und in der Rezeption. Schließlich wollen sie eine Hiobsbotschaft an die Öffentlichkeit senden und damit heimliche Sympathie, Ekel oder Abschreckung evozieren. Die Empfänger dieser Botschaft geraten in Panik und gehen davon aus, dass viele Hände im Spiel sein müssen, um eine derartige Tat zu ermöglichen.

---

15 Vgl. Louise Richardson: *Was Terroristen wollen. Die Ursachen der Gewalt und wie wir sie bekämpfen können*, Frankfurt a. M. / New York 2007, S. 126–141.

De facto findet politische Sozialisation oft in einer Gruppe statt, muss operationale Intelligenz mühsam erlernt werden. So denken wir beim Terrorismus an eine hierarchisch organisierte Organisation. Die RAF etwa bestand aus der sogenannten Kommandoebene, eigenen »Kampfeinheiten« sowie einem militanten Umfeld. Eine gewisse Professionalisierung scheint also notwendig – verbunden mit konspirativen Treffen und einer Tatplanung. Durch die Konfrontation mit den Sicherheitsbehörden tauchen terroristische Gruppen oftmals in den Untergrund ab, was die Legendenbildung beflügelt.

Lässt sich terroristisches Verhalten zufriedenstellend erklären? Gerade wenn der Täter nicht mehr am Leben ist, kann man nur mehr spekulieren, was die Schreckenstaten letzten Endes auslöste und ob sich eine Ursache überhaupt ausmachen lässt.[16] Spätestens hier drängen sich in Bezug auf Einsame Wölfe Fragen auf: Kann es eine Selbstrekrutierung, verbunden mit einer Selbstradikalisierung, überhaupt geben? Kann eine einzelne Person überhaupt einen Terrorakt begehen, und kann sie scheinbar ohne Gruppenidentität auskommen? Ist es überhaupt möglich, dass eine Person ganz ohne Auftrag handelt, sich im Kontext einer Aktion außerhalb der Kommandostruktur einer terroristischen Organisation befindet?

---

16 Ebd. S. 81

3. Ein Blick in die Geschichte

Vor diesem Hintergrund lohnt es sich, einen Blick auf die Geschichte des Terrors zu werfen. Der Begriff »Terror« stammt aus der Französischen Revolution bzw. der ihr nachfolgenden Schreckensherrschaft (»la grande terreur«) von 1793 bis 1794, symbolisiert durch das Instrument zur Vollstreckung der Todesstrafe, die Guillotine. Er bezog sich auf durchorganisierte und -orchestrierte staatliche Gewalt. Bis heute schwingt das Bild mit, dass der Terror von einer gruppenförmigen Elite innerhalb einer Gesellschaft ausgeht, zumal sich viele Terrorbewegungen vom Glauben, dass ein radikaler Bruch in der Gesellschaft möglich sei, angezogen fühlten.

Der Ausgangspunkt für viele Arten von Terrorismus, besonders auch für den Einsamer-Wolf-Terrorismus, ist bereits vor dem 20. Jahrhundert zu orten: der Anarchismus im zaristischen Russland um den Aristokraten Michail Alexandrowitsch Bakunin (1814–1876). Inspiriert von sozialrevolutionären Gedanken, reiste er durch Europa, um dort, wo sich ziviler Ungehorsam entwickelte, flankierend zu wirken. Er war »an den Krisenherden Europas nahezu omnipräsent«, ohne freilich wirklich etwas zu erreichen.[17] Als so einflussreich wie gefährlich zeigte sich aber das in diesem Kontext entwickelte Konzept der *Propaganda der Tat*, das eine Mélange aus Gewalt und Kommunikation umfasst. Besonders im zaristischen Russland kam es zu einem davon inspirierten Terror. Sogenannte »utopische Sozialisten« glaubten, Russland könne unter Umgehung des Kapita-

---

17 Vgl. mit Originalbeleg Jürgen Osterhammel: *Die Verwandlung der Welt. Eine Geschichte des 19. Jahrhunderts*, München 2009, S. 799.

lismus durch eine Bauernrevolution direkt zum Sozialismus gelangen. Solange der Boden für den finalen Umsturz noch nicht bereitet sei, müsse eben nicht eine hierarchisch strukturierte Großorganisation agieren, sondern ein Individuum oder eine kleine Gruppe mithilfe von Gewaltakten die verzweifelte Lage der Ärmsten entschlossen kundtun. Hier wurde eine Eskalationsstrategie verfolgt, die ein geplantes Morden ausdrücklich einschloss. Lenin hingegen lehnte den individuellen Terror ab. Als er 17 Jahre alt war, wurde sein älterer Bruder Alexander, Anhänger der utopischen Sozialisten, wegen eines Mordanschlags auf den Zaren verurteilt. Dieses Ereignis schien ihn geprägt zu haben. Lenin sah wirkungsvollere Wege, um die Vorzeichen zu ändern: Berufsrevolutionäre, die sich professionell vorbereiten, auf die wachsende Unzufriedenheit im Volk zählen und somit eine reale Machtbastion aufbauen konnten.[18] Die anarchistische Gewalt entsprach einer Weltordnung, in der die Unterschichten ein elendiges Dasein fristeten und staatliche Unterdrückung herrschte. Radikalisierung entstand dann als Folge der Gewalt und ihrer Deutung mit ideologischen Rastern.[19]

Um die Jahrhundertwende gab es eine blutige Serie von Attentaten auf staatliche Repräsentanten. In Europa und in den Vereinigten Staaten agierten zahllose anarchistische Gruppierungen und Einzelpersonen, die Anschläge auf prominente Persönlichkeiten verübten. Opfer waren unter anderem 1898 die Kaiserin Elisabeth von Österreich, 1900 König Umberto I. von Italien, 1901 US-Präsident William McKinley und 1912 der spanische Ministerpräsident José Canelejas.

Nach dem Ersten Weltkrieg und der Novemberrevolution

---

18 Vgl. Louise Richardson: *Was Terroristen wollen. Die Ursachen der Gewalt und wie wir sie bekämpfen können*, Frankfurt a. M. / New York 2007, S. 65.

19 Vgl. Farhad Khosrokhavar: *Radikalisierung*, Bonn 2016, S. 61

– Zeiten, die geprägt waren von Unsicherheit und Chaos – kam es auch in Deutschland zu einem solchen Gewaltakt. Der erste demokratisch gewählte bayerische Ministerpräsident Kurt Eisner wurde am 21. Februar 1919 auf dem Weg zum Landtag ermordet. Eigentlich wollte der unbeliebte Eisner an diesem Tag seinen Rücktritt erklären. Zwei Mitarbeiter begleiteten ihn, zwei Polizisten liefen als Leibwächter voraus. Der Täter, Graf Arco-Valley, lauerte im Eingangsbereich des Landtags, näherte sich Eisner von hinten und schoss ihm zweimal in den Nacken. Eisner war sofort tot. Die Leibwächter feuerten auf den Attentäter, der schwer verletzt überlebte. Wie sich herausstellte, handelte dieser aus völkisch-antisemitischen Motiven. In Eisner sah er einen Bolschewiken und Juden, der am Vaterland Verrat begehe.[20] Graf Arco-Valley kann als Prototyp des Einsamen Wolfes gelten. Der Täter sympathisierte mit der antisemitischen Thule-Gesellschaft, gehörte aber keiner terroristischen Organisation an.

Aus heutiger Perspektive gab es im Laufe der Zeit ein sehr breites Spektrum an Einsamen Wölfen, die Terrorakte verübten: anarchistische Revolutionäre, religiöse Fanatiker wie islamistische Fundamentalisten, radikale Umwelt- und Tierschutzaktivisten, Homophobe, rassistische Anhänger einer »white supremacy«[21] und Rechtsterroristen im Allgemeinen.

---

20 Vgl. Sven Felix Kellerhoff: »Rechtsterrorismus – Es begann im Jahr 1919«, in: *Die Welt* vom 14. November 2011, https://www.welt.de/kultur/history/article 13716280/Rechtsterrorismus-Es-begann-im-Jahr-1919.html
21 Der Begriff steht für »weiße Vorherrschaft« und bezeichnet eine rassistische Ideologie, die ihren Ursprung in der Sklaverei der Kolonialzeit hat. Es ging den Großgrundbesitzern nicht nur um den Gegensatz zwischen »Weiß« und »Schwarz«, sondern auch um die Manifestation eines Machtverhältnisses.

4. Einsame Wölfe:
Anschlag auf die Demokratie?

Wir diskutieren Terrorismus von Einsamen Wölfen als ein Phänomen, das sich innerhalb von westlichen Demokratien bewegt.[22] Zu Attentaten auf Politiker ist es immer wieder in revolutionären Umbruchssituationen gekommen, wie der Mord am bayerischen Ministerpräsidenten Kurt Eisner nach dem Ersten Weltkrieg zeigt. In der noch jungen Weimarer Republik hatte Rechtsterrorismus Konjunktur, mit Soldaten und jungen Söldnern aus den Freikorps als Protagonisten.[23] Grundsätzlich können derartige Taten aber auch in autoritären oder gar totalitären Staaten vorkommen.[24] Auf Adolf Hitler wurden einige Anschläge erfolglos verübt, unter anderem durch den Einzeltäter Georg Elser am 8. November 1939 im Münchener Bürgerbräukeller. Seine Bombe explodierte nur wenige Minuten zu spät. Sie

---

[22] Das gilt auch für andere Weltregionen. Am 4. November 1995 wurde der Premierminister Israels Jitzchak Rabin von einem Einsamen Wolf ermordet. Der Täter Jigal Amir, ein Jurastudent, sah die Existenz des Staates Israels gefährdet, speziell durch den Oslo-Friedensprozess und geheime Abkommen zwischen der Palästinensischen Befreiungsorganisation (PLO) und Israel.

[23] Vgl. Anselm Doering-Manteuffel: »Der politische Mord als Anschlag auf die Demokratie: Das Attentat auf Walther Rathenau«, in: Georg Schild / Anton Schindling (Hrsg.): *Politische Morde in der Geschichte. Von der Antike bis zur Gegenwart*, Paderborn u. a. 2012, S. 113–128.

[24] Eine historische Figur ist der Tyrannenmord im alten Rom, etwa die Ermordung von Iulius Caesar durch Marcus Brutus 44. v. Chr. Kaum jemandem dürfte die Szene unbekannt sein, mit den letzten Worten des von 23 Stichen durchbohrten Diktators »Auch du, mein Sohn?«. Vgl. Mischa Meier: »K(ein) Tyrannenmord: Der Tod des Iulius Caesar 44 v. Chr.«, in: Georg Schild / Anton Schindling (Hrsg.): *Politische Morde in der Geschichte. Von der Antike bis zur Gegenwart*, Paderborn u. a. 2012, S. 11–36.

hatte die NS-Prominenz zum Ziel, die auf einem Rednerpult saß. Elser, gelernter Schreiner und zwischen 1928 und 1929 Mitglied im Roten Frontkämpferbund, der Kampforganisation der Kommunistischen Partei Deutschlands, war ein klassischer Einsamer Wolf mit politischen Motiven – er wandte sich gegen den NS-Staat wie den Krieg.[25]

Als Ursprung des Rechtsterrorismus in der Bundesrepublik wird immer wieder das Attentat auf den linksradikalen Studentenführer Rudi Dutschke am Berliner Kurfürstendamm im Jahr 1968 genannt. Es fiel in eine bewegte Zeit der Unruhen und Proteste, die sich etwa gegen den Vietnamkrieg richteten. Bei der Demonstration gegen den Besuch des Schahs von Iran war am 2. Juni 1967 der Student Benno Ohnesorg erschossen worden. Dutschke führte auch eine Kampagne an, welche die Enteignung des mächtigen Springer-Konzerns forderte, was wiederum zu einer Tirade der *Bild-Zeitung* gegen ihn führte. Rudi Dutschke überlebte das Attentat schwer verletzt, mit bleibenden Beeinträchtigungen, an deren Spätfolgen er 1979 starb. Der Täter, Josef Erwin Bachmann, hatte bei der Tat einen Ausschnitt aus der rechtsextremistischen *Deutschen Nationalzeitung* mit dem Artikel »Stoppt Dutschke jetzt!« in der Tasche.

Die Lebensgeschichte Bachmanns ist aufschlussreich. Seine Familie verließ 1956 die DDR und zog ins Ruhrgebiet. Dort besuchte Bachmann wegen seiner schlechten schulischen Leistungen eine Hilfsschule, die er jedoch frühzeitig wieder verlassen musste. Nach einer gescheiterten Berufsausbildung war er als Hilfsarbeiter tätig, wechselte dort aber häufig den Arbeitsplatz. Bestätigung suchte er sich über schnelle Autos und Mopeds. Zu-

---

25 Vgl. Peter Steinbach / Johannes Tuchel: *Georg Elser. Der Hitler-Attentäter*, Berlin 2010.

sammen mit einem Freund beging Bachmann mehrere Einbrüche, um sich die Hobbys leisten zu können.[26]

Entwurzelung, soziale Isolation, fehlende Bestätigung: Bachmanns Lebenslauf ist typisch für Einsame Wölfe, wie wir später noch sehen werden. Nach dem Attentat galt er »als isolierter und verwirrter Einzeltäter«.[27] Ein entscheidender Aspekt wurde dabei allerdings ausgeklammert, was ebenso typisch für Einsame Wölfe ist: die politische Motivation. Bachmann war ein fanatischer Antikommunist, er hatte Kontakt zu gewaltbereiten Rechtsextremisten, die ihn das Schießen lehrten. Wie Jahrzehnte später durch DDR-Staatssicherheits-Akten zum Vorschein kam, übte er mit dem früheren NPD-Mann Wolfgang Sachse am Gewehr. Dieser verkaufte ihm auch Schusswaffen und Munition. In seiner Wohnung fanden sich zahlreiche politische Bekenntnisse: Im Bücherregal stand Hitlers *Mein Kampf*, an der Wand hing ein Hitler-Porträt.[28] Er dürfte dennoch ein Einsamer-Wolf-Terrorist gewesen sein, der ohne Auftrag oder Anleitung durch eine rechtsextremistische Organisation handelte, obwohl viele Rätsel bleiben und Kontakte zur neonationalsozialistischen Szene belegt sind. Bachmann, der mit einer negativen Tat als negativer Held in die Geschichte eingehen wollte, beging am 24. Februar 1970 im Gefängnis Selbstmord.[29]

---

26 Vgl. *Peiner Allgemeine*: »Attentäter mit Neonazi-Kontakt in Peine«, 6. September 2009, http://www.paz-online.de / Stadt-Peine / Attentaeter-mit-Neonazi-Kontakt-in-Peine

27 Armin Pfahl-Traughber: »Die Besonderheiten des ›Lone-Wolf‹-Phänomens im Rechtsterrorismus«, in: Ders. (Hrsg.): *Jahrbuch für Extremismus- und Terrorismusforschung 2015/16*, Brühl/Rheinland 2016, S. 236.

28 Vgl. ebd.

29 Sven Felix Kellerhoff: »Die undurchsichtige Tat des Dutschke-Schützen«, in: *Die Welt* vom 6. Dezember 2009, https://www.welt.de/politik/deutschland/article 5442091/Die-undurchsichtige-Tat-des-Dutschke-Schuetzen.html

Die Stoßrichtung eines solchen Terrorismus liegt auf demokratischen Werten, die bekämpft, und ethnischen Minderheiten, die gehasst werden. Der aufstrebende niederländische rechtspopulistische Politiker Pim Fortuyn wurde im Wahlkampf für die Parlamentswahl 2002 ermordet. Volkert van der Graaf, der Attentäter, galt als militanter Umwelt- und Tierschützer und hatte ein direktes politisches Motiv, weshalb er als Einsamer Wolf gelten kann. Er gab an, seine Tat im Alleingang länger vorbereitet zu haben und Muslime schützen zu wollen – als Ziel war Fortuyn ausersehen worden, der für seinen Antiislamismus bekannt war.

Die Idee einer »Propaganda der Tat« als eine Art Rezept für den inspirierten Einzeltäter ist also kein Produkt des virtuellen Zeitalters, sondern »so alt wie der Terrorismus« selbst.[30] Sie markiert die Abkehr von dem Glauben, ein Aufstand, eine Rebellion oder gar eine Revolution zeichne sich durch die Macht der Masse aus. Das Feuer des gewalttätigen Terrors, so der zugrunde liegende Gedanke, kann auch durch Einzelne entfacht werden.[31]

---

30 So Peter A. Neumann: *Der Terror ist unter uns. Dschihadismus und Radikalisierung in Europa*, Berlin, S. 183.
31 Vgl. Louise Richardson: *Was Terroristen wollen. Die Ursachen der Gewalt und wie wir sie bekämpfen können*, Frankfurt a. M. / New York 2007, S. 61.

5. Theorie und Ursprung
des Einsamer-Wolf-Terrorismus

Der Mord an Kurt Eisner kann vielleicht als erstes Einsamer-Wolf-Attentat auf deutschem Boden bezeichnet werden. Die Parallelen zu aktuellen Anschlägen sind frappierend. Zu jener Zeit war der Begriff »Einsamer Wolf« freilich noch unbekannt. Er geht zurück auf Tom Metzger, einst Mitglied des Ku-Klux-Klans. Auf seiner Website publizierte er Mitte der neunziger Jahre die *Laws for the Lone Wolf.* Dort heißt es: »Ich bin für den kommenden Krieg vorbereitet. Ich bin fertig, wenn die rote Linie überschritten ist. [...] Ich bin der Untergrundkämpfer und unabhängig. Ich bin in Deiner Nachbarschaft, in den Schulen, Polizeiabteilungen, Bars, Coffeeshops, Einkaufszentren etc., und ich bin ›Der Einsame Wolf‹.«[32]

Als Vordenker der von Metzger ausgerufenen Bewegung gilt der US-Amerikaner William L. Pierce. Er schrieb unter dem Pseudonym Andrew Macdonald die bekanntesten Texte der jüngeren Geschichte des Nationalsozialismus. Hochbegabt, promoviert und einst Assistant Professor für Physik, beendete er seine Hochschullaufbahn, um sich intensiv rechtsextremistischen Tätigkeiten zu widmen. Seine 1978 veröffentlichten *The Turner Diaries (Die Turner-Tagebücher)* gelten als »rechtsextremistische Bibel«, als wichtigstes Propagandawerk, das weiße Überlegenheitsgefühle auf militante Weise kultiviert.[33] Timothy James

---

32 Zitiert nach Jason Burke: »The myth of the ›lone wolf‹-terrorist«, in: *The Guardian* vom 30. März 2017, https://www.theguardian.com/news/2017/mar/30/myth-lone-wolf-terrorist

33 Vgl. J. M. Berger (2016): *The Turner Legacy*, International Centre for Counter-

McVeigh, der Attentäter von Oklahoma 1995, zählte zu den Lesern des Buches. Es ist frei im Internet erhältlich und inspirierte zahlreiche Rechtsterroristen auch in Europa, darunter Einsame Wölfe wie Breivik. Der Roman handelt von Earl Turner, der in einer »Zelle« den Kampf gegen das System und die Überfremdung organisiert. Auf einen nuklearen Bürgerkrieg folgt eine »arische« Welt. Die Romanhandlung ist dabei nur der Deckmantel für die Anleitung zur Entfachung eines »Rassenkrieges«.

Der zweite, ebenfalls fiktionale Roman *Hunter* (*Jäger*) erschien 1989. Er handelt von dem 40-jährigen Rechtsterroristen mit dem sprechenden Namen Oscar Yeager, ein Vietnam-Veteran, Ingenieur und Berater des Verteidigungsministeriums. Zunächst ein sogenannter Feierabendterrorist, radikalisiert sich Yeager im Laufe des Buches immer mehr. Später baut er eine »Zelle« auf, um illegale Aktivitäten durchzuführen. Selbst bleibt der Protagonist aber außerhalb einer Organisation. Als Einzeltäter, als Einsamer Wolf, erschießt er Personen aus seinem Auto heraus, begeht Morde an Politikern und bekannten Persönlichkeiten. Weit über 100 Personen fallen ihm zum Opfer. Yeager kostet nach den Taten den Triumph mit seiner Freundin aus, ist also nicht gänzlich isoliert (das Detail, dass Yeager eine Freundin hat, wird sich noch als relevant herausstellen, da Einsame Wölfe in der Regel ohne Partner sind). Er sieht »die weiße Rasse« als überlegen an und wehrt sich gegen die Dekadenz, die er an Verdummung, Drogenkonsum und Homosexualität festmacht. Und er wirbt für Nachahmer, denen er aber Dilettantismus bescheinigt.

William L. Pierce pflegte viele Kontakte zu rechtsextremistischen Gruppierungen in Europa. Für die NPD etwa verfasste er ein Grußwort. In der 1999 erschienenen Festschrift zum 35. Jah-

---

Terrorism – The Hague, S. 1, https://icct.nl/wp-content/uploads/2016/09/ICCT-Berger-The-Turner-Legacy-September2016-2.pdf

restag der Partei sagt Pierce »Kapitalisten« den Kampf an: »Nationalisten in Deutschland, in Europa oder auch in Amerika stehen einem gemeinsamen Feind aller Völker gegenüber, dem internationalen Großkapital, das allen geschichtlich gewachsenen Nationen zugunsten eines multikulturellen ›melting pots‹ den Todesstoß versetzen will. Unser Kampf gegen die Weltherrschaftsbestrebungen und den Wirtschaftsimperialismus multinationaler Konzerne wird hart und entbehrungsreich sein.«[34] Pierce stand zudem in enger Bekanntschaft mit einem anderen »Vordenker« der Rechten, Louis Beam. Der 1946 in Texas geborene Beam prägte als Aktivist des Ku-Klux-Klans Anfang der achtziger Jahre mit einem Essay den Begriff des *Leaderless Resistance* (»Führerloser Widerstand«). Leaderless Resistance verzichtet auf zentrale Kommandostrukturen, setzt hingegen auf bewegliche Kleinstgruppen mit einem hohen Maß an Planungsautonomie und Flexibilität. Das propagierte System basiert auf Zellen, die trotz eines notwendigen gemeinsamen Ziels unabhängig voneinander operieren.

Leaderless Resistance war auch eine Antwort darauf, selbst keine schlagkräftige Organisation auf die Beine stellen zu können. Beam reagierte auf das eigene Unvermögen, ohne Kenntnis der US-amerikanischen Bundespolizei FBI Strukturen aufbauen zu können. In Ein-Mann-Phantomzellen sah er den strategischen Ausweg, um rassistisch motivierte Anschläge zu verüben. In dem 1983 verfassten, 1992 veröffentlichten Text heißt es: »Die natürliche Frage stellt sich, wie ›Phantomzellen‹ oder Individuen miteinander kooperieren, wenn es keine Kommunikation untereinander oder zentrale Direktive gibt. [...] Es obliegt der Verantwortung des Individuums, sich die notwendigen Fä-

---

34 William Pierce: »Grußwort«, in: Holger Apfel (Hrsg.): *Alles Große steht im Sturm. Tradition und Zukunft einer nationalen Partei*, Stuttgart 1999, o. S.

higkeiten und Informationen anzuzeigen. [...] Dabei steht außer Frage, dass Leaderless Resistance zu einer kleinen, sogar einer Ein-Mann-Zelle des Widerstands führen muss.«[35] Damit ist die Einsamer-Wolf-Taktik vorformuliert.

Die Bezeichnung *lone wolf terrorism*, die Metzger zum ersten Mal gebrauchte, wurde schnell von den US-Behörden übernommen und popularisiert. 1998 gründete das FBI eine sogenannte »Operation Lone Wolf«, die sich gegen kleine Gruppen weißer Rassisten an der US-Westküste richtete. Zuvor nutzten US-Sicherheitsbehörden Wendungen wie *freelancers* (»Freischaffende«), *homegrown* (»einheimisch«), *cleanskin* (»ohne Etikett«) oder einfach *unaffiliated* (»ungebunden«).[36] Schnell schwappte die Idee dieser Art des Terrorismus nach Europa über, auch begründet durch die organisatorische Schwäche der Szene.[37] Die »Lone-Wolf-Taktik« hat in einschlägigen Kreisen Verbreitung gefunden, etwa bei der britischen Combat 18 (C18).[38] Die neonationalsozialistische Gruppierung wurde 1992 durch militante Rechtsextremisten gegründet. Ihre Mutterorganisation Blood and Honour erlangte vor allem durch rechtsextremistische Konzerte und Tonträger Bekanntheit, rief aber auch zu Anschlägen auf Migranten und politische Gegner auf. In C18 sind europaweit gewaltbereite Neonationalsozialisten zusammengeschlossen.

---

35 Louis Beam: »Leaderless Resistance«, in: *The seditionist*, 6/1992, http://www.louisbeam.com/leaderless.htm.

36 Ebd.

37 Vgl. Sebastian Gräfe: »Leaderless Resistance and Lone Wolves. Rechtsextreme Theoretiker aus den USA und deren Einfluss in Europa«, in: Eckhard Jesse / Roland Sturm (Hrsg.): *Demokratie in Deutschland und Europa*, Berlin 2015, S. 307–321.

38 Die Zahl 18 steht für die Initialen von Adolf Hitler nach dem lateinischen Alphabet.

Im *National Socialist Political Soldiers Handbook* von Combat 18 steht: »Der effizienteste Weg ist, alleine zu operieren und mit keinem über deine Pläne zu sprechen – die ›lone wolf‹-Taktik. Diese Taktik ist bis jetzt die sicherste Variante, da du von keinem abhängig bist, was die erfolgreiche Ausführung deines Plans betrifft. Wenn die Unternehmung aus welchen Gründen auch immer scheitert, liegt die Schuld alleine bei dir. Wenn es erfolgreich verläuft, spricht dein Mut für sich.« Offenbar wurden die Kleinzellenterroristen des NSU von diesem Vorgehen inspiriert. Combat 18 lieferte zudem in Publikationen zahlreiche Vorlagen, von der Anleitung zum Bombenbau bis hin zu Ideen, gegen wen sich die Anschläge richten sollten.

Das Bundesamt für Verfassungsschutz wies bereits 2004 darauf hin, dass C18 unter gewaltbereiten Rechtsextremisten in Deutschland hohe Anerkennung genieße, auch wenn – angeblich – momentan keine terroristischen Aktivitäten davon ausgingen.[39] Ironischer- oder vielmehr tragischerweise wies der Verfassungsschutz in derselben Publikation auf die Rohrbomben von 1997 in Jena hin, die in den »Wohnobjekten« von Uwe Böhnhardt, Uwe Mundlos und Beate Zschäpe gefunden wurden – also lange bevor das Trio die Mordserie startete. Zum Zeitpunkt der behördlichen Studie, im Jahr 2004, waren bereits fünf Menschen ermordet worden. Es hätten sich jedoch »keine weiteren Hinweise für weitere militante Aktionen der Flüchtigen« ergeben, lautete die unzutreffende Schlussfolgerung damals.[40]

Explizit berücksichtigte der Verfassungsschutz in diesem Bericht auch den Einsamer-Wolf-Terrorismus. In Bezug auf einen

---

39 Vgl. Bundesamt für Verfassungsschutz: *Gefahr eines bewaffneten Kampfes deutscher Rechtsextremisten. Entwicklungen von 1997 bis Mitte 2004*, Köln 2004, S. 29 f.
40 Ebd. S. 15 f.

vereitelten Schusswaffenanschlag auf einem Truppenübungs-platz in Stetten / Baden-Württemberg heißt es: »Der ehemalige, nach Differenzen ausgeschiedene Zeitsoldat zeigte seine Sympa-thie für Adolf Hitler und zum Nationalsozialismus.« Folgende Warnung sprach das Bundesamt für Verfassungsschutz aus: »Mit diesem Attentätertypus des ›einsamen Wolfes‹ ist im Be-reich des Rechtsextremismus/-terrorismus jederzeit zu rechnen. Für die Sicherheitsbehörden sind solche Täter im Vorfeld kaum zu erkennen, da sie bis zur Tat weder in rechtsextremistischen Organisationen noch als einzelne rechtsextremistische Agita-toren in Erscheinung getreten sind.«[41] Am Ende assoziierte der Verfassungsschutz damit aber einen »Feierabendterrorismus«,[42] also eine Form von Terrorismus, bei der sich Täter hinter einer bürgerlichen Fassade verstecken.

---

41 Ebd. S. 24 f.
42 Ebd. S. 46.

6. Profil und Wesen
des Einsamen Wolfes

Mithilfe der geschichtlichen Einordnung lässt sich ein vorläufiges Profil des Einsamen Wolfes erstellen: Ihm geht es im Unterschied zu anderer terroristischer Gewalt nicht um das Verfolgen von kollektiven Zielen, sondern um die Erfüllung von persönlichen Gewalt- und Rachephantasien.[43] Der Einsame Wolf handelt bei der Tatausführung alleine, zumindest ohne Mittäter. Offenbar ist er nicht in der Lage oder willens, eine Organisation von Gleichgesinnten aufzubauen oder Komplizen für seine mörderischen Pläne zu gewinnen. Einsamer-Wolf-Terrorismus meint nach allgemeiner Definition[44] intendierte Akte, die von Personen begangen werden, die

1. individuell operieren;
2. vorgeben, aus politischen Überzeugungen zu handeln;
3. organisierten Terrorgruppen oder einem Terrornetzwerk angehören;
4. ohne direkten Einfluss eines Anführers oder einer irgendwie gearteten Befehls- und Gehorsamshierarchie handeln;
5. selbst für Propaganda und die kommunikative Verbreitung ihrer extremistischen Ideologie sorgen.

---

43 Vgl. Sarah V. Marsden / Alex P. Schmid: »Typologies of Terrorism and Political Violence«, in: Alex P. Schmid: *The Routledge Handbook of Terrorism Research*, London / New York 2013, S. 214.

44 Vgl. Ramón Spaaij: »The Enigma of Lone Wolf Terrorism. An Assessment«, in: *Studies in Conflict & Terrorism*, 33 (2010), S. 854–870.

Hier muss gleich einem verbreiteten Missverständnis vorgebeugt werden: Die genannten Kriterien beziehen sich lediglich auf die Tathandlung. Den Anschlag übt eine einzelne Person aus, ohne dass andere Personen ein- oder mitwirken. Sogenannte Rudel wie der NSU, also kleine Gruppen, die aus zwei oder drei Personen bestehen, sind von dieser Definition ausgenommen. Natürlich operieren Einsame Wölfe *nicht* im Vakuum: In der Vorbereitungsphase werden sie *direkt* von Menschen unterstützt, die ihnen unwillkürlich bei der Tatausführung helfen (wie etwa Waffenhändler), und *indirekt* von Menschen, die »Inspiration« bieten (etwa Vorbilder im Internet, frühere Terroristen oder Amokläufer oder eben Ideologien wie Nationalsozialismus oder islamistischer Fundamentalismus mit seinem Heilsversprechen für Selbstmordattentäter und den dementsprechenden Anleitungen).

Mitunter ist nicht immer klar, ob ein Täter wirklich alleine handelt. Der Amerikaner Timothy James McVeigh etwa fällt nicht unter die Definition des Einsamer-Wolf-Terroristen, obwohl er immer wieder als solcher apostrophiert wird.[45] McVeigh hatte einen Mittäter, der ihm bei der Vorbereitung entscheidend half und eingeweiht war. Der Bombenleger von München, Gundolf Köhler, pflegte zeitweilig Kontakte zur im Januar 1980 verbotenen »Wehrsportgruppe Hoffmann« – ein Zusammenschluss Hunderter militanter Rechtsextremisten, die sich in Uniformen mit SS-ähnlichen Abzeichen kleideten und den Linken wie der Demokratie den Kampf ansagten – und an militärischen Übungen teilnahmen, weshalb die Alleintäterschaft bis heute fraglich ist. Die Wehrsportgruppe zeichnete sich gerade dadurch aus, dass sie junge Menschen in eine organisatorische Disziplin

---

45 Etwa von Jeffrey D. Simon: *Lone Wolf Terrorism. Understanding The Growing Threat*, New York 2016.

einfügte. Sie wurde unterschätzt in einer Zeit, in der sich alle Augen auf die Gefahr von links richteten. Hier lässt sich eine Parallele zur Situation von heute ziehen, in der der islamistische Terrorismus als *der* zentrale Brandherd gilt – und der Terror von rechts vernachlässigt wird.

Der Begriff »Einsamer Wolf« lässt unweigerlich Assoziationen zur Tierwelt zu. Jedes gesellschaftsbildende Lebewesen neigt eigentlich zum Gruppenleben, zahlt dafür aber auch seinen Preis. In vielen Gruppen des Tierreichs bilden sich Verbände, in denen ein intelligentes Verhalten durchaus eine Rolle spielt: bei Bienen, Papageien, Delphinen, Gorillas und Schimpansen ebenso wie bei den Wölfen.[46] Wölfe, wiewohl Raub- und keine Kuscheltiere, gelten als gesellig lebende Tiere, die in Wolfsrudeln zusammengefasst über ein eigenes Jagdrevier verfügen und sich selbst versorgen können.

Meist stehen Wölfe für »maskuline Eigenschaften«, speziell für Angriffslust und Rücksichtslosigkeit. Innerhalb des Rudels gibt es feste Hierarchien. Nur das ranghöchste Männchen und Weibchen paaren sich. In Krisenzeiten haben zuerst ranghohe Erwachsene und Welpen Anspruch auf Futter. Das Jagen im Rudel führt jedoch zumeist dazu, dass größere Beute erlegt werden kann. Eine Gruppe etwa kann einen Elch gemeinsam erlegen, während das einem einsamen Wolf kaum gelingt. Aber auch einsame Wölfe sind gefährlich: Ein einzelner Wolf richtete im April 2018 ein Schafsmassaker mit 42 Opfern in Bad Wildbach / Baden-Württemberg an.[47] Dennoch gilt der einsame Wolf gemeinhin als eher jämmerliche Erscheinung – er tanzt aus der

---

46 Vgl. Steven Pinker: *Wie das Denken im Kopf entsteht*, Frankfurt a. M. 2011, S. 243.

47 Vgl. *Bild.de*: »Wolf richtet Schafmassaker an«, 30. April 2018, https://www.bild.de/regional/stuttgart/stuttgart-regional/schafe-gerissen-55557572.bild.html

Reihe, er wurde von seinem Rudel verstoßen. Er ist ein Synonym für Streuner, Außenseiter, Eigenbrötler, Einzelgänger, Individualist, Underdog oder Einzelkämpfer. Er steht im krassen Gegensatz zu einem Teamplayer oder Rudelführer. Die Analogie zur Tierwelt eignet sich folglich recht gut für diesen Tätertypus.

7. Politische Motive und
persönliche Kränkungsideologie

Wir gehen beim Terrorismus von starken Identifikationsmomenten aus, etwa von Solidaritätseffekten für zu Tode gekommene Kampfgefährten. So entstand etwa nach dem Selbstmord der ersten RAF-Generation im Gefängnis von Stammheim die zweite Generation. Der Bezug gilt in jedem Fall einer realen Gruppe. Beim Einzeltäter kann die Gruppe lediglich eine abstrakt-fiktive Größe sein. Er hat eben keine direkten »Kampfgefährten« oder nähere Bezugspersonen, aber wie der Gruppenterrorist eine Ideologie, die er sich selbst auf seine persönlichen Bedürfnisse, insbesondere auf eigene Frustrationen hin »zurechtschnitzt«: die *persönliche Kränkungsideologie*. Dabei tauscht sich auch der Einsame Wolf mit seinem Umfeld aus, nimmt zumindest Einflüsse und Eindrücke wahr. Folgende drei Stufen spielen dabei eine Rolle:

- *ideologisch bedingte Sympathien* durch gesellschaftliche Einstellungen und Trends
- *»mediale Kontakte«* durch Chats, Recherche und Publikationen von rechtsextremistischen Seiten und Verschwörungstheorien im Internet
- *persönliche Verbindungen*, Kontakte zu einschlägigen Organisationen und »Gleichgesinnten«

Um Individualterrorismus zu verstehen, müssen wir uns den Radikalisierungsprozess genauer anschauen. Peter A. Neumann, der vor allem mit Hinblick auf den islamistischen Terrorismus als Experte gilt, ist folgender Ansicht: »Radikalisierung passiert meist in einem sozialen Umfeld, über Cliquen, Kumpel, charismatische Anführer. Nur die wenigsten Terroristen sind sogenannte einsame Wölfe.«[48] Neumann geht also davon aus, dass Menschen durch sozialen Druck und Überzeugungsarbeit dazu gebracht werden, zum Terroristen zu werden. Dabei klammert er den Umstand aus, dass psychische Labilität eine entscheidende Triebfeder ist – unter Einschluss der Möglichkeit oder sogar des Wunsches, sein eigenes Leben dafür zu opfern.

Dabei gibt es für jede Form von Terrorismus typischerweise ein auslösendes Ereignis auf individueller Ebene. Ein derartiges Schlüsselmoment wird als *Trigger* bezeichnet – ein englischer Ausdruck, der etwa auch für den Kameraauslöser oder den Gewehrabzug benutzt wird. In der Politikwissenschaft wird Trigger im Kontext von Terrorismus folgendermaßen definiert: »›Trigger‹, die zur Entstehung von politischen Gewaltorganisationen führen oder größere Gewaltorganisationen auslösen, sind Ereignisse, die wie der berühmte Tropfen das Fass zum Überlaufen bringen.«[49] Das kann beispielsweise bei der RAF gut nachvollzogen werden. Ereignisse wie die Erschießung des Demonstranten Benno Ohnesorg durch einen Polizisten im Jahr 1967 oder der Mordversuch an der 68er-Ikone und Leitfigur Rudi Dutschke haben zu einer Entgrenzung der Gewalt und einer hohen Motivation, als Terroristen zu agieren, beigetragen.[50] Was ist aber das aufwühlende Ereignis, der Trigger, bei einem Einzeltäter, der ja gerade keinen Bezug zu einer Organisation hat, quasi ohne

---

48 Peter A. Neumann: »Kaum ein Terrorist ist ein einsamer Wolf«, in: *n-tv.de* vom 14. Oktober 2016, http://www.n-tv.de/politik/Kaum-ein-Terrorist-ist-ein-ein-samer-Wolf-article18854546.html
49 Vgl. Heinrich Krumwiede: »Ursachen des Terrorismus«, in: Peter Waldmann (Hrsg.): *Determinanten des Terrorismus*, Weilerswist 2004, S. 39.
50 Vgl. Wolfgang Kraushaar: »Einleitung. Zur Topologie des RAF-Terrorismus«, in: Ders. (Hrsg.): *Die RAF und der linke Terrorismus*, Hamburg 2006, S. 26 f.

institutionelle Unterstützung auskommt? Kann man überhaupt einen solchen ausmachen, kann es eine »Ein-Personen-Zelle« überhaupt geben?

Hier hilft es weiter, Motivationslage und Radikalisierung zu verstehen. Dies zu leisten ist das Ziel dieses Buches. Einen wichtigen Aspekt beschreibt der Experte für Bedrohungsmanagement Jens Hoffmann: Einsame Wölfe fallen unter die Kategorie der »Violent True Believer« – sie sind eben »nicht zu verwechseln mit politischen Aktivisten, die im Rahmen einer bestehenden gesetzlichen Ordnung ihren Missstand kundtun, oder mit Extremisten, die zwar das Gesetz brechen, jedoch nicht schwere oder potenziell tödliche Gewalt anwenden. Im Unterschied etwa zu schweren zielgerechteten Gewalttaten am Arbeitsplatz oder an Schulen agieren Violent True Believer im terroristischen Kontext meistens nicht aus ihrer subjektiv erlebten Kränkung heraus. Ebenso spielt ein Rachemotiv in der Regel keine primäre Rolle bei der Genese der Tat. Vielmehr werden Menschen oder Einrichtungen angegriffen, um ein höherstehendes Ziel zu erreichen, wobei eine Ideologie oder Religion die Rechtfertigung für die Tat liefert.«[51]

Gerade deshalb wäre es nicht zielführend, die politischen Motive bei der Betrachtung einer Tat auszuklammern, Rache oder Kränkung als tatauslösend einzustufen oder eine geistige Verwirrung des Täters zu konstatieren. Der Trigger liegt in politischen Motiven. Im dritten Kapitel wird noch näher auf individuelle Radikalisierungsprozesse eingegangen.

---

[51] Jens Hoffmann: »Bedrohungsmanagement und psychologische Aspekte der Radikalisierung«, in: Nils Böckler / Jens Hoffmann (Hrsg.): *Radikalisierung und terroristische Gewalt*, Frankfurt a. M. 2017, S. 279.

8. Amoklauf und Terror –
Der Unterschied ist wichtig

Der etymologische Ursprung des Begriffs »Amok« liegt in dem malaiischen Wort »amuk«, das »zornig« oder »rasend« bedeutet. Der Amoklauf hat seinen Ursprung bei den Völkern des malaiischen Archipels. Hier wurden ersten Berichten aus dem 14. und 15. Jahrhunderts zufolge zwei Formen des Amoks unterschieden: der kriegerische Amoklauf von Gruppen und der individuelle Amoklauf einer einzigen Person. Die erstgenannte Form war eine Kampftaktik malaiischer Krieger, die sich ohne Rücksicht auf das eigene Überleben mit Todesverachtung und unter Ausstoßung des Kriegsschreies »Amok« auf den Gegner stürzten.[52] Dementsprechend kennzeichnet Amok »eine spontane und unvorhersehbare Raserei«.[53] Die Weltgesundheitsbehörde (WHO) versteht daran anknüpfend unter einem Amoklauf heute »eine willkürliche, anscheinend nicht provozierte Episode mörderischen oder erheblich (fremd-)zerstörerischen Verhaltens«.[54]

Nicht nur der Volksmund vermengt oft Terroranschläge und Amokläufe. Sie mögen gewisse oberflächliche Gemeinsamkeiten haben: Terroristen wie Amokläufer begehen, aus welchen Gründen auch immer, grausame und öffentlichkeitswirksame Taten. Dennoch sprechen wir hier nicht über ein Gedankenspiel ohne

---

52 Vgl. Judith Thier: »Amok«, in: *Kriminologielexikon online*, http://www.krimlex. de/artikel.php?BUCHSTABE=&KL_ID=221

53 So Britta Bannenberg: »Amok«, in: Christian Gudehus / Michaela Christ (Hrsg.): *Gewalt. Ein interdisziplinäres Handbuch*, Stuttgart / Weimar 2013, S. 99.

54 Zitiert nach Markus C. Schulte von Drach: »Rache der gestörten Persönlichkeit«, in: *Süddeutsche Zeitung* vom 22. Mai 2010, http://www.sueddeutsche.de/leben/die-psyche-der-amoklaeufer-rache-der-gestoerten-persoenlichkeit-1.863414

jeden direkten Zweck und Praxisbezug. Was Terroristen und Amokläufer unterscheidet, ist die Zielrichtung: Während Terroristen mit ihren Taten die Öffentlichkeit erreichen wollen, um letztlich politische Forderungen zu platzieren (und die Gesellschaft nach ihren Vorstellungen zu verändern), sind die Ziele von Amokläufern eher auf einer persönlichen Ebene zu suchen. Auch bei der Auswahl der Opfer unterscheiden sich Terroristen und Amokläufer. Während Terroristen je nach Zielrichtung der Tat unbeteiligte Zivilisten angreifen, um Schrecken zu verbreiten, beschränken sich die meisten Amokläufer eher auf ein ihnen in gewisser Weise nahestehendes Umfeld, das im Regelfall durch die Taten beeindruckt werden soll.

Den meisten Amokläufern kann man – im Gegensatz zu Terroristen – keine Rationalität im Sinne einer geeigneten Auswahl der Mittel zum Erreichen dieser (oder anderer) Ziele unterstellen. Eine Gleichsetzung von Terrorismus und Amoklauf ist von daher in jedem Fall unangebracht.[55] So sieht etwa der Sozialwissenschaftler und -psychologe Richard Albrecht in Amok allein einen emotionalen Impuls: »Amok [...] meint, dass ein Mann in rasender Enthemmung, gleichsam in blinder Wut, alle, auf die er zufällig trifft, ohne dass sie sich ihm sichtbar entgegenstellen, wie im Rausch angreift oder/und tötet, so lange, bis der Täter selbst aufgibt, zusammenbricht, sich selbst tötet oder von anderen getötet wird.«[56] Eine politische Motivation spielt hier keine Rolle.

Nur ist es für den Beobachter oft schwer zu entscheiden, ob eine politische Botschaft abgesetzt werden soll oder nicht. Dabei

---

55 Vgl. Torsten Preuß: *Terrorismus und Innere Sicherheit. Eine Untersuchung der politischen Reaktionen in Deutschland auf die Anschläge des 11. September 2001*, Dissertation, Universität Leipzig, 2012, S. 42.

56 Richard Albrecht: »Nur ein ›Amokläufer‹? – Sozialpsychologische Zeitdiagnose nach ›Erfurt‹«, in: *Recht und Politik*, 3/2002, S. 143.

hängt viel davon, weshalb eine Einordnung nicht leichtfertig erfolgen sollte. Eine treffende Bewertung des Schweizer Journalisten Eric Gujer, Experte für Nachrichtendienste, brachte unter diesem Eindruck das Dilemma auf den Punkt: »Die Trennlinie zwischen eindeutig politisch motivierter Gewalt und pathologischem Amoklauf lässt sich nicht immer scharf ziehen. [...] Die Einschätzung, ob man die Morde für Terrorismus hält oder für blanken Wahnsinn, ist nicht nur akademischer Natur. Von ihr hängt ab, wie Justiz und Gesellschaft mit diesen Taten umgehen und wie sie den Schock bewältigen können.«[57] Wie wichtig eine Festlegung für die Opfer ist, betont Arbnor Segashi, der durch die Schreckenstaten von David Sonboly seine kleine Schwester Armela verlor: »Es wurde allgemein öffentlich von einem Amoklauf gesprochen, also haben wir ihn auch als einen wahrgenommen. Aber jetzt nach der Einsicht der Akten ist es vielleicht wichtig, dem Ganzen nachzugehen und nachzufragen, ob das überhaupt ein Amoklauf noch ist.«[58]

Amok oder Attentat – das macht in der politischen Bewertung einen großen Unterschied. Der Amokläufer gilt als psychisch krank – die Ursachen lassen sich also im persönlichen Bereich ausmachen. Bei Terrorismus lässt sich eine Debatte über etwaige Versäumnisse und Sofortmaßnahmen in Form von staatlichen wie gesellschaftlichen Reaktionen kaum vermeiden. Mitunter geht die Einordnung aber durcheinander. Gilt der Täter hierzulande schnell als Amokläufer, firmiert er woanders als Terrorist. Ein Beispiel: Im Juni 2015 tötete ein 21-jähriger US-Ame-

57 Eric Gujer: »Terrorismus und Wahn«, in: *Neue Zürcher Zeitung* vom 28./29. April 2012, S. 1.
58 Zitiert nach ARD *Fakt*: »München-Attentat: Warum viele Hintergründe im Dunkeln bleiben«, Bericht: Christian Bergmann / Marcus Weller, Sendung vom 22. August 2017.

rikaner, der der rassistischen »White-Supremacy-Bewegung« angehörte, in einer Kirche in Charleston in Florida neun afroamerikanische Methodisten. Die Tat gilt als rassistisch motivierter, hausgemachter (»domestic«) Terrorismus. Im deutschsprachigen Raum wurde die Tat jedoch als Amoklauf bezeichnet.[59]

Idealtypisch lassen sich Terrorismus und Amok folgendermaßen unterscheiden:

Terrorismus	Amok
Übermittlung einer politischen Botschaft im Vordergrund (Öffentlichkeit)	persönliche Ebene in Verbindung mit Menschenhass maßgeblich (Öffentlichkeit)
Inspiration durch eine Ideologie (»Sendungsauftrag«)	Ideologie unbedeutend (»Kränkungsauftrag«)
Rationalität in der Opferauswahl (etwa ethnische Minderheiten, Personen des öffentlichen Lebens)	Willkür (mitunter nahestehendes Umfeld wie die ehemalige Schule)
beabsichtigter Ausgang: Heldentod/Selbstmord/Leben im Untergrund	Selbstmordabsicht (»erweiterter Suizid«)
überlegtes Vorgehen bei der Tatausführung	»blinde Wut«, pathologisch

---

59 Vgl. Matthias Quent: *Hintergründe und Folgen des OEZ-Attentates. Gutachten für die Stadt München im Zuge einer Expertenanhörung*, München, Oktober 2017, S. 20.

Terrorismus	Amok
Bekennerschreiben (wenn vorhanden) auch mit politischen Aussagen	Abschiedsbrief mit Verweis auf die eigenen Kränkungen und den persönlichen Welt- und Menschenhass
langfristige Ziele: Nachahmungstaten, Wunsch nach politischer Veränderung, Destabilisierung des politischen Systems	eher »Schreckmoment« im Vordergrund, eigene singulär-finale Abrechnung mit der Welt

Schulattentäter wollen eine letzte »Supershow« als Superlativ der Rache, um quasi ein Reality- oder Fantasy-TV zu erzeugen. Dabei gehen sie enthemmt, nicht kühl berechnend vor. Rechtsterroristen hingegen sehen sich als Erlöser oder Befreier des »Vaterlandes«, wollen ein Zeichen setzen unter der Flagge des Rassismus und gegen politische Zustände, die sie verabscheuen. Gerade bestimmte ethnische Gruppierungen sind ihnen ein Dorn im Auge, eine multikulturelle Gesellschaft ist ihnen ein Gräuel. Ihre Taten planen sie akribisch, von der ideologischen Begründung bis hin zur Opferauswahl. Wer die Taten aber pathologisiert und den Täter als psychisch krank darstellt, läuft Gefahr, die Verantwortung der Täter für ihr Handeln kleinzureden. Die sozialen Prägungen treten in den Hintergrund, ebenso die Fragen darüber, welche Faktoren den Täter eigentlich »krank« gemacht haben.[60]

---

60 Vgl. Vincenz Leuschner: »›School-Shootings‹ und ›Lone Wolf Terrorism‹ als soziale Phänomene«, in: *Berliner Journal für Soziologie*, 1/2013, S. 38.

9. Einsame Wölfe und islamistischer Terrorismus

Der erste erfolgreiche islamistische Anschlag in Deutschland im Frühjahr 2011 ging von einem Einzeltäter aus. Aufgehetzt von einem Internetvideo, das angeblich die Vergewaltigung von muslimischen Frauen durch US-Soldaten zeigte, radikalisierte sich der junge Kosovare Arid Uka innerhalb von wenigen Tagen und beschaffte sich auf dem Schwarzmarkt eine Waffe. Wenig später passte er eine Gruppe von US-Soldaten auf dem Frankfurter Flughafen ab, fragte einen der GIs nach einer Zigarette und zückte dann seine Waffe. Uka erschoss zwei Soldaten, nur die Ladehemmung seiner Waffe verhinderte Schlimmeres. Das Gericht verurteilte ihn zu lebenslanger Haft. Die Anklage hatte sich überzeugt gezeigt, dass Uka mit der Tat seinen persönlichen Beitrag zum Dschihad leisten wollte. Er habe sich zum »Herrn über Leben und Tod gemacht«. Uka sei ein Einzeltäter, der sich über das Internet radikalisiert habe.

Die neue Welle an Einsamen Wölfen innerhalb des Rechtsterrorismus und des islamistischen Terrorismus hat viel mit Online-Plattformen, Websites, Blogs und Chatrooms zu tun, in denen ein Extremismus regelrecht kultiviert wird. Al-Qaida startete vor einigen Jahren im Zuge eigener Schwächung einen Rekrutierungsprozess, um junge Menschen in westlichen Staaten für Selbstmordanschläge zu gewinnen.[61]

Rechtsextremistisch und islamistisch motivierte Terroristen haben durchaus einige Gemeinsamkeiten:

---

61 Vgl. Gabriel Weimann: *Terrorism in Cyberspace*, Chapter 3 »Lone Wolves in Cyberspace«, Washington D. C. 2015, S. 63–75.

- Anerkennung einer höheren Instanz (starker Führer wie Adolf Hitler oder Gott)
- Gewaltanwendung gegen ethnische Minderheiten bzw. Nichtgläubige
- grundsätzliche Menschenverachtung
- Anspruch eines höheren Zwecks

Es gibt Anzeichen dafür, dass derzeit rechtsextremistische und islamistische Terroranschläge stark zunehmen. Das belegen globale Datenbanken. Es spricht vieles dafür, dass eine Spirale der Gewalt in Gang gesetzt ist.[62] Jeder Terrorist setzt Leib und Leben ein, muss damit rechnen, erschossen zu werden, wenn er sich nicht zuvor selbst richtet. Auch ein Rechtsterrorist kann sich selbst richten. Beim islamistischen Terrorismus trägt der Selbstmord jedoch eine religiöse Signatur, die im Jenseits Erlösung verspricht. Es gibt Leitfäden, die den Terroranschlag als spirituellen Akt begreifen. Mit anderen Worten: Der Selbstmord kann nicht ohne das Attentat gedacht werden, und umgekehrt. Der Selbstmordattentäter verwandelt sich in eine Bombe auf zwei Beinen, setzt seinen Körper in einem finalen Akt ein. Seine Religion, der Islam, gilt ihm als Ewigkeitsversprechen, der Koran als Fibel für das Selbstmordattentat.[63] Oft tönt zuletzt der arabische Ruf »Allahu akbar«.

Mit dem Aufkommen des internationalen islamistischen Terrorismus herrscht die Auffassung vor, dass logistische Kompetenz, akribische Vorbereitung wie transnationale Vernetzung einer Gruppe hinter Terrorattacken stecken müssen. Besonders

---

62 Vgl. Julia Ebner: *Wut. Was Islamisten und Rechtsextreme mit uns machen*, Darmstadt 2017, S. 214–216.

63 Vgl. Wolfgang Kraushaar: »Einleitung. Zur Topologie des RAF-Terrorismus«, in: Ders. (Hrsg.): *Die RAF und der linke Terrorismus*, Hamburg 2006, S. 16–17.

drastisch zeigte das der 11. September 2001. Offenbar zeichnet sich seitdem aber ein grundlegender Strategiewechsel ab. Schon seit Jahren ist immer wieder davon die Rede, dass die islamistischen Terrororganisationen, erst al-Qaida und dann der sogenannte Islamische Staat, zu Akten aufrufen, die kleine Zellen oder sogar Einzelne begehen sollen. Für al-Qaida war das einst eine Art Notlösung, nachdem die USA den Druck auf die Organisation erhöhten, etwa die Trainingslager in Afghanistan und Pakistan zerstörten. Für den IS galten Einzeltäter neben den Kämpfen in Syrien und im Irak als »willkommenes ›Extra‹«.[64]

Der Flüchtlingszuzug nach Europa, speziell nach Deutschland, im Rahmen einer zeitweise unkontrollierten Einwanderung bot für den IS die Gelegenheit, Terroristen als Flüchtlinge einzuschleusen. Der Bundesnachrichtendienst berichtete davon, dass gezielte Verhaltensschulungen, etwa für das Asylverfahren, unternommen wurden.[65] Mittlerweile sind die Gebietsverluste des IS enorm, viele Anführer tot. Gerade deshalb scheint sich das Credo weiter durchsetzen, alleine loszuschlagen.

Nach wie vor gilt: Ob Messerattacken in Zügen oder Lkw-Anschläge – der IS schreibt derzeit ein Drehbuch des Terrors in Europa. Es geht den Terroristen um die Errichtung eines grenzüberschreitenden Kalifats, aber auch darum, den Westen zu treffen. Um ihre Organisationsstärke ranken sich zahlreiche Legenden: »Weltweit können sich ihnen Einzelpersonen oder Gruppierungen anschließen, und zwar einzig durch rhetorischen Bezug auf die jeweilige Mutterorganisation und ohne

---

64 Peter A. Neumann: *Der Terror ist unter uns. Dschihadismus und Radikalisierung in Europa*, Berlin 2016, S. 187.
65 Vgl. Manuel Bewarder / Florian Flade: »IS schult Kämpfer, damit Sie mit Asyl umgehen können«, in: *Die Welt* vom 13. November 2016, https://www.welt.de/politik/deutschland/article159451941/IS-schult-Kaempfer-damit-sie-Asyl-beantragen-koennen.html

operative Anleitung durch diese.«[66] Der IS ist zu einem »Mitmach-Ereignis« für einige wenige fanatisierte Muslime oder Einzeltäter geworden. Ob die Attentäter letztlich Überzeugungstäter bzw. gläubige Muslime sind – all das spielt für die IS-Führung längst keine Rolle mehr. Sie ruft zu beliebigen Anschlägen auf und schreibt sich dann die Taten zu. Verbunden mit ihrer persönlichen Kränkungsideologie schulen sich die Täter selbst, etwa über Videos. Der Arm des Terrors kann bis ins Kinderzimmer reichen.

Es lässt sich also festhalten, dass grundsätzlich zwei typologische Formen des islamistischen Terrorismus existieren:

- Das terroristische Netzwerk, wie es etwa im Januar und November 2015 in Paris und nur wenige Monate später, im März 2016, in Brüssel zugeschlagen hat.
- Der Einzeltäter, eben der sogenannte Einsame Wolf. Diese Erscheinung ist offenbar im Moment populär, da er zur konkreten Nachahmung anstiftet.

Wie beim Rechtsterrorismus zeichnet sich eine Tendenz zum Einzeltäter ab. Und noch eine Parallele ist augenfällig: Auch beim islamistischen Einsamer-Wolf-Terrorismus brauchen die Behörden scheinbar lange, um darauf zu reagieren. Der Terroranschlag des zum Tatzeitpunkt 24-jährigen Tunesiers Anis Amri vom 19. Dezember 2016 in Berlin markiert eine »Zäsur« für den Rechtsstaat. Zwölf Menschen starben, mehr als 60 wurden zum Teil schwer verletzt. Der Täter konnte außer Landes fliehen und wurde schließlich nach einer internationalen Fahndung bei einer Routinekontrolle durch die Polizei in Mailand erschossen. Seine

---

66 Carlo Masala: *Weltunordnung. Die globalen Krisen und das Versagen des Westens*, München 2016, S. 126.

perfide Attacke mit einem gekaperten Lkw wurde im IS-Hoch-glanzmagazin *Rumyiah*[67] detailliert beschrieben. In der Novemberausgabe 2016, also vor dem Attentat, veröffentlichte das Magazin einen mehrseitigen Artikel mit dem symptomatischen Titel: »Just Terror Tactics«. Ob Amri davon Kenntnis nahm, ist nicht bekannt. Jedenfalls liegt ein anderer Zusammenhang angesichts der terroristischen Logik nahe, der Nachahmungseffekt: Bereits im Sommer desselben Jahres, am 14. Juli 2016, lenkte ein aus Tunesien stammender Dschihadist einen Lkw auf die Prachtmeile in Nizza und tötete 86 Menschen.

Amri war das Gegenteil eines unbeschriebenen Blatts; Tausende Seiten füllen die Ermittlungsakten, auch durch die rege Sammlung von verschiedenen Behörden. Die Bilanz ist in der Tat verheerend, eines funktionierenden Rechtsstaats unwürdig: 18 Monate hielt sich Amri in Deutschland auf, beging zahlreiche Delikte vom Erschleichen von Sozialleistungen bis hin zum gewerbsmäßigen Drogenhandel, er tauchte in die Salafistenszene an verschiedenen Orten in Deutschland ein, hatte mindestens 14 Identitäten und verbrachte dennoch nur einen Tag im Gefängnis.

Momentan wird darüber debattiert, welchen Anteil der IS an der Entstehung des Einsamer-Wolf-Terrorismus hat: leere Hülle, also lediglich Label, oder als Netzwerk Impulsgeber für die Operationalisierung? Vor allem steht die Frage der Selbstradikalisierung im Raum, wie unscharf dieser Begriff auch sein mag. Durch

---

67 »Rumiyah« ist die arabische Bezeichnung für die Stadt Rom. Das Zentrum der katholischen Kirche gilt als Hauptfeind. Vgl. *Katholisches Magazin für Kirche und Kultur*, 15. September 2016, https://www.katholisches.info/2016/09/rumiyah-rom-die-neue-propagandazeitschrift-des-islamischen-staates-is-mit-deutscher-ausgabe/

das Internet ist es jedenfalls möglich, dass sich jemand eigenständig zum Terroristen schult. Reicht hier ein Chat oder ein IS-Video bereits aus? Unter dem Eindruck dieser schwierigen Abgrenzungen existiert eine feinere, abgestufte Täter-Typologie – mit der Forderung, Terrorismus im digitalen Zeitalter endlich besser zu verstehen:[68]

- »*Echte« Einsame Wölfe:* keinerlei Kommunikation mit dschihadistischen Netzwerken (weder online noch in Person).
- »*Virtuelle, lose verbundene« Einsame Wölfe:* Es lassen sich Verbindungen via Chats oder anderen digitalen Kanälen nachweisen. Es erfolgt jedoch keine direkte Instruktion.
- »*Virtuell angeleitete« Einsame Wölfe:* Ein Planer, der sich etwa im Nahen und Mittleren Osten befindet, gibt konkrete Anweisungen und Befehle, hilft damit bei der »Operationalisierung« (Anschlagsziele, technische Hilfestellung) und sorgt dafür, dass sich der Attentäter durch ein Bekennervideo »verewigt«.
- *Praktisch ausgebildete Einsame Wölfe:* durch IS oder andere Organisationen geschult (*foreign fighters*), etwa als Flüchtlinge nach Europa mit Auftrag eingeschleust.

Bei Amri lassen sich zahlreiche virtuelle und reale Bezugspunkte nachweisen. Er hatte über einen längeren Zeitraum regelmäßige Chat-Kontakte zu IS-Kämpfern. Ob er mit Blick auf die konkrete Tat nur virtuell verbunden oder angeleitet war, muss offen bleiben. Vor seinem Anschlag drehte er auch ein Video, in dem

---

68 Vgl. Daveed Gartenstein-Ross / Nathaniel Barr: »The Myth of Lone-Wolf Terrorism. The Attacks in Europe and Digital Extremism«, in: *Foreign Affairs*, Juli 2016.

er sich zum IS bekannte, das umgehend auf deren Website veröffentlicht wurde.

Terrornetzwerke greifen dann auf Einsame Wölfe zurück, wenn sie selbst organisatorisch geschwächt sind, wie im Fall von IS, wenn sie starke personelle und territoriale Verluste erleiden. Die Einzeltäter »kosten« nichts und können zu Propagandazwecken verwendet werden.[69] Beim rechten Terrorismus spielt die Frage einer größeren Organisation keine Rolle mehr. Manche Täter hegen aber den Gedanken, in Kontinuität zum Nationalsozialismus zu stehen.

---

[69] Vgl. Daniel Byman: »How to Hunt a Lone Wolf. Countering Terrorists Who Act on Their Own«, in: *Foreign Affairs*, 2/2017, S. 101.

10. Zusammenfassung:
Mythos Einsamer Wolf

Wie im Fall Amri neigen Einsame Wölfe zu psychischen Problemen. Hier zeigt sich aber auch, dass es verkürzt wäre, allein auf den persönlichen Bereich abzustellen. Derartige Personen befinden sich »im Kampfmodus«. Die Ideologie ist damit nicht lediglich eine Hülle. Das meint zumindest die renommierte Psychiaterin Nahlah Saimeh, die als Gutachterin über bekannte Kriminalfälle berichtet. Sie ist der Ansicht, dass es weitgehend zufällig ist, welcher radikalen Bewegung sich jemand anschließt. Das hängt auch von der Region ab, in der sich der Täter sozialisiert.[70] Es lässt sich nicht bestreiten, dass es Konjunkturen für Ideologien gibt, wie wir aus dem 20. Jahrhundert, dem Zeitalter der Extreme, wissen – in diesem Fall bedingten und befruchteten sich zwei Totalitarismen, Nationalsozialismus und Stalinismus, gegenseitig. Dennoch ist die Annahme falsch, dass es nahezu egal und zufällig ist, welcher Ideologie man sich anschließt. Verbindendes Element für die derzeitige Attraktivität von islamistischen wie rechtsextremistischen Ideologien sind der Kampfmodus, die Vermischung von persönlichen und politischen Kränkungen, der Frauenhass und der Glaube an eine utopische Gesellschaftsordnung.

Was den Antrieb, Tatsachen schaffen zu wollen, angeht, gibt es zwischen Rechtsterroristen und islamistisch motivierten Einzeltätern durchaus Gemeinsamkeiten. Die preisgekrönte norwegische Journalistin Åsne Seierstad, die sich intensiv mit Breivik

---

70 Vgl. Nahlah Saimeh: *Ich bring dich um! Hass und Gewalt in unserer Gesellschaft*, Salzburg / München 2017, S. 190.

sowie zwei Schwestern, die sich dem IS anschlossen, beschäftigte, sieht eine ähnliche Motivlage: »Beide wollen die Toleranten beziehungsweise die Ungläubigen umbringen. Beide eint der Hass auf Frauen, ein übersteigerter Märtyrergedanke und der Hunger nach Macht. Beide argumentieren mit einem überhöhten Ehrbegriff. Beide streben mit den Mitteln des Terrorismus nach einer Polarisierung der demokratischen Gesellschaften, in denen die Grautöne einer liberalen Meinungsbildung mehr und mehr verschwinden sollen. Der Rechtsterrorismus und der Islamismus sind, wenn man so will, die perfekten Feinde, die sich gegenseitig stark machen.«[71] Beide Ideologien sind geeint in der Taktik, besser alleine zur Tat zu schreiten.

Einsamer-Wolf-Terrorismus ist vorrangig ein Männerphänomen. Rechte Täter sehen sich gern als zu allem bereite, entschlossene »Kämpfer«, durchaus in der Tradition faschistischer oder nationalsozialistischer Kampfbünde, die in Gewalt einen rituellen Akt sehen.[72] Ziel ist der ewige Kampf nach folgendem Zyklus:[73]

---

71 Åsne Seierstad: »Rechtsterror und Islamismus machen sich gegenseitig stark« (Interview), in: *Der Standard* vom 3. März 2018.
72 Vgl. Michail Logvinov: *Rechtsextreme Gewalt*, Wiesbaden 2017, S. 6.
73 Auf Grundlage von einschlägigen Songtexten im rechtsextremistischen und -terroristischen Milieu Uwe Backes u. a.: *Rechts motivierte Mehrfach- und Intensivtäter in Sachsen*, Göttingen 2014, S. 243.

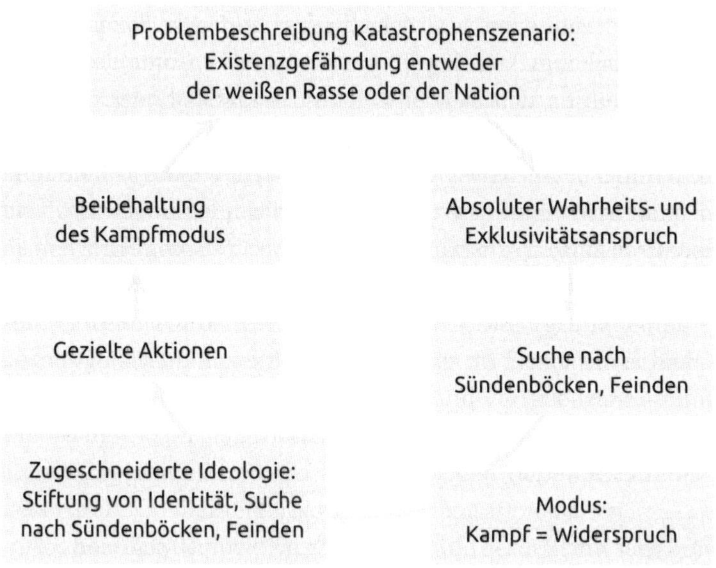

Problembeschreibung Katastrophenszenario:
Existenzgefährdung entweder
der weißen Rasse oder der Nation

Beibehaltung des Kampfmodus	Absoluter Wahrheits- und Exklusivitätsanspruch
Gezielte Aktionen	Suche nach Sündenböcken, Feinden
Zugeschneiderte Ideologie: Stiftung von Identität, Suche nach Sündenböcken, Feinden	Modus: Kampf = Widerspruch

Abbildung 1: Zyklus des ewigen Kampfes

Michael Kühnen, in der späten »alten Bundesrepublik« Ikone des militanten Rechtsextremismus, führte dazu in seinem 1979 entstandenen Pamphlet *Die zweite Revolution. Kampf und Glaube* aus: »Der Kampf ist unser Lebensinhalt. Es ist gesund und natürlich, Freude am Kampf und an der männlichen Bewährung zu finden.«[74] Was damals galt, gilt den Rechtsextremen auch heute noch: Es scheinen hier offenbar die klassischen Geschlechterrol-

---

[74] Zitiert nach Bernhard Rabert: *Links- und Rechtsterrorismus in der Bundesrepublik Deutschland von 1970 bis heute*, München 1995, S. 309.

len mit allen dazugehörigen Klischees zu gelten: krude Gewaltphantasien, die Bewunderung von Leinwand- und Actionhelden
sowie die Unfähigkeit, soziale Bindungen aufzubauen, verbunden mit einem exzessiven Gebrauch von Computerspielen.
Frauen werden nicht bewundert, sondern gehasst oder, wie beim
IS, schlecht behandelt. Eine Beziehung zu ihnen existiert meist
weder real noch virtuell. Das Frauenbild ist beladen mit Komple-
xen. Sie erscheinen unerreichbar, da sie an dem Sonderling kein
Interesse zeigen. Hingegen gibt es kaum Fälle, in denen Frauen
selbst zum Einzeltäter wurden.

Der Terrorismusexperte Peter R. Neumann macht, durchaus
verallgemeinerbar, auf die gängigen Fehlannahmen im Umgang
mit islamistisch orientierten Einsamen Wölfen aufmerksam,[75]
die auch auf den rechtsterroristisch motivierten Einzeltäter
übertragen werden können:

Die Mär von der Schuldunfähigkeit durch Psychosen
Gerade in der medialen Berichterstattung werden die Täter als
»psychisch gestört« dargestellt. Das bedeutet allerdings noch
keineswegs, dass eine Psychose, ein Realitätsverlust, vorliegt –
mit der Konsequenz der Schuldunfähigkeit. Wenn beispielsweise klare politische oder religiöse Botschaften aufspürbar sind
und die Taten akribisch vorbereitet werden, klingt das fast nach
Exkulpation.

Die Mär von der Blitz- oder Turboradikalisierung
Unter dem jüngsten Eindruck des vom IS geplanten oder zumindest inspirierten Soloterrorismus entsteht mitunter der Eindruck, der Täter habe sich quasi über Nacht radikalisiert. In den

---

75 Vgl. Peter A. Neumann: *Der Terror ist unter uns. Dschihadismus und Radikalisierung in Europa*, Berlin 2016, S. 191–196 und 257–261.

allermeisten Fällen lassen sich bei diesem Typus des Einzeltäters der Kontakt zur Salafistenszene, einschlägige Chats und generell Spuren im virtuellen Raum ebenso nachweisen wie eine längere Tatvorbereitung: »Dass sich Radikalisierungsverläufe durch Online-Einflüsse beschleunigen können, auch wenn sie nur selten die einzige Ursache sind, ist mittlerweile Konsens. [...] Doch selbst mithilfe des Internets ist es unwahrscheinlich, dass aus einem gut integrierten Flüchtling, der – soweit bekannt – unter keiner Psychose oder schweren psychologischen Problemen litt, innerhalb von wenigen Tagen ein dschihadistischer Mörder wurde.«[76] Bei dem Lkw-Attentäter von Berlin, Anis Amri, lässt sich das nachvollziehen. Er tauchte nach seiner Ankunft schnell in die salafistische Szene ein. Ihm standen Türen offen. Spätestens, als er im Februar 2016 mit einem Einsatz als IS-Kämpfer liebäugelte, konnte er als potenzieller Terrorist im Namen des Glaubens gelten. Es gibt wenig Hinweise auf eine Deradikalisierung, wie sie ihm wegen seines gewerbsmäßigen Drogenhandels und eines sehr weltlichen Lebensstils nachgesagt wurde. Hier zeigt sich, dass der Staat offenbar mit solchen Phänomenen überfordert ist. Die Sicherheits- und Geheimdienste dachten, mit der Kriminalität wäre die Terrrorismusgefahr eines Anis Amri gebannt. Diese Annahme stellte sich als fataler Trugschluss heraus. Sie zeigt auch, dass die politische Motivation nicht hinreichend ernst genommen wird. Das gilt ebenso für rechte Täter.

---

76 Vgl. ebd. S. 260.

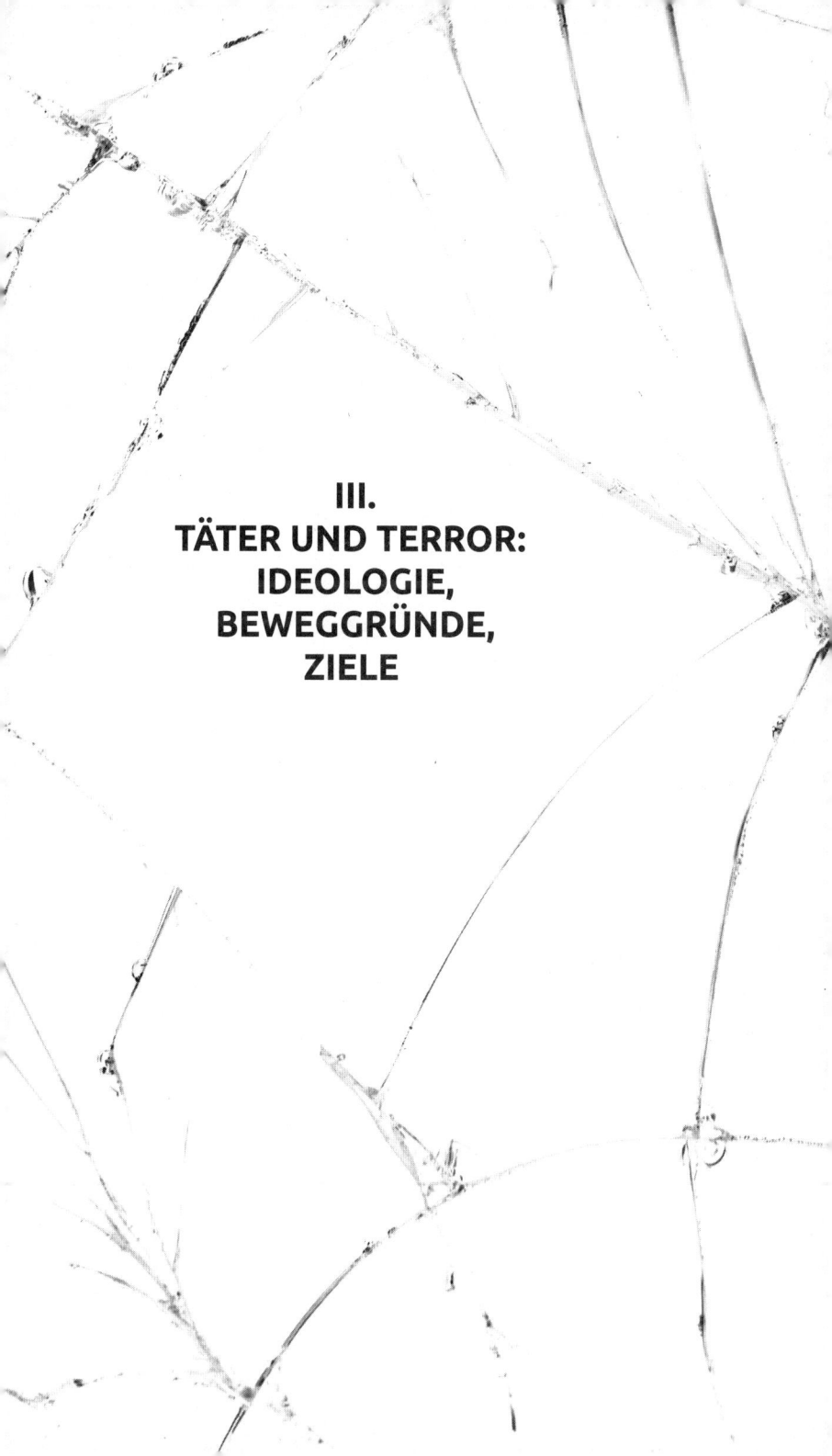

III.
TÄTER UND TERROR: IDEOLOGIE, BEWEGGRÜNDE, ZIELE

Rechtsextremistisch motivierter Einsamer-Wolf-Terrorismus ist ein reales Problem, das sich schlüssig von anderen Arten des Terrors und von Amoktaten abgrenzen lässt. Die Einsamen Wölfe handeln keineswegs im Affekt, agieren nicht wahnhaft oder irrational, sondern – ganz im Gegenteil – planhaft-gründlich und aus politischen Motiven heraus. Sie sprechen von Befreiung oder Erlösung, erklären den Rassenkrieg oder sehen sich im Kampf gegen Einwanderer und Flüchtlinge. Ihr ideologisch begründeter Hass auf ethnische Minderheiten spornt sie an. Ihre Suche nach einem Schlag auf die Gesellschaft macht die introvertierten, zerstreuten, oft nicht für voll genommenen Akteure zu extrovertierten, stark fokussierten Überzeugungstätern, ob für einen singulären bestialischen Akt oder eine Serie an heimtückischen Morden. Dies alles unterscheidet sie deutlich von Terrororganisationen, linken und islamistischen Einzeltätern sowie Amokläufern.

Unsere heutige Gesellschaft bietet ein politisches Klima, in dem sich, verbunden mit den Möglichkeiten des Internets, ein rechtsradikaler Einsamer-Wolf-Terrorismus leicht entwickeln kann.

Die Gefahr, dass es zu solchen Taten kommt, muss nicht überschätzt, darf aber auch nicht vernachlässigt und unter keinen

Umständen negiert werden. Momentan scheint das aber in der Mehrzahl der Fälle noch der Fall zu sein. So herrscht die Ansicht vor, es handle sich einfach um höchst merkwürdige Personen, denen »nicht mehr zu helfen war«, da sie die ausgestreckte Hand im familiären und sozialen Umfeld nicht ergriffen hätten. Gegen gestörte Einzelgänger ist man eben machtlos, heißt es oft. Wie einst der legendäre Kaspar Hauser scheinen sie einfach aus einer anderen Welt zu stammen, kaum ergründbar für Bürger und Polizei. Doch eine solche Betrachtung spricht die Gesellschaft von jeder Schuld frei – mit fatalen Konsequenzen für die Opfer, deren Angehörige, die Strafverfolgung und die Prävention. Eine liberale Gesellschaft sollte sich aber gerade mit Entfremdungstendenzen auseinandersetzen, zumal wenn sie gewaltsamer Natur sind. Dabei geht es um einen Lerneffekt: Schließlich haben wir es mit einem internationalen Phänomen zu tun, mit dem mehrere Staaten in Europa konfrontiert waren und sind, und voraussichtlich auch sein werden. Das folgende Kapitel muss daher die Täterperspektive unter Einbeziehung der persönlichen und politischen Sozialisation beleuchten, die bei der Betrachtung von Terrorismus leider immer im Vordergrund steht.

Jeder Fall des Individualterrorismus ist mit Besonderheiten gespickt und lässt sich nicht perfekt in ein festes Schema pressen. Schließlich ist Terrorismus »eine seltsame Kategorie von Gewalt«.[1] Auch im Fall der RAF diskutierte man über die rätselhaften Begründungen in den Bekennerschreiben und die Einordnung der antikapitalistischen und marxistischen Ideen. Eine feste Schablone gibt es eben nicht; dennoch trägt es zum Erkenntnisgewinn bei, die einzelnen Fälle zu analysieren und zu vergleichen.

---

1 So Steven Pinker: *Gewalt. Eine neue Geschichte der Menschheit*, Frankfurt a. M. 2011, S. 511.

Wie groß das Ausmaß dieser neuen Bedrohung tatsächlich ist, wird deutlich, wenn man Beispiele aus der jüngeren Vergangenheit genauer betrachtet, die bislang nur zum Teil dem rechtsradikalen Terror zugeordnet wurden. Es soll hier zudem versucht werden, Gemeinsamkeiten zwischen den Tätern zu finden. Auf diese Weise lassen sich Täterprofile erstellen, Gefahren und Ausgangspunkte der Radikalisierung eingrenzen und darauf aufbauend wichtige Hinweise auf die Möglichkeiten der Prävention geben. Auffällig ist, dass alle infrage kommenden Taten von Männern ausgeführt wurden. Während es bei Terrororganisationen oder Kleinzellen mitunter weibliche Mitglieder gibt, scheint es keinen einzigen Fall von weiblichen Tätern unter den Einsamen Wölfen zu geben.

Die Individuen tragen kein Kainsmal auf der Stirn, auf dem geschrieben steht, dass sie Terroristen werden. Wir wollen dennoch wissen: Lässt sich eine terroristische Persönlichkeit ermitteln? Gibt es im Laufe des Lebens Momente, die zur Radikalisierung führen, etwa innerhalb der Familie, der Schule oder im Berufsleben, oder handelt es sich bei den Tätern um »Sozialautisten«, die ihre Motivation daraus ziehen, dass sie zu keiner partnerschaftlichen Beziehung fähig sind? Lassen sich gesellschaftliche Einflüsse ausmachen? Ist ein Prozess der Radikalisierung zu erkennen, in den man noch hätte eingreifen können? Wie politisiert sind die Täter, und was sind ihre Ziele? Diese Fragen soll nun das folgende Kapitel klären, in dem Charakteristika von Tätern herausgearbeitet und analysiert werden.

1. Isoliert & enttäuscht:
Frank Steffen, Thomas Mair, Luca Traini

Das am weitesten verbreitete Bild des Einsamen Wolfes ist mit
Sicherheit das des »unsichtbaren«, vom Leben enttäuschten
Terroristen. Es gibt diesen Typus, den oftmals nicht einmal die
Nachbarn kennen, auch wirklich, Beispiele sind etwa Frank Steffen, Thomas Mair oder Luca Traini. Zutiefst gebeugt bestreitet
dieser Typus sein Leben. Selbst seine eigene Familie traut ihm
wenig oder nichts zu. Aus dem sozialen Leben hat er sich, frei-
willig oder notgedrungen, mehr oder weniger verabschiedet. Er
eignet sich höchstens als Mitläufer, und das auch nur tempo-
rär. Nach schlechten Erfahrungen kapselt er sich ab und wendet der Welt den Rücken zu. Liebe hat der spröde Mensch nie
erfahren, zu einer partnerschaftlichen Beziehung ist er nicht in
der Lage. Er führt ein Einsiedlerdasein, verschanzt sich in den
eigenen vier Wänden. Das hindert ihn aber nicht daran, Hass-
und Gewaltphantasien gegenüber anderen ethnischen Gruppen
zu entwickeln, rechtsextremistisches Gedankengut zu verinner-
lichen und zum Terroristen zu werden. Die virtuelle Welt spielt
für seinen Radikalisierungsprozess hingegen keine größere Rolle.
Freunde im Chat gibt es ebenso wenig wie im realen Leben. Das
Internet dient ihm höchstens als Zeitvertreib und Informations-
quelle, etwa um sich über die potenziellen Opfer zu informieren.
Der klammheimliche, aber umso ausgeprägtere Hass des notorischen Eigenbrötlers steigert sich nach und nach. Ethnische
Gruppen werden zur Projektionsfläche und zu Sündenböcken
des eigenen, unausweichlich scheinenden Dilemmas, kein gere-
geltes soziales und berufliches Leben aufbauen zu können. Die
ohnehin spärlichen einstigen Freunde machen einen Bogen um

den Enttäuschten, zumal er durch radikale Äußerungen auffällt und sich damit ins Abseits stellt. Der gesellschaftlich isolierte Einsame Wolf lebt jahrelang mit der geballten Faust in der Tasche – bis das Verlangen in ihm aufkeimt, aus dem Teufelskreis der Einsamkeit und Nichtbeachtung auszubrechen und selbst zum Handelnden zu werden.

Frank Steffen galt als »erfolgreicher« Aussteiger. Er repräsentiert damit eine Gruppe von Einsamen Wölfen, die auffällig wurden, mitunter sogar in Therapie waren, ohne dass man ihnen helfen konnte und ohne dass die Gefahr erkannt oder ernst genommen worden wäre.

Mit einem monströsen Rambo-Jagdmesser, das er bei einem Online-Händler bestellt hatte, stach Steffen am 17. Oktober 2015 bei einer Wahlkampfveranstaltung auf die Kölner Bürgermeisterkandidatin Henriette Reker ein. Später gab er an, er wollte seiner Tat damit »mehr Theatralik« verleihen.[2] Das Attentat erfolgte nicht im Affekt, zunächst bat er sein Opfer sogar um eine Rose. Henriette Reker überlebte das Attentat schwer verletzt. Dem kahlrasierten, muskulösen Täter ging es um fremdenfeindliche Motive, er war mit Rekers Flüchtlingspolitik nicht einverstanden und wollte Angst in den Flüchtlingsunterkünften erzeugen. Er selbst sah sich dabei als Märtyrer: »Ich wollte sie töten, um Deutschland und auch der Polizei einen Gefallen zu tun.« Er habe auch die »irre Kanzlerin« treffen wollen, die sich nur noch um »diese Flüchtlinge« kümmern würde. Gegenüber der Polizei soll er erklärt haben, die deutsche Regierung begehe Hochverrat und könne ihre Frauen und Kinder nicht mehr schützen. Am Ende würden alle in einer muslimisch geprägten Gesellschaft

---

2 Vgl. mit Originalbelegen Anna Neifer / Simon Wörpel: »Frank S., der Rechtsradikale«, Recherchen u. a. mit ZDF *Frontal*, 17. Oktober 2016, https://correctiv.org/blog/ruhr/artikel/2016/10/17/reker-attentat-festplatte-frank-s-doch-ein-nazi/

leben müssen. Jeder Deutsche sei verpflichtet, diesem »Terror-regime« entgegenzutreten. Der vorbestrafte Gewalttäter stilisierte sich zum »wahrhaftigen Landesverteidiger«,[3] freilich ohne mit dieser Gesellschaft irgendwie verknüpft zu sein und indem er eine gewählte Repräsentantin angriff. Im Prozess sagte Frank Steffen, er sei »kein Nazi«, sondern ein »wertkonservativer Rebell«. Zugleich provozierte er damit, dass er einen neuen, »rechten« Pflichtverteidiger haben wollte.

In der Zeit vor seiner Tat war der Einzelgänger tief in düstere Online-Spiele eingetaucht, wo er durch Hassbotschaften und Konfrontationen mit anderen auffiel. Dabei hörte er rechtsextremistische Musik, etwa von den Bands »Division Germania« und »Stahlgewitter«. Als Kind hatte er traumatische Erfahrungen gemacht, die ihn sicherlich beeinflusst haben: Mit vier Jahren wurde er verwahrlost in der Wohnung seiner Eltern aufgefunden, nachdem diese ihn einfach verlassen hatten. Er kam in eine Pflegefamilie, zog mit 19 Jahren aus und brach den Kontakt ab. Als Jugendlicher prügelt er sich oft, gerät ins rechtsextreme Milieu – etwa in das Umfeld der Freiheitlichen Arbeiterpartei, die 1995 durch das Bundesverfassungsgericht aufgrund ihrer Wesensgleichheit zur NSDAP verboten wurde. So nahm Frank Steffen etwa bei einem Gedenkmarsch für den Hitler-Stellvertreter Rudolf Heß teil. In altdeutscher Schrift ließ er sich den Namen der Skin-Truppe auf den Bauch stechen.

Nach diversen Bewährungsstrafen wegen Körperverletzung muss er schließlich drei Jahre in Haft. Nach seiner Entlassung reißt er sich jedoch offenbar zusammen. Er lässt die rechtsextremen Kontakte ruhen und will sich in die Gesellschaft integrieren. Er arbeitet als Maler und Lackierer, eckt aber häufig bei seinen

---

3 Ebd.

Vorgesetzten an und wechselt oft die Arbeitsstelle. Schließlich wird er arbeitslos. Er häuft einen Schuldenberg an und zieht sich immer mehr zurück.[4] In der Isolation staut sich alter wie neuer Hass an, unter dem Eindruck der politischen Debatten. Wutentbrannt beobachtete er die einsetzende »Willkommenskultur« im Herbst 2015, offenbar der »Trigger« für das längst geplante Vorhaben, sich an der Gesellschaft zu rächen, die ihn seiner Meinung nach schlecht behandelte und andere vorzog.

Trotz aller psychischen Dispositionen erklärte ihn ein Gutachter nach seinem Attentat für voll schuldfähig. Er habe zwar eine paranoid-narzisstische Persönlichkeitsstörung, leide aber an keiner psychotischen Krankheit oder wahnhaften Störung. Auch die politischen Motive spielten eine gewisse Rolle, als Einsamer-Wolf-Terrorist wurde er jedoch nicht gewertet: Frank S. wollte ein Klima der Angst schaffen und die Politik beeinflussen, stand in der Urteilsbegründung. Er hielt die Bundesregierung nicht für berechtigt, Flüchtlinge ins Land zu lassen. Dagegen habe er ein »extremes und brutales Zeichen« setzen wollen.[5] Dieses offenkundige politische Sendungsbewusstsein spricht stark dafür, ihn in erster Linie als Einsamer-Wolf-Terroristen zu bewerten.

Steffen handelte kalkuliert, keineswegs unbeherrscht. Er wusste, was er mit dieser Tat bezwecken wollte. Nach der versuchten Integration fiel er offenbar wieder in alte Denkstrukturen zurück, die in ihm schlummerten. Die Flüchtlingsdebatte eignete sich als Vehikel, die eigene Unzufriedenheit zu kompensieren und ihr mit einem Gewaltakt selbst seinen destruktiven Stempel

---

4 Vgl. ebd.

5 Vgl. zum Fall Armin Pfahl-Traughber: »Das ›Lone-Wolf‹-Phänomen im Rechtsterrorismus in Deutschland und Schweden«, in: Martin H. Möllers / Robert Chr. Van Ooyen: *Jahrbuch für Öffentliche Sicherheit 2016/2017*, Frankfurt a. M. 2017, S. 205.

aufzudrücken. In einem Attentat auf die Oberbürgermeisterin sah er offenbar die Chance gekommen, eine gewisse Beachtung zu finden. Die öffentliche Aufmerksamkeit war ihm einen Tag vor der Wahl gewiss.

Ein ähnlicher Fall erschütterte nur wenig später Großbritannien: der Mord an der Politikerin Helen Joanne (»Jo«) Cox. Wieder war es ein Attentat, mit dem der Täter ein politisches Zeichen in einer aufgeheizten Debatte setzen wollte. Die Tat erfolgte nur eine Woche vor dem Brexit-Referendum, dessen Befürworter massiv die Angst vor Migration schürten. Während er den Schuss mit einem Gewehr abgab, rief der 52-jährige Thomas Mair Zeugenaussagen zufolge: »Britain first, keep Britain independent. Britain will always come first!« Cox stand für »Remain« und vertrat die Anliegen der Einwanderer, engagierte sich beispielsweise auch für syrische Flüchtlinge.

Der 1963 in Schottland geborene Mair war sozial völlig isoliert. Die Nachbarn kannten den notorischen Schweiger kaum, für die Polizei war er ein gänzlich unbeschriebenes Blatt. Seine Eltern, der Vater Industriemechaniker und die Mutter Fabrikarbeiterin, ließen sich bald nach seiner Geburt scheiden, woraufhin er bei seinen Großeltern aufwuchs.

Vor seiner für die Behörden völlig überraschenden Tat informierte sich Mair sehr genau über sein Opfer, wie er generell akribisch Informationen zu seinen Hobbys sammelte. Dazu nutzte er das Internet und die örtliche Bibliothek, weshalb bekannt ist, dass er sich sehr für die Waffen-SS, den Ku-Klux-Klan und Serienkiller interessierte. In seinem durchaus stattlichen Bücherregal befanden sich zahlreiche Abhandlungen über das »Dritte Reich«, darunter eine Kopie von *Ich kämpfe. Die Pflichten des Parteigenossen* – das Treuegelöbnis wurde 1943 an die Mitglieder der NSDAP ausgegeben. Besonders faszinierte ihn der SS-Obergruppenführer Reinhard Heydrich, der die Wannsee-Konferenz leitete. Auch Bücher über die Leugnung des Holocausts fanden sich im Bestand. Er studierte offensichtlich ebenso die Attentate auf Martin Luther King und John F. Kennedy.[6]

Wie Steffen hatte Mair eine einschlägige Vergangenheit. Er unterstützte die neonationalsozialistische Gruppierung National Alliance in den USA, die William L. Pierce, der Autor der Turner-Tagebücher, ins Leben gerufen hatte. Dort orderte er rechtsextremistisches Schriftgut und Bedienungsanleitungen für Waffen.[7] Er abonnierte den *S. A. Patriot*, ein südafrikanisches Magazin, das sich für die Apartheid einsetzte. 1988 sandte er einen Brief an den Herausgeber Alan Harvey. Darin verlieh Mair seiner Hoffnung Ausdruck, dass »die weiße Rasse weiter vorherrschen [werde], in Großbritannien wie in Südafrika«. Er fürchte aber auch, dass »das in einem blutigen Rassenkrieg münden« werde.[8]

Mit der Mutter schien das Verhältnis sehr schwierig gewesen zu sein. Mehr als das: Er erledigte zwar die Gartenarbeit für sie, da sie in der Nachbarschaft lebte, doch googelte er mehrfach im Internet nach dem Stichwort »Muttermord«. Der neue Mann seiner Mutter stammte ursprünglich von der Karibikinsel Grenada, sein Halbbruder wurde offenbar von ihr bevorzugt. Das scheint der einzige Erklärungsansatz aus dem realen Leben für seinen Rassenhass zu sein.

Wie praktisch alle Einsamen Wölfe hatte der zurückgezogen lebende, arbeitslose Gärtner niemals eine Freundin. Nachdem seine Großmutter verstorben war, lebte er die letzten Jahre vor

---

6 Zitiert nach Tom Burgis: »Thomas Mair. The Making of a neo-Nazi Killer«, in: *Financial Times* vom 23. November 2016.

7 Ian Cobain / Nazia Parveen / Matthew Taylor: »The slow-burning hatred that led Thomas Mair to murder Jo Cox«, in: *The Guardian* vom 23. November 2016, https://www.theguardian.com/uk-news/2016/nov/23/thomas-mair-slow-burning-hatred-led-to-jo-cox-murder

8 Ebd.

der Tat völlig allein. Auch Mair war wegen psychischer Probleme immer wieder in Behandlung, insbesondere wegen Zwangsstörungen. So verspürte er beispielsweise einen obsessiven Waschzwang. Einen Tag vor seiner Tat suchte er ein Hilfezentrum für Depressionen auf – und bekam einen Termin für den nächsten Tag. Nach seiner Verhaftung wurde er allerdings als voll schuldfähig eingestuft.[9]

Trotz seiner Aktivitäten und Einstellungen gehörte Mair wohl nie einer rechtsextremistischen Organisation an, obwohl es dafür viele Möglichkeiten in seinem lokalen Umfeld um Birstall und Batley in der Nähe von Leeds gegeben hätte. In dieser Gegend leben viele Muslime, für die rechtsextremistische British National Party ist die Gegend eine Hochburg. Lediglich bei einer Demonstration der English Defence League wurde er einmal gesichtet, bei einem Treffen von Nationalisten in London.[10] Festen Anschluss und eine Art von Zugehörigkeit fand er offenbar selbst da nicht. Sein Zugang zu rechtextremistischen Materialien erfolgte traditionell über den Postweg. Auch wenn die Tat schließlich wie aus dem Nichts geschah und der Täter autonom lebte und handelte, so war Mair also doch weit davon entfernt, unter dem Radar der Gesellschaft zu leben. Er hatte sogar selbst versucht, Hilfe zu bekommen.

Ein weiterer Fall ereignete sich am 3. Februar 2018 im italienischen Macerata. Dort schoss der 28-jährige Luca Traini aus seinem Auto auf sechs afrikanische Migranten aus Nigeria, Ghana, Gambia und Mali. An der Motivation des Täters gibt es keinen Zweifel – Traini hatte sich bei seiner Festnahme in eine italienische Flagge gehüllt und brüllte »Viva l'Italia«. Zudem ziert die italienische Flagge als Tattoo seinen Nacken, über seiner rech-

---

9 Ebd.
10 Ebd.

ten Augenbraue prangt die Wolfsangel, ein unter militanten Rechtsextremen beliebtes Zeichen, das unter anderem Wehrhaftigkeit demonstrieren soll. In Deutschland ist das Symbol strafbar, wenn es in Verbindung mit rechtsextremistischen Symbolen steht.[11]

Am Tatort hinterließ der Mann eine Votivkerze mit dem Bild des ehemaligen faschistischen »Duce« Benito Mussolini. Nach seiner Tat gab er an, das auslösende Ereignis für den Terrorakt sei der Mord eines nigerianischen Asylbewerbers, ein Drogendealer ohne gültige Papiere, an einer 18-jährige Italienerin gewesen. Das Verbrechen an der Römerin, die aus einer Therapieeinrichtung für Drogensüchtige entflohen war, war bestialisch. Nur wenige Kilometer von Trainis Haus wurde die Leiche zerstückelt in zwei Koffern aufgefunden. Zum Tatzeitpunkt war jedoch noch nichts über die Todesumstände bekannt, auch über eine Überdosis Drogen wurde spekuliert. Trainis Entschluss, zum Terroristen zu werden, stand wohl lange vorher fest. Er zog seine Tarnuniform an und machte sich auf den Weg.

In seiner Wohnung fand man zahlreiche nationalsozialistische Materialien, darunter Hitlers *Mein Kampf* sowie eine Flagge mit einem Keltenkreuz, das als rechtsextremistisches Symbol gilt. Der kahlgeschorene Traini gefiel sich schon lange darin, sich *Lupo* (»Wolf«) zu nennen und damit seine Gefährlichkeit zu demonstrieren. Er nahm auch an einer Großdemonstration der neofaschistischen Bewegung CasaPound in Rom teil.[12]

Zuvor hatte er bei den Regionalwahlen von 2017 erfolglos für die radikal-rechtspopulistische Lega Nord kandidiert, die für

---

11 Während des Nationalsozialismus nutzten SS und Hitlerjugend die Wolfsangel als Abzeichen für Teile ihrer Einheiten.
12 Vgl. *Südtirol News*, 2018: https://www.suedtirolnews.it/italien/ich-fahre-nach-macerata-um-ein-massaker-anzurichten

ihre Agitation gegen Migranten bekannt ist. Auch Verbindungen mit der neofaschistischen Forza Nuova werden ihm nachgesagt. Freunde gaben zu Protokoll, dass sich seine Ansichten im Anschluss an die Wahlniederlage deutlich radikalisiert hatten. Sie versuchten den Mann, der mit seiner Großmutter und seiner Mutter in einem Haus wohnte, zu meiden.[13]

Über Traini kann man durchaus sagen, dass er sozial gescheitert war. Er hielt sich mit Gelegenheitsjobs als Sicherheitsmann eines Supermarkts oder Ausfahrer über Wasser, nachdem er wegen seiner rassistischen wie rechtsextremen Ansichten und Handlungen seine Arbeit als Türsteher verloren hatte, an der ihm sehr viel lag. Selbst in seinem geliebten Fitnessclub verweigerte man ihm den Zugang. Seine letzte Beziehung scheiterte.[14] Angeblich litt er zudem an einer bipolaren Störung.[15]

Nach der Tat zeigte er keine Reue – bedauerte im Gegenteil, dass die Opfer nicht gestorben seien.[16] Die Tat wurde zum Politikum, da sie sich mitten im Wahlkampf, nur einen Monat vor der nationalen Wahl ereignete. Die Einordnung als rechtsextremistischer Anschlag wurde größtenteils heruntergespielt. Der ehemalige Ministerpräsident Italiens, Silvio Berlusconi, sah in ihr die Tat eines »geistig gestörten Menschen [ohne] politischen Bezug«. Der Vorsitzende der Lega Nord, Matteo Salvini, seit dem

---

13 Vgl. *The Guardian.com*: »Italy Shooting. Mein Kampf found in home of suspect«, 4. Februar 2018, https://www.theguardian.com/world/2018/feb/04/macerata-shooting-mein-kampf-found-in-home-of-suspect-italy-luca-traini

14 Vgl. *Südtirol News*, 2018: https://www.suedtirolnews.it/italien/ich-fahre-nach-macerata-um-ein-massaker-anzurichten

15 Vgl. *Notizie.it*: »Luca Traini, perizia psichiatrica affidata a Massimo Picozzi«, 2018 https://www.notizie.it/luca-traini-perizia-psichiatrica-affidata-a-massimo-picozzi/

16 Vgl. *The Local.it*: »Italy's centre left warns of a return of fascism«, 8. Februar 2018, https://www.thelocal.it/20180208/support-macerata-shooter-luca-traini-return-fascism

1. Juni 2018 Innenminister Italiens, verurteilte zwar die Tat des Mannes, der immerhin Gemeinderatskandidat seiner Partei gewesen war und mit dem er sich gemeinsam hatte fotografieren lassen, zog aber seine eigenen Schlüsse: »Es ist eine Tatsache, dass die außer Kontrolle geratene Immigration Wut und gesellschaftliche Zusammenstöße mit sich bringt.«[17] Salvini gesteht den »Einheimischen«, den »besorgten Bürgern« damit implizit das Recht zu, sich gegen Ausländer zu »wehren« und notfalls zu den Waffen zu greifen.

Auch wenn die genannten Taten von sozial fast völlig isolierten Einsamen Wölfen ausgingen, so hängen doch alle drei Beispiele mit dem polarisierenden Diskurs über Flüchtlinge und Einwanderer zusammen, der in vielen europäischen Ländern geführt wird und vor allem soziale Verlierer zu radikalisieren scheint. Zumindest das tatauslösende Ereignis steht damit in unmittelbarem Zusammenhang, konkret mit der ab Herbst 2015 einsetzenden Debatte. Frank Steffen und Thomas Mair haben sich im Verborgenen schon lange von der Gesellschaft abgewandt, sahen ihre letzte Chance, ein Zeichen zu setzen. Als Zielscheibe dienten zwei resolute Politikerinnen, die in der Flüchtlingsfrage für einen humanitären Kurs einstanden. Traini wollte selbst in die Politik und sah in der Lega Nord eine Möglichkeit, etwas gegen Einwanderung zu tun. Den Mord an einer jungen Römerin empfand er als Bestätigung seiner Ansichten. Schwarze Migranten sollten für die Tat büßen, für die ein nigerianischer Drogendealer mutmaßlich verantwortlich war. Die Taten dieser Einsamen Wölfe waren politisch motiviert und Ausdruck einer rechtsextremistischen Gesinnung. Nicht im Widerspruch steht dazu,

---

17 Zitiert nach Paul Schwenn: »Gewalt schamlos ausgenutzt«, in: *Der Tagesspiegel* vom 6. Februar 2018, https://www.tagesspiegel.de/politik/terror-in-italien-gewalt-schamlos-ausgenutzt/20934210.html

dass die beschriebenen Personen erhebliche psychische Störungen aufwiesen. Ihre Ansichten verbargen sie nicht. Alle Täter waren Behörden, Therapeuten, Arbeitgebern oder ehemaligen Freunden bekannt.

2. Gescheitert, größenwahnsinnig & gefährlich: Franz Fuchs, John Ausonius, Anders Breivik

Neben dieser ersten Kategorie Einsamer Wölfe, die es offenbar zeit ihres Lebens nicht leicht hatte, gibt es auch solche, die gesellschaftlich zunächst durchaus positiv in Erscheinung getreten sind. Sie fallen im Leben durch besondere Talente auf, sei es durch Intelligenz oder einen gewissen Geschäftssinn. Allerdings besitzen sie auch einen Hang zum Größenwahn und wollen andere Menschen beeindrucken oder gezielt manipulieren. Zumindest für eine Zeit hat dieser Typus einen festen Platz in der Gesellschaft, durchaus mit Perspektive nach oben. Doch der Wunsch nach Zugehörigkeit scheitert, in der Berufswelt und im Privaten, aus unterschiedlichen Gründen. Zumeist handelt es sich um Menschen, die, oft aufgrund eines übersteigerten Ehrgeizes, nicht in der Lage sind, ihr Leben »auf die Reihe zu bekommen«, und darüber hinaus zu stolz sind, um von sich aus nach Hilfe zu suchen, oder nach ersten, fehlgeschlagenen Versuchen dieser Art alles Weitere abblocken. Die Suche nach einem Sündenbock führt dann zur Radikalisierung. Das terroristische Agieren zeigt später oft die grundsätzlich vorhandenen Fähigkeiten auf – etwa im Entwickeln einer minutiös geplanten Tat oder durch die hohe operative Intelligenz. Als Terrorist sieht sich der im Leben Gescheiterte als Teil einer Bewegung, die freilich ein Phantasiegebilde ist. Auch hier plant der Täter Großes, will mehr vorgeben, als er selbst ist. Der Prozess gilt ihm als Bühne, die er für Schimpftiraden und provokante Gesten nutzt.

Einer der größten Kriminalfälle in der Geschichte Österreichs und darüber hinaus spielte sich in den neunziger Jahren ab. Zum ersten Mal rückte in Europa damals das Phänomen des rechtsextremistisch motivierten Einsamen Wolfes in das öffentliche Bewusstsein. In den Jahren von 1993 bis 1997 sorgte eine Reihe von Brief- und Rohrbombenanschlägen (sowie anonymen Schreiben) für Angst und Schrecken. Dahinter stand laut den Bekennerschreiben die Bajuwarische Befreiungsarmee (BBA). In Wirklichkeit beging jedoch der Einzeltäter Franz Fuchs die Taten. Die mit breiten historischen Diskursen angereicherten Bekennerschreiben ließen auf eine deutschnationale und minderheitenfeindliche, insbesondere antislawische und antitürkische Gesinnung schließen.

»In diesem Land«, heißt es in einem dieser Pamphlete, »sind Personen willkommen, die aussehen wie wir, die beten wie wir und die sprechen wie wir.« Und an anderer Stelle: »Sie alle sind ahnungslos und glauben, dass wir herumstreunende Mediterrane, Asiaten, Afrikaner und Heiden sowie unsere Herrenkaste der Tschuschen voll akzeptieren.« Fuchs beklagte die Einwanderungspolitik seines Landes, sah die »deutsch-österreichische Nation« diskriminiert und von »Überfremdung« bedroht. In den Medien wurden seine Hetzschriften breit zitiert.[18]

Die Jahre waren geprägt durch Unsicherheit. Ermittlungen wie Öffentlichkeit konzentrierten sich auf militante Neonationalsozialisten – bis hin zu Verhaftungen von zwei einschlägig bekannten Personen. Es gingen auch zahlreiche Anrufe von Trittbrettfahrern bei den Behörden ein. Im Fernsehen aller drei deutschsprachigen Länder wurde bei *Aktenzeichen XY* vor Millionenpublikum nach dem Täter gefahndet. Doch die heiße Spur blieb aus. Stattdessen wurde immer offensichtlicher, dass Justiz, Exekutive und Politik auf der Stelle traten. Lange gaben die Rechtfertigungsschreiben, die gespickt waren von technischen Details

---

18 Vgl. mit Belegen in *Profil*: »Franz Fuchs: Mythos und Realität«, 19. November 2013, https://www.profil.at/home/franz-fuchs-mythos-realitaet-369482

der raffinierten Bombenkonstruktionen wie von historischen, oft frühmittelalterlichen Anspielungen, Scharen von Ermittlern und Mediendetektiven Rätsel auf. Aufgrund des kenntnisreichen Inhalts der Schreiben ging man davon aus, dass die angebliche Terrorismusorganisation BBA mindestens einen Chemiker, Mathematiker, Historiker und Germanisten in ihren Reihen haben müsse.[19] Fuchs verdächtigte niemand, der »Patriot«, wie er sich selbst bezeichnete, war öffentlich nie in Erscheinung getreten. Fuchs lebte ohne soziale Kontakte und gänzlich ohne Verbindungen zu einschlägig bekannten Organisationen und Personen. Die angebliche Vereinigung von österreichischen Patrioten existierte nicht.

Zu den Opfern seiner Attentate gehörten etwa vier Roma oder Wiens Altbürgermeister Helmut Zilk, der sich für die Belange von Ausländern einsetzte. Verschiedene Bomben wurden daneben an Personen geschickt, die einen Migrationshintergrund aufwiesen und somit – aus Sicht des Täters – hassenswert waren: ein aus Syrien stammender Landarzt, Flüchtlingshelfer oder die TV-Moderatorin Arabella Kiesbauer.[20] 15 Menschen wurden bei den Anschlägen zum Teil schwer verletzt. Weitere 25 Briefbomben konnten rechtzeitig entdeckt werden.

Bei der Suche nach dem Täter agierte die österreichische Polizei lange hilflos. Erst bei einer routinemäßigen Verkehrskontrolle am 1. Oktober 1997 konnte Fuchs geschnappt werden. Kurz vorher war durch die Presse gegangen, dass man nach den Tätern per Rasterfahndung suchen werde. Die »Stressstrategie«

---

19 Vgl. Joachim Riedl: »Heimat und Terror«, in: *Die Zeit* vom 28. Juli 2011, https://www.zeit.de/2011/31/A-Manifest/komplettansicht
20 Vgl. Karin Kneissl: »Lebenslange Haft für Bombenbauer Franz Fuchs«, in: *Die Welt* vom 11. März 1999, https://www.welt.de/print-welt/article567912/Lebenslange-Haft-fuer-Oesterreichs-Bombenbauer-Franz-Fuchs.html

der Ermittler hatte zum Erfolg geführt: Medial war zudem kolportiert worden, dass bereits einige Verdächtige eingekreist wurden und die eingeleitete Rasterfahndung zum Täter führen werde.[21] Während der Kontrolle zündete der zunehmend paranoide Fuchs eine Rohrbombe, weil er glaubte, man hätte ihn entlarvt.

Bemerkenswert ist, dass sich der Prozess gegen ihn sehr stark auf die persönlichen Störungen konzentrierte und den Aspekt der Fremdenfeindlichkeit außer Acht ließ. Weder kamen beim Prozess seine Beweggründe zur Sprache noch die Überzeugungen hinter den Taten. Auch auf das ideologische Umfeld, in dem sie sich ereignet hatten, wurde nicht eingegangen. Das lag auch an Fuchs selbst, der laufend die Verhandlungen störte – offenbar mit dem Ziel, ausgeschlossen zu werden. Er brüllte im Stakkato etwa: »Zionistische Germanenverfolgung, nein danke! Urvölker und Völkermörder, nein danke! Österreichische Weiden für österreichische Kühe!«

Fuchs war hochintelligent und außerordentlich technisch begabt. Bei ihm wurde ein IQ von 139 diagnostiziert.[22] Das wollte Fuchs neben seinen Tiraden auch vor Gericht zeigen, indem er etwa Bombenexperten und Gutachtern mangelnde Intelligenz bescheinigte. Polizeilich und strafrechtlich war der Österreicher nicht bekannt, als er relativ spät, mit 44 Jahren, seine terroristischen Aktionen startete.

Fuchs wuchs unter einfachen Verhältnissen auf dem Bauernhof seiner Eltern im südsteirischen Dorf Gralla bei Lebnitz

---

21 Vgl. Wolfgang Zaunbauer: »Der Anfang des Bombenterrors«, in: *Wiener Zeitung* vom 29. November 2013, https://www.wienerzeitung.at/nachrichten/oesterreich/politik/590867_Der-Anfang-des-Bombenterrors.html
22 Vgl. Gisela Friedrichsen: »Nur irgendein Kasperl?«, in: *Der Spiegel* vom 22. Februar 1999, S. 184–186.

auf, nahe der Grenze zu Slowenien. Schnell zeigte sich, dass er sehr intelligent und mit einer Vielzahl von Begabungen gesegnet war, besonders in den Naturwissenschaften. Beim Abitur gehörte er zum Kreis der Schüler, die nachgewiesenermaßen die Relativitätstheorie verstanden.

Sein familiäres Umfeld – ein Vater, der viel auswärtig arbeiten musste, sowie eine strenge Mutter – war mit dem Genie überfordert. Früh zeigten sich einige Probleme trotz dieser intellektuellen Potenziale: sein langsames Sprechen im ländlichen Dialekt, worunter auch die Kommunikation mit den Lehrkräften litt. Das Studium der theoretischen Physik in Graz brach er ab und beerdigte damit auch seinen Traum, Atomphysiker zu werden. Angeblich mochte er das Studentenleben nicht, tatsächlich lag es jedoch wohl eher an finanziellen Problemen. Ein Stipendium erhielt Fuchs zwar, jedoch war die Summe deutlich niedriger als von ihm berechnet. Anschließend arbeitete er bei Daimler-Benz als Hilfsschlosser am Fließband. Gegenüber ausländischen Kollegen, die vor allem aus dem damaligen Jugoslawien stammten, soll er sich aufgeschlossen und loyal gezeigt haben. Nach gescheiterten Versuchen eines bescheidenen Aufstiegs – er bewarb sich erfolgreich bei einem einstigen Schulfreund um einen Bürojob und als technischer Zeichner – wurde er schließlich 1988, nach elf Jahren, entlassen. Sein damaliger Chef urteilte: »Seine Arbeit war dadurch gekennzeichnet, dass seine Genauigkeit oft das im Bau tatsächlich Notwendige weit überschritt, was zu Konflikten mit den Bauherren führte.«[23] Das nagte an ihm, war er doch besonders pedantisch, leistungswillig und -fähig, auch nach Feierabend und am Wochenende.

Fuchs, der als hochbegabtes Wunderkind das Elternhaus

---

23 Ebd., S. 186.

verlassen hatte, kam nun sozial völlig isoliert, ohne Beruf und Freundin, wieder zurück an den heimischen Herd. Für Depressionen bis hin zu Suizidgedanken fanden sich bei ihm auch schon während der Studienzeit zahlreiche Anhaltspunkte. So schrieb Fuchs im August 1976 in einem Brief an seine Eltern, dass sein Selbstwertgefühl bei null wäre. Der Vater schickte ihn in eine psychiatrische Behandlung, von der er nach zwei Monaten als geheilt entlassen wurde. Eine genaue Diagnose erfolgte jedoch nicht. Zeit seines Lebens hatte Fuchs zudem keine längere Beziehung zu einer Frau. Er hasste sich selbst und entwickelte den Gedanken, sich an den Menschen für sein verpfuschtes Leben, das einst so viele Möglichkeiten bereitgehalten hatte, zu rächen. Der einst geniale Schüler wollte nun zum ebenso genialen Bombenbauer werden. Sicherlich kann man das als Schrei nach Anerkennung seiner Fähigkeiten einordnen.[24]

Reinhard Haller, Facharzt für Psychiatrie und Neurologie sowie Gutachter von Franz Fuchs, urteilte:»Dass Fuchs ein hypersensibler und extrem kränkbarer narzisstischer Mensch war, ist auch mit seiner Veranlagung zu erklären. Als er ein Stipendium nicht in der erwarteten Höhe erhalten hatte, warf er sein Studium hin. Als er sich in ein Mädchen verliebte, es davon aber nichts wusste, hat er dies sofort als Zurückweisung interpretiert und einen unglaublichen Frauenhass entwickelt. Als er bei Daimler arbeitete, war er der Meinung, dass ein Ausländer ihm eine bestimmte Stelle weggeschnappt hatte. Daraus entstand dieser extreme Ausländerhass, der dann zu den Anschlägen führte.«[25]

Seine Geschichte hätte eine breite Debatte über das fremdenfeindliche Klima erzeugen können, das die FPÖ, damals unter

---

24 Vgl. ebd.
25 Reinhard Haller:»Und dieser heilen Welt werde ich es jetzt zeigen«, in: *Profil* vom 14. März 2016, S. 59.

Führung von Jörg Haider, mit den von ihm initiierten Anti-Ausländer-Volksbegehren und Kampagnen gegen die slowenische Minderheit erzeugte. Doch dazu kam es nicht, auch weil Fuchs' Taten nie unter Einbeziehung seiner Bekennerschreiben und in Hinblick auf gefährliche gesellschaftliche Debatten geführt wurden, die dazu beigetragen haben, aus einem hochintelligenten jungen Mann aus einer ländlichen Region einen brutalen Attentäter zu machen.

Der Einsame Wolf muss nicht per se dem gängigen Klischee des isolierten, sozial exkludierten Eigenbrötlers entsprechen, er kann sich auch in Gestalt eines erfolgreichen, smarten Menschen zeigen, wie ein Fall aus Schweden zeigt, der zahlreiche geklärte und ungeklärte Bezüge zu Deutschland aufweist. Es ist der Fall des bereits erwähnten John Ausonius, ein wortgewandter, zwischenzeitlich vermögender und dandyhaft auftretender »Spielertyp«, der Frauen beeindrucken konnte. In den Jahren 1991 und 1992 schoss er auf insgesamt zwölf Menschen mit Migrationshintergrund, ohne dass er zu ihnen irgendein persönliches Verhältnis gehabt hätte.[26]

Ende 2016 wurde Ausonius für einen Prozess nach Deutschland ausgeliefert. Wegen eines Mordes vor fast 26 Jahren wurde der mittlerweile 64 Jahre alte Schwede auch hier zu lebenslanger Haft verurteilt. Das Gericht sah als erwiesen an, dass er bei einem Besuch in Frankfurt 1992 eine 68-jährige Jüdin auf offener Straße beraubt und mit einem Kopfschuss erschossen habe. Unklar war, ob ein antisemitisches Motiv oder allein Habgier dahinterstand. Das Frankfurter Landgericht entschied auf Letzteres: Er habe sich auf diese Weise einen sogenannten Casio-Rechner

---

26 Vgl. Julia Jüttner: »Der Lasermann und der NSU«, in: *Der Spiegel*, 12. November 2017, http://www.spiegel.de/spiegel/nahm-der-nsu-den-serientaeter-john-ausonius-zum-vorbild-a-1182707.html

zurückholen wollen, den die Garderobiere ihm seiner Meinung nach gestohlen hatte. Die Richter sahen in ihm keinen »ideologischen Täter«.[27]

Ausonius selbst gehörte keiner Organisation an, äußerte sich aber wohlwollend über die damals aufstrebende rechtspopulistische Partei Neue Demokratie.[28] Gegenüber dem schwedischen Journalisten Gellert Tamas, der ihn im Gefängnis interviewen konnte und 2002 ein Buch über den Serientäter veröffentlichte, äußerte Ausonius, dass die hohe Zuwanderung seiner Meinung nach ein gesellschaftliches Problem darstellen würde. Mit den Schüssen wollte er »zur Lösung« beitragen.[29]

Zunächst deutet in Ausonius' Leben, der als Wolfgang Alexander John Zaugg geboren wurde, wenig darauf hin, dass er sich zu einem rechtsextremistischen Attentäter mit einer persönlichen Kränkungsideologie entwickeln könnte. Er, Sohn eines Schweizers und einer Deutschen, besuchte eine Eliteschule und gilt als smart. Dann verlässt er die Schule jedoch ohne Abschluss, offenbar aus Lustlosigkeit, und schlägt sich unter anderem als Tellerwäscher und Filmvorführer durch.

Ausonius hatte eigentlich viele Chancen im Leben. Doch wer genauer hinsieht, sieht eine Vielzahl von Kränkungen, eine Entwicklung, »wie das netteste Kind zum Mörder wurde«, wie es

---

27 Vgl. Peter Maxwill: »Kaltblütig, zornig, gewaltbereit«, in: *Spiegel Online* vom 21. Februar 2018, http://www.spiegel.de/panorama/justiz/frankfurt-lasermann-prozess-wie-die-richterin-das-urteil-begruendet-a-1194522.html

28 Vgl. zum Fall Armin Pfahl-Traughber: »Das ›Lone-Wolf‹-Phänomen im Rechtsterrorismus in Deutschland und Schweden«, in: Martin H. Möllers / Robert Chr. Van Ooyen: *Jahrbuch für Öffentliche Sicherheit 2016/2017*, Frankfurt a. M. 2017, S. 202 f.

29 Zitiert nach Øyvind Strømmen: »Der Soloterrorist als Kulturphänomen«, in: Frank Decker / Bernd Henningsen / Kjetil Jakobsen (Hrsg.): *Rechtspopulismus und Rechtsextremismus in Europa*, Baden-Baden 2015, S. 253.

eine Journalistin ausdrückte.[30] Der Vater ist ein Frauenheld, die Mutter kompensiert ihre Frustration, indem sie den Sohn prügelt. Der Junge, der mit seinen dunklen Haaren und Augen in Schweden heraussticht, wird in der Schule als »Neger« und »Schwarzer« beschimpft. Der Wunsch nach (gesellschaftlicher) Anerkennung gärt bereits früh in ihm. So fiel er dann auch durch eine äußerst adrette Erscheinung auf, kam etwa mit modisch-schmaler Krawatte zum Unterricht.

Schließlich holt er seinen Abschluss mit Mitte zwanzig nach. Er studiert Ingenieurswesen, bricht das Studium aber wiederum ab. Dann fährt er Taxi und verbringt aufgrund einer Kneipenschlägerei mehrere Monate im Gefängnis. Mehr und mehr isoliert er sich, Kopfschmerzen und Schlaflosigkeit nagen an ihm. Er merkt, dass etwas mit ihm nicht stimmt, lässt sich behandeln, es wird eine Borderline-Störung diagnostiziert, die Ärzte erkennen zudem Wahn- und Denkstörungen bis hin zur Schizophrenie. Ohne die Therapie zu beenden, wird er 1981 zum Wehrdienst einberufen. Dort bildet man ihn an Maschinenpistole und Panzerfaust aus, er bekommt sogar eine Auszeichnung als bester Schütze seiner Kompanie. Zugleich steigern sich seine Aggressionen. Als Ausonius 1983 wegen der Schlägerei vor Gericht steht, beurteilt ihn der psychiatrische Gutachter als »gewalttätig« und »klar psychisch gestört«. Ein anderer attestiert »paranoide Züge«. Doch der Gefängnisstrafe folgt keine Therapie.[31]

Nach außen hin schien sich das Blatt jedoch vorerst zu wenden. Ausonius spekulierte an der Börse und erlangte beträchtlichen Wohlstand. Sein Leben im Luxus bekam etwas Rausch-

---

30 So Sarah Kempf: »Wie das netteste Kind zum Mörder wurde«, in: *Frankfurter Allgemeine Zeitung* vom 11. Dezember 2017, http://www.faz.net/aktuell/rhein-main/prozess-gegen-lasermann-john-ausonius-15334800.html
31 Vgl. ebd.

haftes: Der Spielsüchtige reiste nach Las Vegas und Deutschland, um in Casinos zu zocken. Er besaß einen Sportwagen und richtete seine Wohnung mit teuren englischen Möbeln ein. In die schwedische Gesellschaft schien der Emporkömmling nun voll integriert: Er änderte seinen Namen erst in John Stannermann, dann in John Ausonius.

Doch das vermeintliche Glück hält nicht lange an: Börsenkrach und Roulettetisch machen aus ihm einen armen Mann. Im Herbst 1990 fängt er an, Banken zu überfallen, um weiterspielen zu können. Frauen kann er stets nur kurzfristig für sich gewinnen, was ihn auf krude Art zu radikalisieren scheint. Im Sommer 1990 beginnt der inzwischen 37-Jährige eine Liebschaft mit einer 17 Jahre alten Schülerin und macht ihr bereits nach der ersten Nacht einen Heiratsantrag. Als sie Nein sagt, kauft er sich direkt im Anschluss daran ein Gewehr und ein Laserzielgerät. Eine andere Beziehung scheitert ebenfalls. Den aufgestauten Frust entlädt er an einem 27 Jahre alten Studenten aus Eritrea, den er erschießt.[32]

Gerade die amalgamhafte Vermengung aus persönlichen und politischen Motiven machte Ausonius zu einem Terroristen. Die Frustrationen über seine eigene Unsicherheit und den eigenen Misserfolg entluden sich auf Immigranten, wie er selbst in einem Interview von 2015 mit der *Berliner Zeitung* ausführte: »In den Achtzigerjahren, in denen meine wirtschaftlichen Probleme immer größer wurden, wuchs in mir der Hass auf die Einwanderer. Ich spürte das, wenn ich Berichte in der Zeitung über sie las oder im Fernsehen sah, manchmal sogar, wenn ich ihnen auf der Straße begegnete. An eine Situation kann ich mich noch gut erinnern: Da kam mir ein Ausländer auf der Straße entgegen, ging

---

32 Ebd.

direkt auf mich zu. Ich habe gedacht, mal sehen, ob der mir ausweicht. Nein, er ging einfach weiter. Er benimmt sich wie ein König in seinem eigenen Land, dachte ich damals, das weiß ich heute noch.«

Auf Nachfrage des Journalisten Andreas Förster gewährt Ausonius noch weitere Einblicke in seine Psyche: »Es steigerte auch meine Verachtung auf die Einwanderer. Natürlich hatte das mit meinen eigenen Problemen zu tun und damit, dass ich mein Leben nicht auf die Reihe bekam. Das weiß ich heute, und vielleicht wusste ich das auch damals, habe das aber verdrängt. Ich war unzufrieden mit mir und meinem Leben und suchte Verantwortliche dafür. So dachte ich damals etwa: Ich muss mein Studium abbrechen, weil ich kein Geld habe und mir der Staat nicht helfen kann, weil er ja für die Einwanderer zahlen muss.«[33] Ausonius offenbart damit eine Kränkungsideologie, die so ähnlich bei fast allen rechtsradikalen Einsamen Wölfen zu finden ist. Er zeigt auch, dass Selbstmitleid ein Merkmal Einsamer Wölfe ist. Das wird auch im nächsten Fall deutlich, der für eine neue Dimension im Einsamer-Wolf-Terrorismus sorgte und nachdrücklich bewies, wozu er fähig ist.

Seit dem 22. Juli 2011 wissen wir, dass der Terrorismus eines Einsamen Wolfes ebenso gefährlich sein kann wie der durch eine Organisation – bezogen auf die verbreitete Ideologie, die Opferzahl und den Nachahmungseffekt. Anders Behring Breivik brachte erst eine Autobombe im Regierungsviertel von Oslo zur Explosion und richtete nur wenige Stunden später, perfide als Polizist verkleidet, auf der Insel Utøya, 30 Kilometer von Oslo

---

33 John Ausonius: »Ich sehe mich nicht als Mörder«, Interview mit der *Berliner Zeitung*, 16. Januar 2015, https://www.berliner-zeitung.de/gespraech-mit-dem--laser-mann--john-ausonius--ich-sehe-mich-heute-nicht-als-einen-moerder--77 3144

entfernt, mit einer Schusswaffe ein Massaker unter sozialdemokratischen Jugendlichen an. Dabei gab sich Breivik als Helfer in der Not aus, der über den Anschlag in der Hauptstadt Norwegens berichten wollte und deshalb mit einer Fähre leicht auf die Insel übersetzen konnte.

Insgesamt starben 77 Menschen, über 200 erlitten Verletzungen. Auf der Insel fand an diesem Wochenende die traditionelle Konferenz der Jugendorganisation der sozialdemokratischen Partei statt. Breivik puschte sich für sein bestialisches Vorgehen mit Stereoiden auf, handelte aber reflektiert, nicht, wie für einen Amoklauf typisch, willkürlich. So hat er einige Opfer noch auf der Flucht im Wasser erschossen, auf andere zielte er nur, ohne zu schießen. Unter anderem verschonte er ein 14-jähriges Mädchen, weil es laut seiner späteren Aussage noch nicht »gehirngewaschen« gewesen sei.

Vor seinen Taten hinterließ er neben einem düsteren YouTube-Video eine krude politische Botschaft – der Wunsch nach einem Europa, frei von »Kulturmarxismus und Islamismus«. Dieses »Manifest« – wegen der größeren Reichweite auf Englisch verfasst –, das mehr als 1500 Seiten umfasst, wird seitdem rege in der Szene geteilt.

Breivik legte ein rational-akribisches Vorgehen an den Tag, da er sich jahrelang, beim Schreiben und bei der intensiven Vorbereitung auf die Terrorakte, kühl berechnend vorbereitete. Man kann von einer Phase von neun Jahren, also fast einem Jahrzehnt ausgehen – angefangen von der Finanzierung über die Recherche und Schreibphase bis hin zur konkret-operativen Umsetzung. Auch wegen des voluminösen Manifests geht er als einer der am besten dokumentierten Massenmörder in die Geschichte ein. In diesem sieht er Europa vor dem Untergang. Ausgelöst werde die Katastrophe durch eine »marxistisch-muslimische Konspiration«, die durch einen »reinigenden Bürgerkrieg«

bekämpft werden müsse. Dabei bedient er sich kontra-dschiha-distischer Verschwörungstheorien, nach denen Europa zu einer islamisch-arabischen Kolonie – »Eurabien« – verkäme.[34]

Dabei ist Breivik kein belesener Intellektueller, sondern in der Argumentation unstrukturiert und abstrus.[35] In der Opferaus-wahl war er umso überlegter, da er es auf sozialdemokratische Jugendliche, explizit solche mit einem Migrationshintergrund absah. Breivik nahm im Manifest häufig Bezug auf die briti-sche, anti-muslimische English Defence League (EDL) – er gab vor, bei einem Ableger involviert zu sein, sich seines Netzwerks rühmend. Der Gründer der EDL, Paul Ray, lebt mittlerweile auf Malta »im Exil« und formierte dort eine antimuslimische Gruppe namens »The Ancient Order of the Templar Knights«. Breivik übernahm diese Bezeichnung für seine eigenen Tempel-ritterphantasien. Ray, der mit ihm direkten Online-Kontakt hatte, äußerte, Breivik sei ein Einzelgänger ohne organisatori-schen Überbau gewesen. Die von Breivik behaupteten konspira-tiven Geheimtreffen hätten nie stattgefunden. Auch das Gericht fand keine Indizien für solche »Tempelrittertreffen«.[36] Breivik war folglich genauso isoliert wie andere Einsame Wölfe, phan-tasierte sich jedoch Gruppen von Anhängern und Mitkämpfern zusammen.

Inzwischen gilt Breivik vielen als Held und Vorbild, wie man

34 Vgl. *Spiegel Online*: »Ein bisschen Reue, ein bisschen Ausrede«, 30. Juli 2011, http://www.spiegel.de/politik/ausland/breiviks-vordenker-ein-bisschen-reue-ein-bisschen-ausrede-a-777315.html
35 Vgl. Tore Wehling, Tore / Stefan Hansen: »Breivik, Terrorist oder Amokläu-fer?«, in: Joachim Krause / Stefan Hansen (Hrsg.): *Jahrbuch Terrorismus 2011/2012*, Opladen 2012, S. 121–148, hier S. 125 f.
36 Vgl. ebd.

auf der Spieleplattform Steam oder in den Hinterlassenschaften anderer Täter nachlesen kann.[37]

Sein schrecklicher Massenmord ist die letzte Etappe einer langen Geschichte des Scheiterns. Als Jugendlicher kam der Norweger mit der Polizei in Konflikt, da er als Sprayer in der Hip-Hop-Szene aktiv war.[38] Das war der Grund, warum sein Vater, ein Diplomat, den Kontakt zu ihm abbrach, als er 15 Jahre alt war. Die Eltern ließen sich früh scheiden. Anders blieb bei seiner überforderten Mutter. Sein Verhalten war bereits als Kind auffällig, weshalb er unter die Fittiche einer Familienberatungsstelle kam. Ein Psychiater befand, dass er Schwierigkeiten habe, Empathie zu zeigen, und empfahl ein Pflegeheim. Sein leiblicher Vater, der informiert wurde, versuchte dann, seinen Sohn zu sich zu nehmen. Zu seiner Mutter, der er vorwarf, sich mit zu vielen Männern einzulassen, die sie sexuell infizieren würden, verband ihn eine Hassliebe. Das gestörte Verhältnis zu Frauen wird auch in seinem Manifest deutlich.

Bereits in seiner Jugend drehte sich bei Breivik alles darum, reich zu werden und zu den Siegern zu zählen. Er war durchaus eitel, trug Make-up und ließ sich in einer Schönheits-OP die Nase machen. Und er suchte Anschluss, eckte aber immer schnell an und wandte sich dann schnell enttäuscht wieder ab. So trat der 17-Jährige der norwegischen Fortschrittspartei bei – einer rechtspopulistischen Partei, die allerdings im europäischen Kontext als eher moderat gelten kann. 2006 trat er wieder aus der Partei aus, wahrscheinlich aus Enttäuschung, weil

---

37 Vgl. Florian Hartleb: »›Einsamer-Wolf-Terrorismus‹ – Neue Dimension oder drastischer Einzelfall? Was lernen wir aus dem Fall ›Breivik‹ in Norwegen?«, in: *Kriminalistik*, 1/2013, S. 25–35.

38 Vgl. Åsne Seierstad: *Einer von uns. Die Geschichte des Massenmörders Anders Breivik*, Zürich 2016, S. 23 f.

er den angestrebten Listenplatz für die Kommunalwahl nicht erhielt.[39] Er versuchte, bei den Freimaurern Anschluss zu finden, was ebenfalls ein Intermezzo blieb. Auch schulisch scheiterte Breivik, das Handelsgymnasium verließ er ohne Abschluss. Seine Pläne, reich und berühmt zu werden, verfolgte er in Liberia, wo er erfolglos in den Schmuggel mit Blutdiamanten einsteigen wollte. Selbst ohne Studium verkaufte er dann von 2003 bis 2006 gefälschte Universitätsdiplome im großen Stil. Zudem betrieb er eine Briefkastenfirma und vertrieb Software. Kurzfristig hatte er großen Erfolg und verfügte über ein Vermögen von 470 000 Euro. Doch erneut scheiterte der Betrüger und verlor bei Börsenspekulationen und neuen Geschäftsideen alles wieder. Mit 27 Jahren zog er wieder bei seiner Mutter ein und verbrachte die Tage in seinem Kinderzimmer vor dem Computer.[40] 2009 gründete er dann ein Agrarunternehmen, um eine kleine Farm anzumieten und dort selbst die Bombe für die Explosion in Oslo zu bauen. Mithilfe dieser »Firma« konnte er sich auch die dafür nötigen sechs Tonnen Kunstdünger besorgen.

Nach seinem Scheitern scheint sich der Norweger, in seinem Kinderzimmer völlig isoliert, lange Zeit größenwahnsinnigen politischen Ideologien hingegeben zu haben. So betitelte er sein plagiiertes Manifest auch großspurig *2083: A European Declaration of Independence*. Die Jahreszahl bezieht sich auf die Schlacht am Kahlenberg 1683 und damit auf die endgültige Niederlage des Osmanischen Reiches vor Wien. Das Manuskript kopierte sich Breivik hauptsächlich aus anderen Quellen zusammen, unter anderem lassen sich in seinem Schriftstück mehrfach Passagen aus dem Unabomber-Manifest des US-amerikanischen Bombenlegers Ted Kaczynski finden – ohne ihn zu erwähnen –,

---

39 Vgl. ebd., S. 91–113.
40 Vgl. ebd.

wobei er die Bezeichnungen »Linke« durch »Kulturmarxisten« sowie »Schwarze« durch »Moslems« ersetzte. Vor Gericht erklärte Breivik, er habe viel von al-Qaida gelernt. Die Organisation habe ihm die Idee geliefert, beim Massaker auf Utøya eine Polizei-Uniform zu tragen.

Es besteht kein Zweifel, dass das Internet bei seinem Radikalisierungsprozess eine zentrale Rolle spielte. Breivik bewegte sich nahezu rund um die Uhr im Netz, verschlang alle möglichen Ideologien und Verschwörungstheorien. Dabei agierte er durchaus ambivalent. So meldete er sich bei einem Internetforum für Neonationalsozialisten an, drückte jedoch an anderer Stelle seine große Abneigung gegenüber dem Nationalsozialismus aus: »Wenn es eine Figur gibt, die ich hasse, ist es Adolf Hitler«, schreibt er und phantasiert über Zeitreisen, bei denen er ihn töten will. Breivik sah Hitler offenbar als Ursache dafür, dass rechtsextremes Gedankengut im Europa nach 1945 öffentlich verpönt war und sich seiner Meinung nach linke Strömungen breitmachen konnten.

Im Gerichtsprozess zeigte er sich mit rechtsextremem Gruß und erklärte offen, dass seine Rhetorik und teilweise auch seine Positionen durchgehend von taktischen Überlegungen geprägt seien. Im Manifest schrieb er noch, dass jegliche Nähe zum Nationalsozialismus schädlich sei.

Als einer der ersten Einsamen Wölfe benutzte Breivik exzessiv soziale Medien, auch zur Verbreitung von Propaganda. In seinem YouTube-Video inszenierte er sich als Kreuz- und Tempelritter, mit martialischer Musik und Selbstporträts. Seiner Wirkung im Netz war er sich sehr wohl bewusst. Anscheinend versuchte er sogar, eine Online-Firma zu beauftragen, um einige der Negativberichte, die er nach den Massenmorden erwartete, zu tilgen. Er kaufte einige Domänen wie *thenewknighthood.com* und *thenewknighthood.net* für Propagandazwecke. Den Ermittlungen zufolge plante er zudem, sein Manifest per E-Mail an 8109 rechtsradikale Aktivisten zu versenden, deren E-Mail-Adressen er über viele Monate hinweg akribisch mithilfe von Facebook-Accounts gesammelt hatte. Er scheiterte an diesem Vorhaben jedoch, da sein Spamfilter ihm lediglich erlaubte, täglich 1000 E-Mails von einem Account zu versenden.

Im Prozess kam es zu einem Gutachter- und Expertenstreit um seinen Geisteszustand. Das erste Gutachten kam zu dem Schluss, dass er unter »paranoider Schizophrenie«, also unter Einfluss einer Psychose gehandelt habe. Sein Manifest sei »banal, infantil und pathetisch egozentrisch«. Ein weiteres Gutachten, dem sich das Gericht anschloss, kam zu einer anderen Auffassung. Die Psychologen diagnostizierten »eine dissoziale Persönlichkeitsstörung mit narzisstischen Zügen«. Breivik sei »weder zur Tatzeit psychotisch gewesen noch sei er es gegenwärtig«. Somit könne er als zurechnungsfähig und strafmündig gelten. Das Gericht urteilte schließlich, Breivik habe zwar einen »fanatischen Geisteszustand«, der aber »politisch motiviert« sei. Es war der Meinung, dass »der Angeklagte keine Zwangsvorstellungen im klinischen Sinne hatte«. Breivik wurde dann auch im einstimmigen Urteil vom 24. August 2012 nach einem zehnwöchigen Prozess als zurechnungsfähig erklärt und dementsprechend zur Höchststrafe von 21 Jahren mit anschließender Sicherheitsverwahrung verurteilt. Im Prozess bestätigte Breivik die ihm apostrophierte Gefühlskälte. Tränen in den Augen hatte er nur, als das Gericht sein YouTube-Video abspielte und damit seinen Narzissmus weckte.[41]

Breiviks ausgeprägter Narzissmus steht außer Frage. Sein Manifest trieft vor Eitelkeit, mit Schwärmereien über sein Aussehen

---

41 Vgl. ebd., S. 433–456

und seinen Charme, im wahren Leben hatte er jedoch niemals eine feste Freundin. Es enthält ein Interview, das er mit sich selbst führte. Dort gibt er zu, in der Vergangenheit selbstzentriert gewesen zu sein und wenig für andere getan zu haben, wofür er aber zugleich den gesellschaftlichen Verfall in moralischer Hinsicht verantwortlich macht.

Im Gerichtsprozess nahmen die psychiatrischen Hintergründe auch mit Blick auf den Gutachterstreit einen breiten Raum ein. Die Diagnosen kamen zu dem Schluss, dass es sich bei Breivik um eine Form von Größenwahn, aber nicht um eine Zwangsvorstellung handle. Ein Autismus oder Asperger-Syndrom zeuge von seiner Empathielosigkeit gegenüber anderen. Dennoch seien seine Ideen Ausdruck einer rechtsradikalen Gesinnung, die er mit einem aufgeblasenen Selbstbild – als Erlöser oder Kommandant – präsentierte.[42] In einem Brief aus der Haft bezeichnete er sich stolz als »schlimmster ultranationalistischer Terrorist seit dem Zweiten Weltkrieg« und unterschrieb »mit narzisstischen und revolutionären Grüßen«.[43] Seine unzweifelhaft vorhandenen psychischen Störungen müssen bei der Bewertung des Falls in den Hintergrund treten, da Breivik vornehmlich eine politische Botschaft aussenden wollte.

Der in diesem Abschnitt beschriebene Typus zeigt einen besonderen Hang zum Narzissmus. Die Täter hätten im realen Leben reüssieren können, glitten aber ab. Einen gewissen Perfektionismus legten sie in der Tatplanung an den Tag. Franz Fuchs und John Ausonius blieben trotz Mehrfachtaten lange unentdeckt. Beide spielten sogar mit der Polizei Katz und Maus. Der Geltungsdrang der Täter sorgte dafür, dass sie nach größtmöglicher

---

42 Vgl. ebd., S. 433–456.
43 Ebd., S. 528 f.

Öffentlichkeitswirkung strebten. Sie wollten offenbar die Gesellschaft in ihrem Sinne verändern. Fuchs und Breivik gaben zudem vor, im Namen einer in Wirklichkeit nicht existenten Bewegung zu handeln. Sie ersehnten eine größtmögliche mediale Wirkung, auch Ausonius sprach bereitwillig mit Journalisten.

3. Entwurzelt & radikal:
Peter Mangs, Pavlo Lapshyn, David Sonboly

Mit Rechtsradikalismus verbindet man gemeinhin den Kampf gegen Ausländer, Andersdenkende und politische Gegner. Als Täter kommen daher nationalistisch gesinnte Einheimische infrage. Dass diese Einschätzung mitunter zu kurz greift, zeigen die folgenden Fälle. Ungelöste Identitätsfragen können hier als Schlüssel zur Erklärung des Unerklärbaren gelten. Wir kennen es aus dem islamistischen Terrorismus, dass gerade eine Entfremdung zu einer Radikalisierung entscheidend beitragen kann. Ein Leben zwischen zwei Welten gilt den Individuen nicht als Bereicherung, sondern als Last oder Ausgangspunkt für eine brandgefährliche Überidentifikation. Der komplexbeladene Entwurzelte sehnt sich nach Wurzeln. Ihn leitet eine besondere Erbarmungslosigkeit, die sich gegen andere Entwurzelte richtet. Jegliches Gefühl von Rücksicht ist ihm fremd. Ethnische Minderheiten sollen besonders heimtückisch ermordet werden.

Der Schwede Peter Mangs wurde offenbar zum Rassisten und zu einer Bedrohung für die Gesellschaft, nachdem er einige Jahre in den USA gelebt hatte. Zurück in Schweden, verübte er Morde, die erst Jahre später aufgeklärt wurden. Das Gericht sah es als erwiesen an, dass der damals 31-jährige Mangs am 13. Juni 2003 einen 65-jährigen Zuwanderer in dessen Wohnung ermordet hatte. Ebenfalls schuldig gesprochen wurde er für die Schüsse auf eine 20-jährige Schwedin am 10. Oktober 2009. In der Urteilsbegründung hieß es, dass die Verbrechen »von extremer Rücksichtslosigkeit und dem vollständigen Fehlen jedes Mitgefühls für andere Menschen gekennzeichnet sind.« Zugleich erklärte das

Gericht ihn für »schuld- und zurechnungsfähig«, obwohl bei ihm das Asperger-Syndrom diagnostiziert wurde.

Da sich seine Eltern früh getrennt hatten, wuchs Mangs alleine bei seiner Mutter auf. Er war musikalisch sehr begabt und ging nach dem Gymnasium an die Jazz-Abteilung einer Volkshochschule. Er spielte in einer Afro-Funk-Band, wobei seine Begeisterung eher dem Musikstil als den Menschen dahinter galt. Ursprünglich wollte er ein geisteswissenschaftliches Studium aufnehmen, da er sich für die Philosophie, speziell für Friedrich Nietzsche interessierte. Seine Pläne verwirklichte er jedoch nicht. Hier zeigt sich erneut, dass Einsame Wölfe verschiedenste Frustrationserlebnisse erleiden, hinter ihren selbstgesteckten Erwartungen zurückbleiben.

Mangs entschied sich dann für eine Tischlerlehre, um besser Musikinstrumente bauen zu können. 1996 zog er in die USA, um seine Karriere als Bassgitarrist und Instrumentendesigner voranzutreiben. Sein nationalistisch gesinnter Vater war ebenfalls in die USA ausgewandert und dort Mitglied der National Rifle Association geworden. Er lehrte seinen Sohn den Umgang mit Gewehren und führte ihn ins waffenaffine Milieu ein. Dort stieß Peter auf die Turner-Tagebücher, die ihn offenbar faszinierten. Während der drei Jahre in Florida konnte er musikalisch, etwa mit einem aufgenommenen Album, nicht reüssieren. Frustriert kehrte er 1999 dem »Land der unbegrenzten Möglichkeiten« den Rücken, um sich in Schweden zum Krankenpfleger ausbilden zu lassen.[44]

Am Stadtrand von Malmö fand er ein Appartement. Offenbar fiel ihm die Reintegration in die schwedische Gesellschaft jedoch schwer. Er entwickelte einen militanten Hass auf Immigranten.

---

44 Vgl. Mattias Gardell: »Urban Terror: The Case of Lone Wolf Peter Mangs«, in: *Terrorism and Political Violence*, April 2018, S. 3.

2003 erregte er Aufsehen, weil er mit einer militärischen Schutzweste durch die Stadt ging. Bei Einbruch der Dunkelheit suchte er Wohnungen und Geschäfte auf, in denen er Migranten vermutete, und schüchterte sie ein. Mangs war in gewisser Hinsicht ähnlich wie John Ausonius ein »Serienterrorist«, weshalb viele Parallelen gezogen wurden. Dennoch kehrte er seinem bürgerlichen Leben nie völlig den Rücken, bekam etwa eine Anstellung als zahntechnischer Assistent. Im November 2010 konnte die Polizei ihn schließlich aufspüren und in seiner Wohnung festnehmen, wo sich zahlreiche Waffen fanden. Offenbar plante er weitere Anschläge.

Auch der Fußballstar Zlatan Ibrahimović scheint nur knapp einem Anschlag entgangen zu sein. Mangs sah ihn zufälligerweise mit dessen Ferrari in Malmö beim Falschparken. Wutentbrannt über das »Balkanverhalten« besorgte er sich schnell ein Gewehr. Als er zurückkam, war Ibrahimović allerdings schon weitergefahren.[45]

Mangs war niemals Mitglied einer rechtsextremistischen Organisation. Er hatte jedoch einige Publikationsorgane aus dem rechtsextremistischen Spektrum abonniert und in Internetforen unter verschiedenen Benutzernamen fremdenfeindliche Kommentare hinterlassen. Mangs sah sich als Held. Er entwickelte ob seiner Schreckenstaten eine regelrechte Schadenfreude und sagte in einem Interview: »Es braucht nicht wirklich viele. Schau dir die Panik an, die ich verursache, und ich war ein einzelner Mann. Eine Handvoll wie ich in jedem Land, und das System wird zusammenbrechen.«[46]

---

45 Vgl. *The Guardian*, 11. Mai 2015: https://www.theguardian.com/football/2015/may/11/swedish-gunman-nearly-shot-zlatan-ibrahimovic-bad-parking

46 Zitiert nach Mattias Gardell: »Urban Terror: The Case of Lone Wolf Peter Mangs«, in: *Terrorism and Political Violence*, April 2018, S. 15.

Ein weiterer eigenartiger Referenzfall für diese Kategorie ist der des 25-jährigen Ukrainers Pavlo Lapshyn, selbst ein Immigrant aus der Industriestadt Dnipro. Gerade als scheinbar ambitionierter Postgraduiertenstudent an der Coventry University in West Midlands mit einer temporären Arbeitserlaubnis bei einer Softwarefirma nach Großbritannien gekommen, mutierte er nur einen gefühlten Wimpernschlag später zum Terroristen. Nach nur fünf Tagen auf britischem Boden ermordete er am 29. April 2013 den 82-jährigen Mohammed Saleem, dem er bei dessen Rückweg von einer örtlichen Moschee in Birmingham auflauerte. Wenig später ließ er drei selbstgemachte Bomben in der Umgebung von Moscheen detonieren. Sein letzter Anschlag hätte Hunderte Opfer fordern können, wenn die Gläubigen sich nicht eine Stunde vorher wegen Ramadan fortbewegt hätten.[47]

Lapshyn beschäftigte sich, wie die Untersuchung seines Laptops später zeigte, intensiv mit Chemikalien und Bombenbau. In den Verhören machte er aus seinem Hass auf Muslime und seinem Rassismus keinen Hehl. Auch er gehörte allerdings nie einer einschlägigen Organisation an. Über sein Vorleben in der Ukraine ist wenig bekannt, außer dass er Sohn eines Hochschullehrers ist. Von daher bleiben Rätsel.[48]

Als Indikator sind gleichwohl seine Aktivitäten in den sozialen Medien zu werten. Lapshyn las russische Texte über Rechtsterroristen wie Timothy McVeigh und spielte ein rassistisches Videospiel, das von US-amerikanischen Neonationalisten ent-

---

47 Vgl. Matthew Goodwin: »›Lone wolves‹ such as Pavlo Lapshyn are part of a bigger threat«, in: *The Guardian*, 23. Oktober 2013, https://www.theguardian.com/commentisfree/2013/oct/23/pavlo-lapshyn-extremist-bomber-lone-wolves
48 Vgl. Anton Shekhovtsov: »A transnational lone-wolf terrorist: the case of Pavlo Lapshyn«, in: *University College London, Research Blog*, 21. November 2013, https://blogs.ucl.ac.uk/ssees/2013/11/21/a-transnational-lone-wolf-terrorist-the-case-of-pavlo-lapshyn/

wickelt wurde. Er las begeistert die Turner-Tagebücher und trat im virtuellen Raum dem Netzwerk der »Wotan-Jugend – The Hammer of National Socialism«[49] bei. Befragt nach seinen Motiven, gab Lapshyn an, er wolle den »Rassenkrieg« verschärfen.[50]

Offenbar spielt es für den Radikalisierungsprozess eine Rolle, wenn sich Menschen entwurzelt fühlen und ohnehin Potenziale von Fremdenfeindlichkeit, die sich gegen bestimmte ethnische Gruppen richtet, in sich tragen. Keineswegs ist von einer Blitz- oder Turboradikalisierung auszugehen. Dafür fand sich beim Täter zu viel einschlägiges Material.

Ein noch extremerer Fall ereignete sich in Deutschland. Ein junger Mann mit Migrationshintergrund, geboren und aufgewachsen in München, dessen Eltern als Flüchtlinge nach Deutschland kamen, will zum »Überdeutschen« werden, der sein Vaterland beschützen will. Polizeilich auffällig war der Teenager nie. Seine Eltern schienen integriert, der Vater trieb ehrgeizig ein florierendes Taxiunternehmen voran. Der Sohn, Ali Sonboly, war stolz auf seine persischen Wurzeln und zugleich darauf, deutscher Staatsbürger zu sein. Das wollte er auch nach außen hin zeigen: Wenige Wochen vor dem Attentat bestand er darauf, nur noch seinen zweiten Vornamen David zu führen, um nicht Gefahr zu laufen, für einen Araber gehalten zu werden. Seinem Vater war bereits aufgefallen, dass er mit dem Namen »Ali« haderte. Der Sohn meinte, es würde sich um einen »billigen« Namen handeln. Er habe beispielsweise auf eine Döner-Bude gedeutet, in deren

---

49 Die Bewegung tritt offen faschistisch auf und spielt im ukrainisch-russischen Konflikt eine kämpferische Rolle. In Russland wegen »staatsfeindlicher Aktivitäten« verboten, steht sie auf der ukrainischen Seite.

50 Vgl. Matthew Goodwin: »›Lone wolves‹ such as Pavlo Lapshyn are part of a bigger threat«, in: *The Guardian* vom 23. Oktober 2013, https://www.theguardian.com/commentisfree/2013/oct/23/pavlo-lapshyn-extremist-bomber-lone-wolves

Namen Ali vorgekommen sei, und sich darüber unglücklich gezeigt.[51]

Die Vater-Sohn-Beziehung war nicht einfach: Ali warf seinem hart arbeitenden Vater vor, dass sie das falsche Auto fuhren und in der falschen Wohnung wohnten, folglich noch nicht genug erreicht hätten. Mit seinem vier Jahre jüngeren Bruder unternahm er wenig. Auch sein Bruder zeigte offenkundig Aggressionen, lebte seine Gewaltphantasien in Spielen wie in der Schule an Kameraden aus. Mit dem Vater gab es wenig gemeinsame Aktivitäten, aber durchaus einige Aufenthalte in Teheran, zuletzt im Dezember 2015. Damals besuchten sie auch eine Sporthalle, bei der ein Bild im Beisein des dort lebenden Onkels aufgenommen wurde, welches Ali beim Schießen mit einem Gewehr zeigt. Der Trainer dieses iranischen Sportzentrums lobte ihn für seine guten Schießleistungen, was Sohn und Vater gleichermaßen stolz machte.[52]

Als Konsequenz des starken Bedürfnisses, als Deutscher zu gelten, das auch in der Namensänderung deutlich wird, entwickelte er einen regelrechten Hass auf andere Einwanderergruppen, so sah er sich etwa in seiner Münchener Lebenswelt von »Kanaken« umzingelt. Die Namensänderung von Ali zu David fand am 6. Mai 2016 statt – zu einem Zeitpunkt, als die Feinplanung seines Anschlags längst eingeleitet war. Es kann nur spekuliert werden, dass der Täter eben als David und nicht als Ali in die Geschichtsbücher eingehen wollte – zumal sein Tatentschluss bereits über ein Jahr feststand.

Sonboly wurde von einigen Mitschülern unterstellt, Adolf Hitler zu mögen, eine Bestätigung gibt es dafür nicht. Im Rahmen

---

51 Vgl. Maik Baumgärtner / Martin Knobbe: »Rassistischer Terrorplan«, in: *Der Spiegel*, Nr. 30, 2017, S. 42–44.
52 Vgl. Britta Bannenberg: *Gutachten zum Fall von David S. für das Bayerische Landeskriminalamt*, Gießen, Februar 2018, S. 25.

eines stationären Aufenthaltes in einer psychiatrischen Abteilung des Klinikums Harlaching provozierte er offenbar einige Mitpatienten mit nationalsozialistischen Symbolen und Phrasen. So soll er mehrmals Hakenkreuze auf seinen Malblock geschmiert und einmal den Hitlergruß gegenüber einer Mitpatientin gezeigt und »Sieg Heil« gerufen haben. Er nannte sich auch »Amokläufer Z« und wollte auf diese Weise angesprochen werden. Nach Zeugenaussagen wurde Sonboly daraufhin gefragt, ob er ein Nazi sei, was er aber verneint haben soll. Er gab jedoch an, manche Sachen gut zu finden, die Hitler gemacht habe. Auch im Rahmen der Therapie wurde über die mögliche rechtsradikale Neigung von David S. gesprochen.[53]

David Sonboly hasste, das kann man rückblickend sagen, besonders Türken, Albaner und Bosnier. Er hing wohl einer pseudowissenschaftlichen Rassentheorie an, die unter jungen, iranischstämmigen Menschen offenbar immer noch eine Rolle spielt. Im Internet suchte er nach Beiträgen über Arier. Auf den ersten Blick mag es absurd klingen, aber es gibt durchaus Verbindungen und Vorlieben von Iranern zum Nationalsozialismus. Der iranisch-amerikanische Journalist Alex Shams sieht hier mit Blick auf David S. »den Versuch von Iranern in der Diaspora, sich zu assimilieren, sich von anderen Einwanderern abzuheben und sich den weißen Europäern so nahestehend wie möglich zu präsentieren. Diese Haltung ist recht gewöhnlich in nächtlichen Chat-Foren, die hauptsächlich von jungen, männlichen iranischen Teenagern in der Diaspora genutzt werden, wie etwa von David S.«[54]

---

53 Vgl. Bayerisches Innenministerium (2017): Antwort auf die schriftliche Anfrage des Abgeordneten Florian Ritter (SPD-Fraktion im Landtag), München, Juli. Teil I, S. 4

54 Zitiert nach Shahrzad Osterer: »Warum David S. Rassist war«, in: Bayern 2 *Zündfunk* vom 27. Juli 2017.

Die Journalistin Charlotte Wiedemann, die ein Buch über den »neuen Iran« veröffentlichte, erinnert in der *Neuen Zürcher Zeitung* zudem an eine Verbindung zwischen dem Schah-Iran und dem Nationalsozialismus. Beeinflusst vom völkischen Denken Europas, erträumte sich Reza Schah Pahlavi in den 1930er Jahren seinen Iran als ethnisch homogene persisch-arische Nation. Zur Belohnung wurden die Iraner dann 1936 durch ein Dekret des »Dritten Reiches« von den Nürnberger Rassegesetzen ausgenommen: als amtlich reinblütige Arier. Offenbar hängen viele Iraner diesem Mythos bis heute an und sehen sich in einer besonderen engen, gar verwandtschaftlichen Beziehung zu Deutschen. Heutige Persertümelei stärke überdies diese unselige Liaison zwischen Iran und Nationalsozialismus.[55]

Auf den Tag genau fünf Jahre nach den Taten von Breivik, am 22. Juli 2016, versetzte der 18-jährige David Ali Sonboly die Stadt München in Aufruhr. Mit der gleichen Tatwaffe wie Breivik, einer Glock 17, tötete er neun Menschen, bevor er sich selbst richtete.[56] Auffällig ist: Alle seine Opfer hatten, äußerlich identifizierbar, einen Migrationshintergrund, sechs waren Jugendliche zwischen 14 und 17 Jahren, zwei waren junge Erwachsene im Alter von 19 und 20 Jahren. Drei Jugendliche waren türkischstämmig, zudem wurde eine 45 Jahre alte türkische Frau getötet. Drei andere Jugendliche, ein Junge und zwei Mädchen, waren

---

55 Vgl. Charlotte Wiedemann: »Das Selbstbild der Iraner. Achtet uns«, in: *Neue Zürcher Zeitung* vom 22. März 2017, https://www.nzz.ch/feuilleton/das-selbst-bild-der-iraner-achtet-uns-ld.152699
56 Ob er den Selbstmord wirklich plante, wie die bayerischen Behörden unterstellen, ist fraglich. Ein paar Tage vor der Tat erkundigte sich David S. jedenfalls persönlich in einem Münchener Reisebüro nach Fluchtmöglichkeiten in den Iran. Ebenso ist zweifelhaft, ob er wirklich aus einem unauffälligen Elternhaus stammt, wie die Behörden annehmen. Immerhin war die erste Reaktion des Vaters nach den Morden, dass sein Geschäft nun ruiniert sei. In der *Bild* stilisierte er sich später als Opfer.

Kosovo-Albaner. Während der Tat schrie Sonboly seinen Hass auf Ausländer laut heraus. So rief er etwa, als er seinem letzten Opfer, dem aus Kosovo stammenden Dijamant Zabërgja, in den Kopf schoss: »Ich bin kein Kanake, ich bin Deutscher!«[57]

Gerade die Opferauswahl zeichnet den Rechtsterrorismus aus. Gleichwohl ist das politische Weltbild, eine Hass-Ideologie, nicht immer logisch zusammengesetzt. Sonboly reiste als Jugendlicher nach Istanbul und war von der Stadt fasziniert. So erzählte er in einem WhatsApp-Chat vom April 2014 einem Chat-Partner, wie nett die Türken seien und wie bezaubernd er Istanbul finde. Im Juli 2017 benutzte er hingegen die türkische Fahne und ein Panoramabild von Istanbul für einen gefakten Facebook-Account, um so potenzielle Opfer ins Olympia-Einkaufszentrum (OEZ) einzuladen und den Anteil von türkischstämmigen Jugendlichen vor Ort zu erhöhen.

Im realen Leben war Sonboly weitgehend isoliert. Wie alle Einsamen Wölfe kapselte er sich kurz vor der Tat weitgehend ab. In der virtuellen Welt ließ er seinen Gewalt- und Hassphantasien jedoch freien Lauf und tauschte sich aus. Während seiner Chats mit einem afghanischen Freund hat sich David S. ausführlich mit Breivik beschäftigt. Er sah ihn als Warnsignal und Menetekel einer drohenden Massenimmigration in Europa durch Muslime, aber auch als Vorbild, als »ein Held, der seine Nation beschützt hat«. Ein weiteres bedrückendes Indiz: »David S. wählte sogar die gleiche Tatzeit, den frühen Abend, um seinem Idol Breivik zu huldigen.«[58]

Der Verdacht, dass David Sonboly ein Nachahmer von Breivik

---

57 Zitiert nach Andreas Förster: »Ein auffällig einsamer Wolf«, in: *der Freitag*, 41/2017, https://www.freitag.de/autoren/der-freitag/ein-auffaellig-einsamer-wolf
58 Florian Sendtner: »Alles spricht für politischen Mord«, in: *Bayerische Staatszeitung* vom 13. Oktober 2017, S. 2.

ist, liegt nicht nur nahe, er drängt sich förmlich auf. Das Bayerische Innenministerium nimmt dazu Stellung: »Mehreren Aussagen nach habe David S. den norwegischen Attentäter verehrt. Dieser sei eine Art Vorbild für ihn gewesen. Ob sich diese allein auf dessen mörderische Handlungen oder auch auf die politische Einstellung des als rechtsextremistisch und islamfeindlich eingestuften Attentäters bezieht, bleibt offen.«[59] Auf Nachfrage hin heißt es: »Es kann nur vermutet werden, dass David S. gezielt den Jahrestag des Breivik-Attentats ausgewählt hat, konkrete Belege hierfür brachten die Ermittlungen nicht.«[60]

Zumindest eine rechtsextremistische Ideologie kann man Sonboly mit Sicherheit nachsagen. Laut den Chat-Protokollen klagte er darüber, dass »München seine Standfestigkeit gegenüber den Kakerlaken verliere« und »alles immer von den Wirtschaftsmigranten, die sich Flüchtlinge nennen, bestimmt wird.« Er hinterließ auch ein »Manifest«, das er bereits ein Jahr vor der Tat verfasste. *Die Rache an diejenigen, die mich auf dem Gewissen haben*, lautet der Titel der zweiseitigen Ausführungen. Die »Asylflut« war ihm ein Dorn im Auge, das Vaterland müsse geschützt werden. Auf einem Stadtplan von München kreise er die Stadtteile Feldmoching-Hasenbergl und Milbertshofen ein, beides Viertel mit rund 50 Prozent Ausländeranteil. Er spricht in dem Schriftstück von einem »Virus«, der die »ausländischen Untermenschen« mit meist »türkisch-balkanischen Wurzeln« befallen habe.

Bezogen auf den Stadtteil Feldmoching-Hasenbergl führt er aus: »Die ausländischen Untermenschen mit meist türkisch-balkanischen Wurzeln regieren die Kriminalität und sind für die Destabilisierung des Stadtteils verantwortlich. Sie haben einen

---

59 Bayerisches Innenministerium: Antwort auf die schriftliche Anfrage der Abgeordneten Katharina Schulze (Fraktion der Grünen im Landtag): Mai 2017, S. 4.
60 Ebd.

unterdurchschnittlichen IQ, sind sehr aggressiv und haben keinerlei Rücksicht auf Gebäude, Drogeriemärkte usw. Die Lebenserwartungen dort sind für die zivilisierten Menschen nahezu null.«[61] Diesem Text fügte Sonboly am Tattag ein zweites Dokument hinzu. In dem auf dem Computer gespeicherten Text schrieb er: »Das Mobbing wird sich heute auszahlen. Das Leid, was mir zugefügt wurde, wird zurückgegeben.« Der Name der Datei lautet: »Ich werde jetzt jeden deutschen Türken auslöschen egal wer.docx«[62] Diesen Anhaltspunkt nimmt die Staatsanwaltschaft München zum Ausgangspunkt dafür, dass es sich bei seiner Tat um den Amoklauf eines Mobbingopfers gehandelt hat. Öffentlich wurde der falsche Eindruck verstärkt durch einen Dialog, den sich Sonboly mit einem wütenden Anwohner lieferte, der ihn vom Balkon aus als »Scheißtürke« beschimpfte. Sonboly schrie zurück: »Wegen Arschlöchern wie dir wurde ich sieben Jahre lang gemobbt. Jetzt ficke ich euch alle!« Wer die Hintergründe kennt, weiß, wie das gemeint war.

Die Annahme eines unpolitischen Amoklaufs aufgrund von Mobbing ist verkürzt, zumal es dafür wenig Indizien gibt.

Dass der Täter nach Sündenböcken suchte – in seinem Fall Menschen mit Migrationshintergrund –, ist möglich. Generell störte er sich auch an »zu kurzen Röcken« der jungen Mädchen, obwohl nachgewiesen ist, dass Sonboly, selbst ein schiitischer Muslim, eine Abneigung gegen den Islam hatte. Ihn störte auch das liberale Auftreten der jungen Menschen im McDonald's, weshalb er nicht zufällig seine Opfer dorthin locken wollte.

---

61 Zitiert nach Andreas Förster: »Ein auffällig einsamer Wolf«, in: *der Freitag*, 41/2017, https://www.freitag.de/autoren/der-freitag/ein-auffaellig-einsamer-wolf
62 Vgl. Jan Sternberg: »Der Nazi aus dem Darknet«, in: *Dresdner Neue Nachrichten* vom 22. Juli 2017, http://www.dnn.de/Nachrichten/Politik/Der-Nazi-aus-dem-Darknet.

In seinen Chat-Protokollen mit dem wohl fiktiven Partner Bastian schrieb er mit Blick auf die geplante Anschlagsplanung, dass angeblich verschiedene »Teams« im Einsatz seien: »Ihr werdet Frankfurt und Offenbach komplett verändern. Die Teams aus Berlin und Stuttgart, denen wünsche ich viel Glück.« Der Partner Bastian antwortete auf den Vorschlag, eine Vision von antimuslimischen Gewaltaktionen: »Diese beiden Detonationen [...] werden alles ausgleichen. Und das tue ich für mein Land, für Deutschland.«

An anderer Stelle spricht er vom »gottgleichen Kampf« und von der »Operation Münchencleaning«.[63] Inwieweit das noch als Vergeltung für erlittenes Mobbing ohne jeglichen ideologischen Hintergrund angesehen werden kann, sei dahingestellt.

Mit seinem späteren Attentatsort, dem OEZ, verband David S. offenbar besonders negative Assoziationen. Das OEZ gilt in München als Treffpunkt von Menschen aus Einwandererfamilien, die unter anderem aus Moosach kommen – einem Stadtteil mit hohem Migrantenanteil. Dort beobachtete Sonboly anscheinend arabischstämmige Jugendliche, die ausfällig gegenüber älteren Menschen und untereinander waren, was ihn empörte.

Als Kompensation für seine Gewaltphantasien griff der computersüchtige Teenager zum exzessiven Gebrauch von Computer- und Gewaltspielen (etwa Ego-Shooter, allein über 4000 Stunden Counter-Strike auf Steam sind belegt), wo er seine Phantasien vom »Übermenschen« auslebte. Dabei verwendete er Spielernamen wie »Amoklauf«, »Drecks- und Scheißtürkei« (in kyrillischer Schrift), »Prophet 5 Gottgleicher Deutscher«, »Propheter Deutscher Stolz (AFD)« oder »Executer GER«.

---

63 Vgl. ebd.

Wegen seines exzessiven Spieleverhaltens war er auch in psychotherapeutischer Behandlung. In sein Zimmer durfte die Familie nicht, vom monatelangen Schießtraining im Wohnkeller bekam sie nach eigenen Aussagen nichts mit.

Auf der Online-Spieleplattform Steam schloss er sich dem »Anti-Refugee-Club« an, der vor einer muslimischen Invasion in Europa und Deutschland warnte und zum Zeitpunkt der Tat 261 Mitglieder hatte. Die Gruppe gründete sich offenbar als Reaktion auf die Silvesternacht in Köln 2015/16. Die Eigenbeschreibung der Gruppe lautet: »Europa hat den Fehler gemacht, Parasiten, die sich als ›muslimische Flüchtlinge‹ tarnen, reinzulassen. Seit der Ankunft dieser Migranten herrscht in Europa Chaos, und eine große Mehrheit der Europäer gehört zu den ›Cucks‹,[64] ist also kopfgewaschen und medial manipuliert mit Sympathien für diese Parasiten. Bleibt es bei dieser Masseninvasion, wird das Europa, wie wir es kennen, zerstört. Wie wir es während der Attacken in Paris 2015 sehen mussten, sind diese Einwanderer leicht in der Lage, zu Massenmördern zu werden und ein Massaker auszulösen, dem Hunderte Unschuldige zum Opfer fallen.«[65]

Die Inhaltsbeschreibung machte auch den Fall Lisa zum Thema: Das Mädchen mit russischen Wurzeln war angeblich von Flüchtlingen vergewaltigt worden, was zu einer breiten internationalen Berichterstattung und Demonstrationen führte. Ihre Aussage stellte sich jedoch als Lüge heraus. Der Inhalt passt zu den Äußerungen, die David Sonboly etwa am 1. Januar 2016 in einem Chat äußerte. Er lamentierte, »wenn man nachdenkt, haben wir den Terroristen einen Freifahrtschein nach Deutschland gegeben«.[66]

---

64 Cucks, auch Cuckolds: Dieser verächtliche Ausdruck bezieht sich auf liberale Männer, die selbst von ihren Frauen betrogen werden.

65 Original auf Englisch. Screenshots liegen dem Autor vor.

66 Zitiert nach Matthias Quent: *Hintergründe und Folgen des OEZ-Attentates,*

Im Anti-Refugee-Club waren zahlreiche potenzielle Massenmörder aktiv, etwa der Moderator der Gruppe William Atchison oder ein Russe, der nach Polen zog und Gewaltphantasien artikulierte. Im realen Leben wären zahlreiche der gemachten Äußerungen strafbar, etwa die dort grassierende Holocaust-Leugnung und die Verbindung mit der feindlichen Haltung gegenüber Flüchtlingen (»damals habt ihr Deutschen es auch hinbekommen«). Es gab ein Gruppenmitglied, das sich »Gruppenführer SS« nannte, oder einen Kommentar mit der Überschrift »Viertes Reich, wann?«.

Im Dezember 2017 beging Atchison dann in New Mexico ein Schulattentat und richtete sich anschließend selbst. Im Netzwerk spielte der 15-jährige David F. eine bedeutsame Rolle, der nach der Tat von München sogar mehrere Accounts von David Sonboly auf Steam übernahm. David F. habe gesehen, dass sich Atchison für Amokläufe interessiert. Er fragte ihn, ob er andere potenzielle Massenmörder in Deutschland kenne, worauf dieser ihn auf den Münchener verwies.[67] Der US-Amerikaner, der viele Accounts hatte und diverse Foren administrierte, sorgte auch für Sonbolys Eintrag in eine virtuelle Ahnengalerie von rechten Attentätern. Der Club bestand bis September 2017 weiter, also lange nach dem Fanal von München.

Offenbar konnte ein Anschlag von David F. bei Ludwigsburg nur knapp vereitelt werden werden. Die Polizei fand in seiner Wohnung unter anderem eine taktische Einsatzweste, Fluchtpläne eines Gymnasiums, 350 Schuss Kleinkalibermunition, zahlreiche Messer und Dolche, Maskierungsmittel, Notizen und

---

Gutachten für die Stadt München im Zuge einer Expertenanhörung, München, Oktober 2017, S. 31

67 Vgl. Sendung ARD *Fakt* vom 15. Mai 2018, Bericht Christian Bergmann, https://www.mdr.de/investigativ/video-197676_zc-f80c8d3a_zs-0fdb427d.html

Zeichnungen mit Amokbezügen. Außerdem konnten im Keller Chemikalien und Gegenstände zur Fertigung von Sprengsätzen und Rohrbomben aufgefunden werden. In Baden-Württemberg flog im Kontext der Ermittlungen auch ein anderer potenzieller Amokläufer, ebenfalls ein Jugendlicher, auf, der mit David F. versuchte, Bomben zu bauen.

Dem Hinweis von David F. auf den Strippenzieher in den USA, Atchison, der ihn mit Sonboly zusammenführte, gingen das Landeskriminalamt Stuttgart bzw. als federführende Behörde das Landeskriminalamt München nicht nach. Die Behörden betrachten David F. nicht als Mitwisser,[68] obwohl die vom Bayerischen LKA eingesetzte Gutachterin Britta Bannenberg das anders sieht.[69] Offenbar sind die Ermittler nicht in der neuen Realität angekommen. Immerhin bot David F. Sonboly an, ein mögliches Manifest zu verbreiten (»ich habe ihm extra noch gesagt, er soll es mir schicken, weil so was sonst zurückgehalten wird«).[70]

Dass sich auf Steam solch ein Netzwerk verbergen könnte, wurde offenbar nicht einmal in Erwägung gezogen. Mit fatalen Folgen: Die Umfeldanalyse bezog sich konservativ auf den realen, nicht progressiv auf den eigentlich entscheidenden virtuellen Raum. Dort wäre man schnell fündig geworden, was rechte Gesinnungsgenossen anbetrifft: Der 21-jährige Atchison hatte einschlägige neonationalsozialistische Tätowierungen auf seinem Körper, glaubte an die Überlegenheit der weißen Rasse und

---

68 Vgl. Bayerisches Innenministerium: Antwort auf die schriftliche Anfrage der Abgeordneten Katharina Schulze (Fraktion der Grünen im Landtag): Mai 2017; Sendung ARD *Fakt* vom 15. Mai 2018, Bericht Christian Bergmann, https://www. mdr.de/investigativ/video-197676_zc-f80c8d3a_zs-0fdb427d.html

69 Vgl. Britta Bannenberg: *Gutachten zum Fall von David S. für das Bayerische Landeskriminalamt*, Gießen, Februar 2018, S. 72.

70 Screenshot des Dialogs auf Steam liegt dem Autor vor.

zeigte sich von Donald Trump begeistert.[71] Auch hier ist es also falsch, ihn als unpolitischen Amokläufer zu bewerten.

Bei der Vorbereitung der konkreten Tat von David S. zeigen sich neue Muster des Einsamer-Wolf-Terrorismus, die den letzten Schritt hin zur Ausführung der Tat vereinfachen. Eine Pistole und größere Mengen an Munition besorgte sich Sonboly nämlich im Darknet, wo er mit Bitcoin bezahlte. Zunächst schien der Glock-Interessent auf mehrere Betrüger gestoßen zu sein. Schließlich fand er jedoch einen rechtsextremistischen Waffenhändler, Philipp Körber.[72] Beide haben sich persönlich zweimal jeweils für etwa drei Stunden in Marburg getroffen (sogenannte »Real-Life-Treffen«). Sonboly schimpfte bei beiden Treffen über Ausländer. Er teilte mit, dass er sich an Türken rächen wolle, die sein Auto zerkratzt hätten, und sagte Körber sogar, dass er ein paar »Kanaken« abknallen werde. Beide verband ein rechtsextremistischer Hintergrund sowie eine Terrorismus-Affinität.

Sonboly war nicht vorbestraft, kein »Gefährder« und trotz langjähriger psychischer Behandlungen stets in schulischer Ausbildung – allerdings mit häufigen Wechseln. Gleichwohl hatte er den Status eines Außenseiters oder Eigenbrötlers, wurde nach Aussagen von Mitschülern auch an einer Schule gemobbt.[73] Sein

---

71 *Daily Beast*: »New Mexico School Shooter Had Secret Life on Pro-Trump White-Supremacy Sites«, 2017, https://www.thedailybeast.com/new-mexico-school-shooter-had-secret-life-on-pro-trump-white-supremacy-sites

72 Im Januar 2018 wurde der gewerbsmäßige Waffenhändler und militante Rechtsextremist, der keiner Gruppierung angehörte, vom Landgericht München wegen fahrlässiger Tötung zu sieben Jahren Haft verurteilt. Es ist das erste Mal, dass ein Darknet-Waffenhändler nicht nur wegen einer verkauften Waffe verurteilt wurde, sondern auch wegen der Tat, die jene ermöglicht hat.

73 Ein Mitschüler gab in einer Zeugenaussage an, David S. gemobbt zu haben, wofür er auch angezeigt wurde. Sonbolys Eltern nahmen die Anzeige zurück, wie der Vater zu Protokoll gab, nachdem die Mutter des Aggressors »uns zum Pizzaessen einlud, sozusagen als Wiedergutmachung. Sie wollte, dass wir die Anzeige

mitunter humpelnder Gang war auffällig, dazu kam sein sehr orientalisches Aussehen. Ein Schulkamerad meinte, Ali habe »Mädchenkleider« getragen. Zudem bestand sein Hobby darin, ungewöhnlich viele Fahrpläne auswendig zu lernen und dies auch gern mitzuteilen.

Allerdings gab es auch positive Ereignisse: Er war Klassensprecher in der 10. Klasse, entwickelte einen besonderen Ehrgeiz. Er wollte wohl auch Klassenclown sein. Mobbingvorfälle, die lediglich in einer der verschiedenen Schulen, die er besuchte, im Raum standen, gab es keine mehr. Kurz vor dem Attentat bestand er im zweiten Anlauf den Führerschein.

David Sonboly war in stationärer Behandlung, hatte Angstphobien und Depressionen. Schon als Kleinkind wurde Autismus bei ihm diagnostiziert.[74] Er nahm Antidepressiva, hatte Angst vor der Existenz eines »Virus« und einer »Matrix«.

Immer wieder äußerte der Beschuldigte auch Suizidgedanken und tätigte Äußerungen, die auf Aggressionen gegen Dritte schließen ließen, insbesondere gegenüber Jugendlichen mit südosteuropäischem Migrationshintergrund, die er für das Mobbing verantwortlich machte. Sämtliche Therapeuten verneinten jedoch das Bestehen einer Selbst- oder Fremdgefährdung. Offenbar erlebte David S. eine Form des übersteigerten Liebeskummers. Er lernte das Mädchen M. 2013 in einem Kampfsportkurs kennen. In den mit sich selbst geführten Chat-Protokollen hieß

---

zurücknehmen, um nachteilige Folgen für ihren Sohn und die anderen Kinder zu vermeiden.«

74 Der frühkindliche Autismus bezeichnet eine Form der autistischen Störung, die sich typischerweise vor dem dritten Lebensjahr zeigt und sich besonders in den Bereichen »soziale Interaktion, Kommunikation und stereotype Verhaltensmuster zeigt.« Vgl. Kai Vogeley: *Anders sein. Autismus-Spektrum-Störungen im Erwachsenenalter*, Basel 2016, S. 119.

es: »Ich kann sie nicht vergessen.«[75] Offenbar stalkte er sie, sie wollte von ihm nichts wissen. Auch über Fake-Accounts versuchte er sich ihr zu nähern.

Bei seinen Schießtrainings im Keller des Wohnhauses[76] steigerte sich Sonboly in fremdenfeindliche Tiraden hinein, wie ein Video belegt. Er beschimpfte Deutschtürken als Salafisten und Kakerlaken, schrie, dass die AfD in Deutschland sie ausschalten werde. Das Verlangen, einerseits als »echter Deutscher« angesehen zu werden, und die leichte Zugänglichkeit zu radikalen Ideen und Gleichgesinnten andererseits erklären noch immer nicht schlüssig, warum ein junger Mensch sich entscheidet, mit einer Waffe durch München zu laufen und Menschen zu erschießen. Der langsame Prozess der Radikalisierung lässt sich in diesem Fall jedoch gut mitverfolgen. So beschäftigte er sich intensiv mit Tätern und Opfern von Gewalttätern, nicht nur im Internet, sondern durch eigene Besuche. Er reiste zweimal nach Winnenden, um sich den damaligen Tatort der Amoktat von Tim K. genauer anzusehen. Am 25. Mai 2015 suchte Ali Sonboly das Grab der türkischstämmigen Tuğçe Albayrak in Offenbach auf. Zeugenaussagen zufolge äußerte sich der spätere Amokläufer David S. mehrmals abfällig über die Studentin und machte sich über ihre Ermordung lustig.[77] Sein Hass auf Türken lässt sich an seinem perfiden Plan für den 22. Juli 2016 ablesen. Mit einem gefakten Facebook-Account gab er sich als ein türkisches Mädchen aus Hessen aus, um am Tattag »Freunde« zu dem McDonald's-Restaurant am OEZ einzuladen.

---

75 Maik Baumgärtner / Martin Knobbe: »Rassistischer Terrorplan«, in: *Der Spiegel*, Nr. 30, 2017, S. 42–44, hier S. 42.

76 Eltern und Nachbarn haben nach eigenen Angaben davon nichts mitbekommen.

77 Vgl. *Bayerischer Rundfunk*: David S. besuchte vor der Tat das Grab von Tugce, 19. Juli 2017, https://www.br.de/nachrichten/amoklauf-muenchen-tugce-100.html

Die allgemeine Einschätzung stand unter dem Eindruck der behördlichen und polizeilichen Mitteilungen schnell fest. David S. »würde in das Schema eines psychopathologisch auffälligen Einzelgängers passen, der ein Motivbündel von Wut, Hass und Rachegedanken entwickelte, das nicht rational begründet war.«[78] Was seiner Tat angeblich zum Terroranschlag fehlt, sei ihr ideologischer Gehalt. Das Bayerische Landeskriminalamt urteilt im Abschlussbericht vom März 2017 eindeutig und legt sich auf einen Amoklauf fest: »Es ist auch nicht davon auszugehen, dass die Tat politisch motiviert war.«[79] Diese Einschätzung folgt einer populären psychologischen Annäherung, die ein echtes Interesse an der Politik oftmals verneint. Zu oft wird statt nach einer politischen Sozialisation und Radikalisierung eher nach »persönlichen Bedürfnissen« gesucht.[80]

Dadurch wird vieles versäumt. Das Bayerische Landesamt für Verfassungsschutz machte selbst eine deutliche Aussage, die sich gegen die Einstufung als Amoktat ins Feld führen lässt: »Die Opfer Sonbolys hatten alle einen Migrationshintergrund. Somit scheint die Opferauswahl durchaus rechtsextremistisch motivierten Taten zu entsprechen. Dies hatte zur Folge, dass einige öffentliche Stimmen von einem rechtsextremistisch, bzw. fremdenfeindlich motivierten Anschlag sprachen. Tatsächlich ist es unwahrscheinlich, dass es sich bei Sonbolys Opfern um reine Zufallsopfer handelt: Nach allem, was bisher bekannt ist, standen die Opfer zwar in keinerlei Kernverhältnis zu Sonboly und scheinen sich zufällig am Tatort aufgehalten zu haben. Der Täter

---

78 Zitiert nach Solveig Bach: »Kaum zu trennen. Was Amokläufe von Terror unterscheidet«, in: *n-tv.de* vom 25. Juli 2016, https://www.n-tv.de/panorama/Was-Amoklaeufe-von-Terror-unterscheidet-article18268756.html
79 Bayerisches Landeskriminalamt: Ermittlungen zum Münchener Amoklauf abgeschlossen, Medieninformationen, München 2017, S. 2.
80 Vgl. John Horgan: *The Psychology of Terrorism*, London / New York, S. 89.

scheint die Opfer jedoch nach optischen Gesichtspunkten ausgewählt zu haben. Im Gegensatz zu den meisten jugendlichen Amoktätern, die sich insgesamt an Mitschülern ›rächen‹, indem sie beispielsweise an die alte Schule zurückkehren, ›rächte‹ sich Sonboly an Personen, die möglicherweise optisch seinem persönlichen, aber verallgemeinerten Feindbild der ehemaligen Mobber entsprachen.«[81]

Man kann über diesen vorsichtigen Befund des Verfassungsschutzes hinausgehen: Dem Täter war sehr wahrscheinlich bekannt, dass sich einige seiner Opfer regelmäßig um diese Zeit bei McDonald's trafen. Er hatte das beobachtet. All seine Opfer stammten aus Einwandererfamilien. Die Opferauswahl ist ein Indiz für einen vorurteilsgeleiteten Charakter und die politische Dimension der Tat.[82] Auch der Ort, den er letztlich wählte, hat auf dem zweiten Blick Symbolwirkung: Die »McDonaldisierung« gilt als Symbol für kulturelle Verflachung. Rechtsextremisten wollen hingegen für etwas kulturell »Höherwertiges« stehen.

Warum der Verfassungsschutz nicht klarer die Fremdenfeindlichkeit und den Hass gegenüber bestimmten ethnischen Gruppen anspricht, erschließt sich hier nicht. Die Einschätzung wirkt arg konstruiert, fast schizophren, einerseits eine rechtsextremistische Gesinnung, andererseits einen unpolitischen Amoklauf erkennen zu wollen. Offenbar sollte die Tat entpolitisiert und damit verharmlost werden, da sie nicht als politisch motivierte Straftat firmiert und nicht im Verfassungsschutzbericht auftaucht. Dafür spricht auch ein späteres, im Mai 2018

---

81 Bayerisches Landesamt für Verfassungsschutz: Vorläufige Erstbewertung vom 7. Dezember 2016.

82 Vgl. Matthias Quent: *Hintergründe und Folgen des OEZ-Attentates, Gutachten für die Stadt München im Zuge einer Expertenanhörung*, München, Oktober 2017, S. 6–8.

bekannt gewordenes Gutachten, mit dem das Landeskriminalamt die Amoklaufforscherin Britta Bannenberg betraute. Sie
sieht in David S. keinen Rechtsextremisten, legt sich fest, dass er
keine Kontakte zu rechten Tätern hatte, und sieht seinen Liebeskummer als tatauslösend an – mit Blick auf das Mädchen, das
er einst im Kampfsportkurs kennenlernte.[83] Bannenberg geht in
ihrer Verharmlosung damit noch über die behördliche Meinung
hinaus, die ein Mobbing an einer Schule als entscheidend kon-
struierte.

Der Teenager David Ali Sonboly war keineswegs ein unpolitischer Mensch – im Gegenteil. Er beschäftigte sich mit weltpoli-
tischen Zusammenhängen und geostrategischen Überlegungen.
Mitschülern fiel früh auf, dass er immer radikale Lösungen für
politische Probleme in der Welt hatte, wie beispielsweise Krieg.
Er war politisch interessiert und sympathisierte mit den Inhalten
des AfD-Parteiprogramms. Im familiären Umfeld sagte er einmal, er wäre bei einer AfD-Kundgebung in Erfurt gewesen und
wolle die AfD wählen, sobald er zur Wahl gehen könne.

Wer sich die Äußerungen Sonbolys gesammelt anschaut und
im politischen Kontext sieht, erkennt unweigerlich ein extremistisches Denken bzw. Weltbild. Er bekannte unter Einbeziehung des persischen Ariergedankens seinen Stolz, ein Arier und
Deutscher zu sein. Er erkor sich selbst dazu aus, sein »Vaterland«
München zu retten, wo er eine »Überfremdung« ausgemacht haben wollte. Die Anschläge mache er für sein Land, für Deutschland, schrieb er in einem Chat.

Wie Peter Mangs zeigte David Sonboly kein Mitgefühl für
seine Opfer, vielleicht auch bedingt durch seine autistischen Per-
sönlichkeitsmerkmale. Die Täter waren niemals Mitglied einer

---

83 Vgl. Britta Bannenberg: *Gutachten zum Fall von David S. für das Bayerische
Landeskriminalamt*, Gießen, Februar 2018.

rechtsextremistischen Organisation oder Partei, trugen aber einen abgrundtiefen Hass gegenüber anderen Gruppen in sich. Das erstaunt auf den ersten Blick, da sie Bezüge zu verschiedenen Weltregionen hatten. Mangs lernte die multikulturelle Gesellschaft in den USA kennen, Lapshyn hatte die Chance, sich in Großbritannien als erfolgreicher IT-Spezialist weiterzuentwickeln. Sonboly sah München als sein Vaterland, ohne die iranische Herkunft zu negieren. Das Gefühl der Entwurzelung, verbunden mit einer schleichenden Radikalisierung, kann jedoch offenbar dazu führen, dass Menschen zu Attentätern werden.

4. Jung & faschistisch:
David Copeland, Pekko Auvinen
und Anton Petterson

Junge Menschen sind oft besonders anfällig für extremistisches Gedankengut. Durch die Möglichkeiten in der heutigen Gesellschaft werden sie dementsprechend auch häufig zu Tätern. Der junge Faschist ist in dieser Hinsicht ein Täterprofil bei Einsamer-Wolf-Attentätern. Er gibt sich Gewaltphantasien hin, träumt vom Rassenkrieg und ruft sich zum gottgleichen Richter über Leben und Tod aus. Die Inszenierung ist wesentlicher Antrieb, ebenso der Eingang in die Annalen. Das gilt nicht erst seit Breivik.

Im April 1999 versetzte der zum Tatzeitpunkt 24-jährige David Copeland Großbritannien in Aufruhr. Binnen weniger Tage verübte er in London drei Nagelbombenanschläge. Drei Menschen kamen ums Leben, zahlreiche weitere wurden verletzt. Der Brite hatte Migranten, Menschen mit schwarzer Hautfarbe und Homosexuelle im Visier. Dementsprechend verübte er die Attacken im von vielen Schwarzen bewohnten Stadtteil Brixton und in Brick Lane, wo viele Asiaten leben. Er plante darüber hinaus einen Anschlag in einem Pub, das überwiegend von Homosexuellen frequentiert wird. Dieses nicht mehr verwirklichte Ziel war wohl Ausdruck eigener Frustration: Copeland, der niemals eine Freundin hatte, befürchtete, als homosexuell zu gelten. Er suchte Prostituierte auf, bei denen er davon träumte, ein großer blonder SS-Offizier zu sein und Macht auszuüben.

Zu seinen Eltern, die aus dem Arbeitermilieu kamen und sich trennten, als Copeland 19 Jahre alt war, hatte er ein schwieriges Verhältnis. Psychiater machten einen überdurchschnittlichen IQ bei ihm aus, sahen aber auch, dass er weit unter seinen Möglichkeiten geblieben war. Eine Ausbildung zum Elektriker beendete er nicht. Das lag auch an eigenen seelischen Auffälligkeiten, wie etwa Panikattacken, wegen derer er einen Arzt aufsuchte. Der Konsum von Alkohol und Drogen kennzeichnete sein Leben.[84] Die eigenen psychischen Dispositionen kompensierte er durch Ideologie. Copeland galt als Anhänger von Combat 18 und ließ sich bei seiner Ausrufung des Rassenkriegs von den Turner-Tagebüchern inspirieren. Es wäre damit verfehlt, hier alleine auf eine psychische Störung zu befinden.

Copeland machte aus seinen politischen Absichten keinen Hehl, wie er in den Polizeiverhören nach den Taten zu Protokoll gab: »Ich bin ein Nationalsozialist oder Nazi, wie immer man mich nennen mag. Ich glaube an eine herrschende Rasse; ich glaube an Rasse und das eigene Land zuerst, mit der weißen Rasse als herrschende und einer herrschenden arischen Rasse weltweit.«[85] Frank und frei betonte er nicht nur, einen Rassenkrieg auslösen, sondern selbst als Einzeltäter in die Annalen eingehen zu wollen. In die Pläne wurde offenbar niemand eingeweiht.[86] Bei der Verhaftung in seiner Wohnung fanden die Ermittler nationalsozialistische Utensilien und Propaganda sowie eine Sammlung von Zeitungsausschnitten mit Berichten über die Attentate. Hier zeigt sich, wie wichtig dem Täter der mediale Widerhall war – ein typisches Merkmal von Terrorismus.

---

84 Vgl. »The happy, loveable lad who grew up a hate-filled loner«, in: *The Telegraph* vom 1. Juli 2000, https://www.telegraph.co.uk/news/uknews/1345914/The-happy-loveable-lad-who-grew-up-a-hate-filled-loner.html

85 Zitiert nach Ramón Spaaij: *Understanding Lone Wolf Terrorism. Global Patterns, Motivations and Prevention*, Heidelberg u. a. 2012, S. 43.

86 Vgl. *BBC news* (2000): »Profile: Copeland the killer«, http://news.bbc.co.uk/2/hi/uk_news/781755.stm

Copeland hatte Kontakte ins rechte Milieu gehabt. So trat er in die rechtsextremistische British National Party ein. Es gibt ein Foto, das ihn neben dem Parteigründer John Tyndal zeigt. Später schloss er sich einer neonationalsozialistischen Organisation an. Offenbar zeigte sich dort aber auch seine mangelnde Integrationsfähigkeit, die jede Form von Andockversuchen mittelfristig scheitern ließ. Es ist ein bestimmendes Merkmal von Einsamen Wölfen, dass sie nach Anschluss suchen, aber keinen finden. Ihre Persönlichkeit ist zu narzisstisch, um sich in hierarchische Strukturen einzufügen. Selbst die Kraft der Ideologie reicht hierfür nicht aus. Frustriert wenden sie sich letztlich von allen Gruppe ab und werden zu Einzelgängern, die alleine losschlagen wollen.

Polizeilich war Copeland nicht erfasst. Die Frage nach seiner Schuldfähigkeit entfachte einen heftigen Gutachterstreit. Ein Gros der Psychiater erkannte auf eine paranoide Schizophrenie, die seine Schuldfähigkeit vermindert hätte. Staatsanwaltschaft und schließlich auch die Jury schlossen sich dieser Einschätzung jedoch nicht an. Letztlich wurde Copeland zu sechsfacher lebenslanger Freiheitsstrafe verurteilt. Die Prozessebene zeigt die Schwierigkeit, die offenkundigen psychischen Störungen und die politischen Motive bei Einsamen Wölfen adäquat zu erfassen. Die Schuldfähigkeit wird in der Regel attestiert, das Weltbild nicht explizit geahndet.

Ein anderer besonders junger Täter war der 18-jährige Finne Pekka-Eric Auvinen, der am 7. November 2007 in einer Schule acht Menschen ermordete und sich dann selbst richtete. Vor seinen Taten lud er eine Fülle von Material im Internet hoch, einschließlich Fotos und Videos von sich selbst. Das Dokument betitelte er als »Attack information«. Darin bezeichnete er seine Tat als Massenmord und politischen Terrorismus: »Obwohl ich eine Schule als Ziel wählte, sind meine Motive politisch und viel tiefliegender; deshalb will ich nicht, dass meine Attacken als School-Shooting bezeichnet werden.«[87]

»School-Shootings« sind seit Mitte der neunziger Jahre zu einem Massenphänomen geworden, von den Vereinigten Staaten über die westliche Welt bis hin zu Ländern wie Brasilien, Argentinien oder die Türkei. Dabei handelt es sich in der Regel um Amokläufe, um exzessive Gewalttaten von Jugendlichen oder jungen Erwachsenen, die als Rächer für angeblich erlittenes Unrecht Anschläge auf Schulen verüben, die sie besuchen oder einst besuchten. Weltweit wurden bereits weit mehr als 100 derartige Gewaltakte verübt, wobei einige besonders hervorstechen. Bei dieser Form von exzessiver Individualgewalt haben rechtsextremistische Motive in der Regel nur eine untergeordnete Bedeutung, persönliche Befindlichkeiten dominieren. Der Nationalsozialismus steht, wenn überhaupt, eher für eine Chiffre, die allgemeine Gewaltphantasien und Abscheu gegenüber der Menschheit umfasst.

Auvinen ist jedoch eher als rechtsradikaler Attentäter einzuordnen denn als Amokläufer. In seinen Bekennerschreiben findet sich auch die folgende sozialdarwinistisch unterlegte Rechtfertigung: »Ich bin ein zynischer Existenzialist, antihumanistischer Humanist, realistischer Idealist und ein gottgleicher Atheist. Ich bin vorbereitet, um zu kämpfen und für meine Sache zu sterben. Ich [...] werde alle eliminieren, die sich als wertlos, als Blamage für die menschliche Rasse und als Ausfall der natürlichen Selektion erweisen. [...] Es ist Zeit, natürliche Selektion und das Überleben der Tauglichsten wieder wirksam werden zu lassen.«[88]

---

87 Pekka-Eric Auvinen: *Attack information*, 2007, http://oddculture.com/the-pekka-eric-auvinen-manifesto/.
88 Zitiert nach Britta Bannenberg: *Amok. Ursachen erkennen – Warnsignale verstehen – Katastrophen verhindern*, Gütersloh 2010, S. 55.

Der Inhalt des Manifests zeigt deutlich, dass der Täter mit Philosophie und politischer Ideologie vertraut war. Viele Menschen aus seinem Umfeld bestätigten sein großes Faible für Politik, bezeichneten ihn als Suchenden. Schon mit zwölf Jahren interessiert er sich generell für Politik, nach und nach wendet er sich den radikaleren Phänomenen zu: zunächst der Kommunistischen Partei Finnlands, dann dem politischen System Nordkoreas und schließlich dem Nationalsozialismus. Im Laufe des Jahres 2007 begann er, den mörderischen Plan zu schmieden und an der Ideologie festzuhalten.

In seinem Tagebuch notierte er, mit einem Akt gegen die Menschlichkeit der Welt etwas hinterlassen zu wollen. An seinem Manifest schrieb er in den letzten sechs Monaten. Auvinen studierte eine ganze Reihe von Rechtsterroristen und School-Shooters, wie ein selbstgemachtes Video verdeutlicht. Dies untermauert die These, dass Einsame Wölfe nach Vorbildern suchen, auch um sich selbst zu überhöhen und sich mit »erfolgreichen« Tätern auf eine Stufe zu stellen. Immer geht es dabei um die öffentliche Wirkung: Seine Botschaften verbreitete er auf Englisch, um eine größere Reichweite zu erzielen.[89]

Ebenfalls den Tatort Schule wählte der Schwede Anton Lundin Pettersson. Am 22. Oktober 2015 tauchte er mit einem Helm aus dem Zweiten Weltkrieg und einem schwarzen Umhang in der Schule auf, was an die »Darth Vader«-Figur aus den *Star*

---

89 Vgl. Leena Malkki: »Political Elements in Post-Columbine School Shootings in Europe and North America«, in: Jeffrey Kaplan / Heléne Lööw / Leena Malkki (Hrsg.): *Lone Wolf and Autonomous Cell Terrorism*, London / New York 2015, S. 198 f.; Atte Oksanen / Johanna Nurmi / Miika Vuori / Pekka Räsänen, Pekka Jokela: »The Social Roots of a School Shooting Tragedy in Finland«, in: Nils Böckler / Thorsten Seeger / Peter Sitzer / Wilhelm Heitmeyer (Hrsg.): *School Shootings: International Research, Case Studies and Concepts for Prevention*, New York 2013, S. 189–215.

Wars-Filmen erinnern sollte. Die Schüler hielten ihn erst für eine Scherzfigur, doch dann erstach der 21-jährige einen 12-jährigen Schüler, dann den Schülerassistenten Lavin Eskander – beide mit Migrationshintergrund. Weitere Schüler und Lehrer wurden verletzt. Die Schule liegt in einer Gegend mit hohem Migrantenanteil. Der als zurückhaltend beschriebene Täter besuchte in den sozialen Medien rechtsextremistische Gruppen, die Adolf Hitler und das Dritte Reich bewundern. Das zeigt auch seine YouTube-Seite. Er war kein Mitglied irgendeiner Organisation, unterstützte aber eine Petition der rechtspopulistischen Schwedendemokraten, ein Referendum über Immigration zu initiieren.

Selbst sah er sich als Teil einer Bewegung gegen Migranten. Auf Facebook setzte er Likes unter verschiedene Debattenbeiträge des Parteivorsitzenden der rechtspopulistischen Schwedendemokraten, Jimmie Åkesson, und unter die Videos des immigrationsfeindlichen Bloggers und YouTubers »Angry foreigner«. Hinter diesem Pseudonym verbirgt sich ein gebürtiger Bosnier, der mit fünf Jahren nach Schweden kam. Offenbar puschte sich Petterson mit dem Video »Nazi Generator 2015« auf, das mit deutscher Marschmusik unterlegt ist und nach »Gaskammern« ruft.[90] Die Tat gab der Öffentlichkeit Rätsel auf. Schulfrust kann ausgeschlossen werden. Die schwedische Polizei beschrieb letztlich die Tat als »sorgfältig organisiertes, rassistisches Hassverbrechen eines jungen Mannes, der seine Opfer methodisch auswählte.«[91]

Die hier in aller Kürze beschriebenen Fälle junger, integrierter Einsamer Wölfe zeigen, dass gerade junge Männer anfällig für

90 *The Local.se*: »Who was Sweden's school sword killer«, 23. Oktober 2015, https://www.thelocal.se/20151023/who-was-swedens-far-right-school-killer-in-trollhattan

91 Zitiert nach Matthias Quent: *Hintergründe und Folgen des OEZ-Attentates. Gutachten für die Stadt München im Zuge einer Expertenanhörung*, München, Oktober 2017, S. 20

rechtsextremistisches Gedankengut sind. Der leichte Zugang zu entsprechendem Material, gerade durch das Internet, verbunden mit dem gegenseitigen Aufwiegeln, kann im Kontext der gefährlichen aktuellen gesellschaftlichen Debatte um eine »Überfremdung« leicht verheerende Folgen haben.

Copeland und Auvinen sahen sich als gottgleich, maßten sich an, sozialdarwinistisch eine Selektion nach ihrem Gusto vorzunehmen. Ihre Taten rechtfertigten sie mit den Zuständen in der Gesellschaft. An der Schwelle zum Erwachsenwerden suchen die beschriebenen Täter Halt in der faschistischen Ideologie. Gerade Auvinen zeigte sich reflektiert und hatte einen großen philosophischen Tiefgang. Der Gewaltexzess wurde mit größtmöglicher Genauigkeit geplant. Für die Entfesselung der Gewalt brauchte es ganz offensichtlich starke Feindbilder auf der Basis resistenter Ideologien wie des Rassismus, die das Menschliche der Opfer verdrängen.[92]

Auvinen und Pettersson könnten auch als Amokläufer gelten. Sie wählten ihre Schule als Schauplatz des Gemetzels, planten ihren Selbstmord, was hierfür typisch ist. Sie hatten jedoch eine politische Botschaft, wie Auvinen ausdrücklich betonte. Ihre politische Radikalisierung erfuhren sie im virtuellen Raum. Pettersson sah es ausdrücklich auf Menschen mit Migrationshintergrund ab. In dieser Hinsicht sind sie mit anderen rechtsextremistisch motivierten Einsamen Wölfen wie Breivik oder Sonboly vergleichbar.

---

[92] Vgl. Vincenz Leuschner: »›School-Shootings‹ und ›Lone Wolf Terrorism‹ als soziale Phänomene«, in: *Berliner Journal für Soziologie*, 1/2013, S. 40.

5. Was die Einzelbetrachtung für das Gesamtbild bedeutet

»Was sind das für Menschen, die so etwas tun können?«, fragt sich der Beobachter bei Attentaten von Einsamen Wölfen oft. Wir haben die Entwicklungen von einigen von ihnen nun gesehen und müssen sagen, dass es sehr unterschiedliche Menschen sind, die aber auch einige signifikante Gemeinsamkeiten haben. Fast alle Täter hatten ein gestörtes Verhältnis zu ihrer Sexualität bzw. zum anderen Geschlecht, fühlten sich zurückgewiesen. Viele waren sozial gescheitert. Einschlägige Literatur, insbesondere die Turner-Tagebücher, wurde fast überall gefunden. In vielen Fällen versuchten die Täter erfolgreich, sich therapeutische Hilfe zu holen.

Alle Täter handelten erbarmungs- und rücksichtslos. Das kennzeichnet die Verbrechen, die von Messerattacken bis hin zum Bauen von Bomben reichten. Alle Attentate wurden lange geplant, teilweise über Jahre hinweg. Das keineswegs spontane Vorgehen fügt sich in das Gesamtbild des Terrorismus ein, in dem die Opfer lediglich als bloße Nummer gesehen werden. Der Rechtsextremismus zielt stellvertretend in erster Linie auf Menschen mit Migrationshintergrund. Dieses Opferprofil lässt sich bei allen Taten beobachten. Die politischen Ziele waren überall vorhanden, fast immer eindeutig, auch wenn sie nicht immer als solche bewertet wurden.

Wer sich mit den rechtsterroristischen Tätertypen beschäftigt, sieht die Erscheinungsweisen des Extremen, Haltungen, die eben nicht auf Kompromiss angelegt sind.[93] Da die beschriebe-

---

93 Vgl. Barbara Zehnpfennig: »Extremes Denken«, in: Uwe Backes / Alexander

nen Personen nach der Konstellation »Einer gegen alle« vorgehen, üben sie im Sinne von Hannah Arendt eine »Extremform der Gewalt« aus.[94] Extremistisches Denken bildet sich oft bereits im Jugendalter heraus. Faktoren sind hierfür Leichtsinn, Abenteuerlust, Antriebslosigkeit, fehlende Toleranz, Probleme mit dem eigenen Ich nach Entdeckung der Sexualität, Perspektiv- und Lustlosigkeit und dann eben der Aufbau einer Parallelwelt durch exzessiven Computerkonsum. In der Regel sind die Phasen der Orientierungslosigkeit zeitlich begrenzt.

Bei Franz Fuchs, Frank Steffen und Thomas Mair lässt sich jedoch auch beobachten, dass Perspektivlosigkeit im mittleren Lebensalter Extremismus befördern kann. Diese Art von Ziellosigkeit ist nicht altersgebunden. Es entstehen Depressionen und ein Zerstörungswille gegenüber dem, was man für die Misere verantwortlich macht. Bei David Copeland, Peter Mangs oder Anders Breivik zeigte sich ein ideologisch begründeter Extremismus, der als anspruchsvollste Form gelten kann. Ideologie erfüllt die Rolle einer Quasi-Religion, Kadavergehorsam gegenüber dogmatischen Ideen tritt an die Stelle von individueller Verantwortung. Ferner bildet eine feste Weltanschauung die eigene Gefühlslage ab, in einer düsteren Ist-Stimmung, gespickt mit Untergangsszenarien und Verschwörungstheorien. Das Individuum bildet sich ein, Teil einer realen oder fiktiven Bewegung zu sein, mit dem Ziel, andere ethnischen Gruppierungen oder Repräsentanten des demokratischen Staates zu attackieren oder gar zu vernichten.

Gallus / Eckhard Jesse (Hrsg.): *Jahrbuch Extremismus & Demokratie*, 25. Jg., 2013, S. 40–44.

94 Vgl. Hannah Arendt: *Macht und Gewalt*, aus dem Englischen, München 1970, S. 43.

Dafür, dass eine rechtsextremistische Gesinnung entsteht, können offenbar ganz unterschiedliche Ursachen verantwortlich sein:

- *Persönlichkeitsbezogene Merkmale:* Mobbing, schulischer oder beruflicher Misserfolg, emotionale Desintegration etwa durch Erziehung, soziale Phobien, Autismus und Depressionen
- *Soziale Merkmale:* Rechtsextremismus als sinnstiftendes Angebot; Desintegrationsprozesse von Menschen; Mitmach-Effekt im virtuellen Raum; der Wille, einstige Amokläufe oder terroristische Aktionen »zu imitieren«
- *Politische Merkmale:* Veränderungsprozesse durch Immigration, Angebot von rechtsextremistischen Organisationen, etwa Parteien; Unzufriedenheit mit den Programmen der etablierten Parteien; Attraktivität von Blogs und Chats im Sinne eines »Menschenfängertums« und einer Kultivierung von Verschwörungstheorien

Alle Täter »vereinsamen« spätestens in der konkreten Planungsphase. Die schizoide Persönlichkeitsstörung trifft hier auf alle Tätertypen zu. Nach dem allgemeinen Klassifikationsschema ist sie durch einen Rückzug von affektiven, sozialen und anderen Kontakten mit übermäßiger Vorliebe für Phantasie, einzelgängerische Beschäftigung und eine in sich gekehrte Zurückhaltung gekennzeichnet. Es besteht nur ein begrenztes Vermögen, Gefühle auszudrücken und Freude zu erleben.[95] Den Betroffenen fehlt Empathie, die Fähigkeit, sich in eine an-

---

95 Vgl. Helmut Remschmidt / Martin Schmidt / Fritz Poustka (Hrsg.): *Multiaxiales Klassifikationsschema für psychische Störungen des Kindes- und Jugendalters nach ICD-10 der WHO*, Bern 2012, S. 251.

dere Person hineinzuversetzen, sein soziales Gegenüber in Haltung und Argumenten zu verstehen. Sie sind Narzissten, beziehen alles auf sich, meinen, der Urheber für alles zu sein, was um sie herum geschieht. Kritik wird als persönlicher Angriff erlebt. Nichts geschieht getrennt von der eigenen Person.[96] Tendenziell neigen die Täter eher zu einem verdeckten statt offenen Narzissmus. Erstere Form ist durch eine innere Leere und das Gefühl der Sinnlosigkeit gekennzeichnet, letztere durch eine rebellische Einstellung, gepaart mit Ungeduld. Beide Formen hängen gleichwohl mit Einsamkeit eng zusammen.[97]

Bei allen Personen lässt sich eine Fülle von Persönlichkeitsstörungen feststellen, die sich in das gängige dimensionale Modell fügt.[98] Die Individuen weichen im persönlichen Stil ab, manche Eigenschaften lassen sich besonders bestimmten Personen zuordnen. Sie wurden teilweise auch ärztlich diagnostiziert:

Persönlicher Stil	Persönlichkeitsstörung
gewissenhaft, sorgfältig	zwanghaft (Mair, Fuchs)
ehrgeizig, selbstbewusst, auf sich selbst bedacht (egoistisch)	narzisstisch (Ausonius, Breivik, Sonboly)
wachsam, überlegt	paranoid (Steffen, Ausonius, Breivik, Copeland)
emotional	empathielos (Breivik)

---

96 Vgl. Bärbel Wardetzki: *Narzissmus, Verführung und Macht in Politik und Gesellschaft*, Berlin u. a. 2017, S. 99.

97 Vgl. Hans-Werner Bierhoff / Michael Jürgen Herner: *Narzissmus – die Wiederkehr*, Bern 2011, S. 152.

98 Vgl. auf Grundlage von Peter Fiedler / Sabine C. Herpertz: *Persönlichkeitsstörungen*, Weinheim / Basel 2016, S. 30.

Persönlicher Stil	Persönlichkeitsstörung
sprunghaft, spontan	Borderline (Ausonius, Traini)
abenteuerliebend, risiko-freudig	antisozial (Mair, Fuchs)
zurückhaltend, schüchtern, einsam	stark schizoid (Mair, Steffen, Fuchs)
reflektiert, sensibel	übersensibel, höchst reiz- und verletzbar (Fuchs, Sonboly, Auvinen)
kritisch, zögerlich	passiv-aggressiv (Mair, Steffen, Ausonius, Sonboly)
selbstkritisch, vorsichtig, vermeidend	selbstunsicher (Fuchs, Steffen, Auvinen, Pettersson)
überzeugend, mit Verkäufer-talent ausgestattet (»Spieler-natur«), eitel	manipulativ, größenwahnsin-nig, fanatisch, querulatorisch, rechthaberisch, »Bluffer« (Ausonius, Breivik)

Auch wenn Neonazis in der Öffentlichkeit oft als unintelligente Schläger wahrgenommen werden, war keiner der hier beschriebenen Einsamen Wölfe »dumm« oder einfältig, alle waren durchschnittlich, mitunter sogar überdurchschnittlich intelligent. Die Schlussfolgerung wäre aber unzutreffend, wonach »aus ganz normalen Menschen Massenmörder geworden sind.«[99] Dafür sind ihre Lebensgeschichten zu besonders. Es gilt allein, dass sie alle »homegrown« waren, also in unseren Gesellschaften sozia-

---

99 So der Buchtitel von Harald Welzer: *Täter. Wie aus ganz normalen Menschen Massenmörder werden,* Frankfurt a. M. 2005.

lisiert wurden, in westlichen Ländern geboren und aufgewachsen sind. Das unterscheidet sie von vielen islamistischen Kämpfern. Alarmzeichen gab es in jeder Biographie. Mitunter bereits im frühkindlichen Stadium wichen die Personen von der Norm ab, etwa mit einem diagnostizierten Autismus. Das gilt etwa für Breivik und Sonboly. Frank Steffen kam aus einer asozialen Familie und wuchs bei Pflegeeltern auf. Ein negatives Selbstbild entwickelte sich in Kindheit und Jugend, etwa bei Copeland. Das Selbst wurde als inkompetent bewertet.[100] Die Täter kommen in der Regel aus einem auffälligen Elternhaus. Sie hatten allesamt ein gestörtes Frauenbild, waren unfähig, eine Beziehung einzugehen. Mitunter resultierte daraus Hass. Im persönlichen Bereich finden sich bei jedem Täter viele Anknüpfungspunkte für Kränkungen und ein nicht-existentes Einfühlungsvermögen: das oftmals zerrüttete Elternhaus, die fehlende Fähigkeit zu sozialen und partnerschaftlichen Beziehungen, fehlende Jobperspektiven und diagnostizierte Krankheitsbilder wie Autismus, Depressionen oder Zwangsstörungen. Der Psychiater Norbert Nedopil sieht bei terroristischen Einzeltätern übereinstimmend eine biographisch lange Zeit fehlender sozialer Resonanz, Zurücksetzung und Kränkung, bis hin zur autistischen Abgrenzung.[101] Sie sind sozial isoliert, ein Befund, dessen Grad in Fragebögen gemessen werden kann. Soziale Isolation wird dann durch folgende Faktoren, die sich weniger auf objektive Sachverhalte, sondern das subjektive Erleben beziehen, indiziert, die wohl für viele Täter zutreffen:[102]

---

100 Vgl. zur Bedeutung der Kindheit und Jugend als wichtige Ursache für psychische Störungen Anke Ehlers: *Soziale Angststörung*, Göttingen 2016, insb. S. 14 f.
101 Vgl. Norbert Nedopil: »Gekränkte Eitelkeiten. Terroristische Einzelkämpfer«, in: *Forensische Psychiatrie*, Kriminologie, 8 (2014) 4, S. 246–253.
102 Vgl. Manfred Spitzer: *Einsamkeit. Die unerkannte Krankheit*, München 2018, S. 28 f.

- unverheiratet, kein Geschlechtsverkehr
- wenig Kontakt mit Kindern
- wenig Kontakt mit Familienmitgliedern
- weniger als einmal im Monat Kontakt mit Freunden
- keine Teilnahme an nachbarschaftlichen Gemeinschaften, religiösen Festen oder ehrenamtlichen Aktivitäten etwa in Vereinen oder Verbänden

Wer die Taten aber auf psychologische Aspekte reduziert, greift zu kurz. Es gibt eben auch eine andere Dimension als wichtigen Erklärungsfaktor: die Ideologie des Hasses, die nicht nur motivierend, sondern letztlich tatauslösend wirkt. Die Täter beschäftigen sich in Selbstpsychologie mit den Hintergründen von Amokläufern und Terroristen. Im Zimmer von David Sonboly fand sich das Fachbuch *Amok im Kopf. Warum Schüler töten* des US-amerikanischen Psychologen Peter Langman, das als wissenschaftliches Standardwerk für dieses Phänomen gilt.

Die sozial Exkludierten wollen selbst ausgrenzen, aus rassistischen Motiven Menschen nicht nur abwerten, sondern kaltblütig oder heimtückisch ermorden. Der Täter ist kein Patient, der im Behandlungszimmer sitzt, sondern jemand, der sich aus politischen Motiven ein Recht zum Töten herausnimmt. Wer ihn allein für psychisch krank erklärt, nimmt sein Tun nicht ernst.[103] Immerhin gilt für sie wie für andere Terroristen, dass sie »mit klaren Zielvorstellungen, Zähigkeit und Hingabe ihre Gewaltkampagnen betrieben haben, [...] Züge, die für Psychopathen gänzlich untypisch sind.«[104] Sie handeln skrupellos, furchtlos und fokussiert. Ihre Ziele sind mehrdimensional angelegt. So

---

103 Vgl. Klaus Theweleit: *Das Lachen der Täter: Breivik u. a. Psychogramm der Tötungslust*, St. Pölten u. a. 2015, S. 13.
104 Peter Waldmann: *Terrorismus. Provokation der Macht*, München 1998, S. 153.

richten sich ihre Anschläge nicht nur an eine breite Öffentlichkeit, sondern auch an Gleichgesinnte, mögliche Nachahmungstäter. Ihnen geht es um Aufmerksamkeit und Nachruhm. So führte David Sonboly in einem Chat sieben Monate vor der Tat aus (man unterhielt sich über Terroristen und Breivik): »Wenn man genau hinschaut, sieht man, dass diese Menschen einfach Amokläufer waren, mehr nicht. Sie tun es nicht wegen IS. Sie wollen einfach Aufmerksamkeit. [...] Es ist ja auch die Angst vor den Terroristen. Alles hat seinen Grund für die jeweiligen Personen. Das meiste, was sie davon haben, ist Aufmerksamkeit.«[105] Hier lässt sich gut erkennen, was die Attentäter jenseits von bloßen Gewalttaten und Willkürtaten denken.

Mit ihren Taten wollen die Täter ein neues Bewusstsein für politische Themen schaffen, eine aggressiv-reinigende Politik durchsetzen, die Migranten ausgrenzt und Einheimische beschützt. Im Baukasten ihrer Weltanschauung finden sich nationalsozialistische Glaubenssätze, Lehren von einer angeblichen Überlegenheit der weißen Rasse und vor allem eine systematische Abwertung von ethnischen Minderheiten. Narzisstische Muster bekommen so ihre Entsprechung. Zahlreiche Täter sind etwa von den Turner-Tagebüchern inspiriert und wollen einen Rassenkrieg auslösen.

Die persönliche, individualisierte Kränkungsideologie kennzeichnet den Einsamer-Wolf-Terrorismus: Persönliche Frustrationen und Kränkungen ergeben zusammengerührt mit politischen Einstellungen einen tödlichen Cocktail. Das rechtsextremistische Ideengebäude verfängt, unter Einschluss von Verschwörungstheorien. Gerade das in Europa polarisierende Migrationsthema motiviert die Einzelgänger, ihrem Hass auf an-

---

105 Zitiert nach Britta Bannenberg: *Gutachten zum Fall von David S. für das Bayerische Landeskriminalamt*, Gießen, Februar 2018, S. 8.

dere ethnische Gruppen freien Lauf zu lassen und ein Exempel zu statuieren. Ob in Österreich, Großbritannien, Schweden oder Deutschland – in den betroffenen Ländern war immer eine polarisierende Debatte, speziell über Migranten, im Gange. Es wäre daher verfehlt, den gesellschaftlichen Kontext auszublenden, zumal eine allgemeine Entwicklung als Rekrutierungspool anzusehen ist: Vielerorts wird ein Zeitalter des Narzissmus ausgerufen. Psychologen erkennen nicht nur die rapide Zunahme von depressiven Erkrankungen, sondern auch von narzisstischen Persönlichkeitsstörungen.[106]

Es zeigt sich: Die Täter durchliefen einen langen Prozess der Radikalisierung, sie setzte nicht über Nacht ein. In ihrer eigenen Realität handeln die Täter doch selbstgesteuert und mit Blick auf die Konsequenzen bewusst. Über Jahre hinweg haben sie ein politisches »Feindbild« entwickelt, das sie mit terroristischen Mitteln zu bekämpfen versuchen. Ein Einzelgänger wie Thomas Mair träumte wohl lange von einem solchen Schritt, ein Brevik plante seine Taten fast ein Jahrzehnt lang. Bei Tätern wie Breivik, Auvinen und Sonboly offenbart sich der Werkzeugkasten im virtuellen Raum besonders, von der Anleitung über die Radikalisierung bis zur Umsetzung.

Viele Einzelgänger gaben vor, Teil einer fiktiven Bewegung zu sein.[107] Einige von ihnen hatten einst erfolglos bei einer Organi-

---

106 Vgl. Hermann Lang: *Der gehemmte Rebell. Struktur, Psychodynamik und Therapie von Menschen mit Zwangsstörungen*, Stuttgart 2015, S. 37.

107 Hierfür gibt es auch andere Beispiele. In Frankreich sorgte zwischen 2007 und 2008 die mysteriöse Organisation FNAR (»Front National Anti Radar« oder »Fraction Nationaliste Armée Révolutionnaire«) mit Bombenanschlägen und teils kuriosen, teils politisch rechten Forderungen für Aufsehen. Ihr Kampf galt der »Repression« von Autofahrern durch Radarfallen und der Immigration. Nach Erkenntnissen der französischen Antiterrorkommission hatte die Gruppe nur ein einziges Mitglied, ihren Gründer Frédéric Rabiller. Und ein einziges Opfer: Rabiller selbst, der beim Hantieren mit Sprengstoff eine Hand verlor. Der Täter

sation angedockt, einige haben es gar nicht erst versucht. Einem Copeland, Breivik oder Traini erschien die Mitgliedschaft in einer rechtsradikalen Partei nicht ausreichend, um ihre Ziele zu erreichen. Ausonius und Sonboly beließen es bei bloßen Sympathiebekundungen, ohne selbst Mitglied zu werden. Auch ein Franz Fuchs war nicht Mitglied der FPÖ, obwohl sie seine zentralen Ziele vertrat. Von ihrer Persönlichkeit her gesehen gestaltet sich ein konstruktives Mitwirken in festgefügten Einheiten ohnehin als schwierig.

Heutige Täter macht vor allem der virtuelle Raum stark. In der Realität isoliert, finden sie hier Menschen, die dieselben Interessen teilen. Die gerade in Jugendkulturen verbreitete Faszination für solche Spiele, Filme und Bands hat die Bedeutung von »cultural scripts«. Damit wird die Inszenierung von solchen Gewaltakten verstehbar.[108] Eine subkulturell motivierte Gewaltphantasie scheint geradezu typisch zu sein. Darüber hinaus stoßen sie auf Vorbilder, Gleichgesinnte und lernen, wie sich der Terror ideologisch rechtfertigen und operationalisieren lässt.

Die Liste der angeführten Einzeltäter ist längst nicht vollständig, was auch daran liegt, dass Taten vereitelt werden konnten. Das Gefahrenpotenzial ist also durchaus gegeben. Gerade deshalb wirkt es nicht zielführend, das rechtsradikale Gedankenbild von Tätern und potenziellen Tätern herunterzuspielen. Anhand der Taten kann auch konstatiert werden, dass eine große terroristische Kooperation von Rechtsradikalen derzeit als eher unwahrscheinlich erscheint.

---

galt als schüchtern und isoliert. Vgl. Karin Priester: »Rechtsterrorismus gestern und heute«, in: *Neue Gesellschaft / Frankfurter Hefte*, 5/2012, S. 23–27.

108   Vgl. Vincenz Leuschner: »›School-Shootings‹ und ›Lone Wolf Terrorism‹ als soziale Phänomene«, in: *Berliner Journal für Soziologie*, 23 (2013) 1, S. 27–49, hier S. 31.

Besonders gut verdeutlichen das die Beispiele Peter Mangs und Anders Breivik. Ihnen wurde in einer ähnlichen Zeitperiode der Prozess gemacht. Der schwedische Experte Mattias Gardell hat mit beiden im Gefängnis gesprochen. Er streicht die Unterschiede heraus, wie auch Briefwechsel und Aussagen übereinander ergeben.[109] Mangs gab in Gesprächen an, die Methode des NSU für die richtige zu halten, also strategisch möglichst lange unerkannt zu bleiben und viele Aktionen zu bestreiten. Breivik betrachtete den NSU als einen Mitstreiter, kritisiert aber dessen Mittel und Ziele. In einem Brief an Mangs beschuldigte er ihn, die falschen Opfer gewählt zu haben. Der Schwede hätte auch Einheimische ins Visier nehmen müssen. Es wäre falsch, den Nicht-Weißen die Schuld am Untergang des Abendlandes zuzuschieben. Die wirklichen Verantwortlichen sind die »Feinde im Innern«. Mangs warf Breivik vor, nicht nachhaltig genug agiert zu haben. Eine spektakuläre Aktion könne viel Aufsehen erregen, aber eben auch zu Festnahme und Tod führen. Mangs triumphierte darüber, dass er über Jahre im Verborgenen wirken konnte. Dieser Aspekt zeigt, wie sehr sich die Individualterroristen aufeinander beziehen, und zugleich, wie uneins und untereinander zerstritten sie sind. Unter anderem deshalb ist relativ selten eine staatlich inszenierte gewaltsame Gegenreaktion erfolgt – etwa mit einer martialischen Erklärung, einem »Krieg gegen den Terror«. Somit konnten die Täter auch nicht erreichen, dass ethnische Minderheiten die Länder meiden. Ihr Plan, Angst zu schüren, ist nicht aufgegangen. Auch aus dieser Warte waren die Taten vergebens und sinnlos. Ihre giftige Ideologie verfehlte das Ziel, sich auf die Bevölkerung auszubreiten und zustimmungsfähig zu werden.

---

109 Vgl. Mattias Gardell: »Urban Terror: The Case of Lone Wolf Peter Mangs«, in: *Terrorism and Political Violence*, April 2018, S. 3.

Für Kooperationen eignet sich höchstens der virtuelle Raum, der (mitunter) codiert und anonymisiert ist. Das zeigt der Fall David Sonboly. Ein eigener Club auf der Spieleplattform Steam mit über 250 Mitgliedern, der sich explizit gegen die Flüchtlingspolitik in Deutschland wandte, sorgte für ein Bindeglied, das in der Lage war, die traditionellen organisatorischen Formen zu ersetzen.

Der Fall Breivik verdeutlicht darüber hinaus: Jeder Terrorist, ob sozial isoliert oder nicht, repräsentiert immer, auch ohne Mandat, eine breitere Bewegung. Das extensive Manifest, das Breivik Stunden vor seiner Tat veröffentlichte, ist aus einem Ökosystem aus rechtsextremen Blogs, Websites und Publizisten entstanden.[110] Auffällig ist, wie sehr sich die Täter aufeinander beziehen. Breivik bewunderte Ausonius und Mangs. Letzteren hatte er zu Beginn seines Prozesses als Vorbild für seine Taten und als »vielleicht größten skandinavischen Widerstandsmann« vor dem 22. Juli 2011 bezeichnet.[111]

Ein Breivik träumt davon, Vorbild für Nachahmungstäter zu sein – wie für Lapsyn und Sonboly, die ihn bewunderten. Auch Mair begeisterte sich für Breivik, sammelte Zeitungsausschnitte über seinen Fall. Frank Steffen legte auf seinem Browser als Lesezeichen einen Artikel über Breivik und dessen Pamphlete über den Islam ab, der in der Tageszeitung *Die Welt* erschienen ist. Einsamer-Wolf-Terroristen handeln, um die ideologische Überzeugung einer extremistischen Bewegung voranzubringen, aber sie haben typischerweise niemals direkten Kontakt zu der Organisation, mit der sie sich identifizieren.

---

110 Vgl. Jason Burke: »The myth of the ›lone wolf‹-terrorist«, in: *The Guardian* vom 30. März 2017, https://www.theguardian.com/news/2017/mar/30/myth-lone-wolf-terrorist

111 *taz*: »Breiviks Vorbild«, 14. Mai 2012, http://www.taz.de/!5093988/

Aus realen Organisationen werden in den Köpfen der Täter rasch fiktive: Die Bajuwarische Befreiungsarmee, die Tempelritter und andere sind lediglich Phantasiegebilde. Schnell fliegt das Lügengebäude auf, die Fassade bricht wie ein Kartenhaus in sich zusammen. Bei den Prozessen gegen Franz Fuchs, Peter Mangs, John Ausonius, Anders Breivik und Frank Steffen zeigte sich schnell die Masche der Selbstüberhöhung, gepaart mit Schimpftiraden und Aggressionen, die an der Wand des Rechtsstaats abprallten. Im Prozess verstrickte sich der Norweger in Widersprüche und verlor sich mit dünner Stimme und trotziger Rechthaberei im Banalen. Der Kreuzritter schrumpfte im öffentlichen Prozess auf Normalgröße.[112]

Allerdings gibt es auch Verbindungen zu Parteien, die zeigen, wie gefährlich weit das Denken der Einsamen Wölfe bereits in die Gesellschaft vorgedrungen ist. Breivik und Traini waren Mitglied einer rechtspopulistischen Partei, wollten sogar als gewählte Mandatsträger aktiv ins Geschehen eingreifen – auf kommunaler Ebene, wo Politik an sich am greifbarsten ist. Sie scheiterten aber, sodass sie sich abwandten und radikalisierten. Die Partei erschien ihnen zu harmlos und ungeeignet, ihre Ziele zu erreichen. Nach den abscheulichen Taten Breiviks fand der Europaabgeordnete der Lega Nord, Mario Borghezio, lobende Worte für ihn. Im italienischen Radio sagte er: »Einige der Ideen, die er ausdrückte, sind – klammert man die Gewalt aus – gut. Einige von ihnen sind großartig.«[113] Nach einem symbolischen Parteiausschluss für wenige Monate sitzt er bis heute im Europarlament und fällt immer wieder mit rassistischen Kommen-

---

112 Vgl. Sebastian Balzer: »Der Musterprozess«, in: *Frankfurter Allgemeine Zeitung* vom 14. Juli 2012, S. 40.
113 *BBC news*: »Italy MEP backs ideas of Norway killer Breivik«, 2011, https://www.bbc.com/news/world-europe-14315108

taren auch gegenüber Schwarzen auf. Seine Partei ist heute Teil der italienischen Regierung.

Reue zeigte keiner der Täter, dafür war der Wille zur Inszenierung und Provokation zu groß gewesen. Politische Ziele wurden mit diesen Taten bislang dennoch nie erreicht. Nach Breiviks Taten lautete das Mantra in Norwegen »mehr Offenheit, mehr Demokratie« – das Gegenteil von dem, was er erreichen wollte.

IV.
RADIKALISIERUNG
MITTEN UNTER UNS

1. Terror als Abbild gesellschaftlicher Entwicklungen

Terrorismus spiegelt in extremer Ausformung wider, wie es um das gesellschaftliche Stimmungsbild und etwaige Schieflagen bestellt ist. Wer sich mit den Biographien von Extremisten beschäftigt, weiß, dass in demokratischen Gesellschaften die Radikalisierung nicht vom gesellschaftlichen Umfeld und von Desintegrationsprozessen getrennt werden kann.

Der langjährige Extremismusforscher Hans-Gerd Jaschke brachte es in einem Porträt über Michael Kühnen, der in den achtziger Jahren als Deutschlands gefürchtetster »Neo-Nazi« galt, auf den Punkt:[1] »Eine sinnvolle, wohlfeile Klischees und Ausgrenzungen nicht apologetisch wiederholende [...] Auseinandersetzung mit Michael Kühnen hätte zu fragen, [...] welche

---

1 Als Leutnant 1977 aus der Bundeswehr unehrenhaft entlassen, radikalisierte sich Kühnen immer weiter. So organisierte der bekennende Nationalsozialist 1978 einen Aufmarsch mit Eselsmasken durch die Innenstadt Hamburgs mit dem Slogan: »Ich Esel glaube immer noch, dass in deutschen KZs Juden vergast wurden.« Der Mann mit der intellektuellen Ausstrahlung erlangte schnell mediale Bekanntheit, erntete in der Szene aber erbitterte Kritik, nachdem er sich 1986 zu seiner Homosexualität bekannte. Kühnen starb 1991 an Aids.

institutionellen Ausgrenzungsmechanismen in diese politischen Biographien eingreifen, sie konturieren und ›zurechtbiegen‹. Sie müsste das Verhältnis ausloten zwischen dem freien Willen und den eigenmächtigen Entscheidungen eines in ungewöhnlicher Weise aus der Bahn Geworfenen einerseits und der Macht der politischen, gesellschaftlichen und sozialen Zwänge, die auf ihn einwirken, andererseits. [...] Niemand wird als ›Faschist‹ oder ›Extremist‹ geboren und niemand stellt sich aus gänzlich freien Stücken ins politische und gesellschaftliche Abseits.«[2] Auch Einsamer-Wolf-Terroristen sind »Kinder ihrer Zeit«, sie spiegeln zum Beispiel die Fremdenfeindlichkeit in unserer Gesellschaft wider.

In dem Begriff »Einsamer Wolf« schwingt stets die gesellschaftliche Isolation des Täters mit. Einsamkeit selbst wird häufig als krankhafte, sozial bedingte Isolierung interpretiert, als unnormaler Zustand empfunden. Einsame Menschen gelten als Störenfriede der sozialen Ordnung, da sie ihre Handlungen nicht an der Gesellschaft orientieren und somit in Abweichung zu geltenden Normen stehen.[3] Doch Einsamkeit meint nicht automatisch Isolation. Menschen können objektiv isoliert sein, sich aber nicht einsam fühlen. Diese Muster lassen sich auch in der neuen virtuellen Parallelwelt beobachten. Mitunter gilt Einsamkeit hier als Zielgröße oder Vision, etwa für Aussteiger, die ein Leben à la Robinson Crusoe fern der Zivilisation herbeisehnen.

Einsamkeit jenseits dieser romantischen Verklärung ist jedoch oft von Verzweiflung und seelischer Tristesse umrandet.

---

2 Hans-Gerd Jaschke: »Biographisches Porträt: Michael Kühnen«, in: Uwe Backes / Eckhard Jesse (Hrsg.): *Jahrbuch Extremismus & Demokratie*, 4 (1992), S. 168.

3 Vgl. Uwe Schimank: *Theorien gesellschaftlicher Differenzierung*, Opladen 1996, S. 209.

Sie lässt sich, bezogen auf das »analoge« Leben, in drei Formen unterteilen:[4]

- *vorübergehende Einsamkeit:* minütlich, stündlich; Gefühl, das vorübergeht, etwa Melancholie
- *situative Einsamkeit:* nach Ereignissen wie dem Tod eines Nahestehenden, Arbeitsplatzverlust, gesundheitliche Probleme
- *chronische Einsamkeit:* ohne ein bestimmtes Ereignis; Gefühl, niemandem trauen zu können; mögliche Ursachen: soziale Phobien, Misserfolge im Beruf und Privatleben, traumatische Erfahrungen in der Kindheit

Gerade die chronische Einsamkeit wirkt aggressionssteigernd, zumal Menschen sich heutzutage in eine virtuelle Parallelwelt flüchten können. Einsamkeit ist ein Syndrom für Menschen mit Depression, Schizophrenie oder wahnhaften Störungen, das sich in der Jugend und im Alter besonders bemerkbar macht. Psychische Krankheiten und Einsamkeit verstärken sich gegenseitig. Charakteristisch sind wenig Sozialkontakte und das subjektive Gefühl des Alleingelassenseins. Wer etwa depressiv ist, unter Verfolgungswahn oder an einer Sucht leidet, will keinen Kontakt, schließt andere Menschen von seinem Leben aus, da sie als lästig oder bedrohlich gelten. Die »Gesunden« wiederum wenden sich (dankbar) ab, da sie mit den merkwürdigen, verstockten oder gar aggressiven (Fremd-)Gestalten nur noch wenig anfangen können.[5]

---

4 Vgl. Caroline Bohn: *Einsamkeit im Spiegel der sozialwissenschaftlichen Forschung*, Dissertation im Fachbereich der Philosophie, Dortmund 2006, S. 21–27.

5 Vgl. Manfred Spitzer: *Einsamkeit. Die unerkannte Krankheit*, München 2018, S. 154 f.

Einsamkeit spielt beim Terrorismus eine große Rolle. Zum Terrorismus gehört ein Abtauchen aus dem sozialen Leben, schon allein, um nicht auffällig zu sein, sich nicht zu »verraten«.

Unabhängig davon: Die Planung der terroristischen Tat verlangt eine besondere Fokussierung, mit Blick auf die Operationalisierung, aber auch die kommunikative Sphäre. Schließlich soll das Morden einen höheren politischen Sinn ergeben, die Abscheu vor der Gesellschaft versinnbildlichen. Trotz Einsamkeit und Rückzug kann der Bezug zum Umfeld nicht aufgegeben werden: Der Individualterrorist saugt gesellschaftliche Stimmungen wie ein Schwamm auf und ist insofern ein Abbild der gesellschaftlichen Entwicklungen. Er bewegt sich im Dunstkreis von folgenden Einflussfaktoren:

- Vernetzung und Internationalisierung von rechtsradikalen Kräften
- Erschließung von virtuellen Räumen mit dem Teilen von Gewaltphantasien und Hass-Ideologien
- Anfälligkeit für Verschwörungstheorien auf dem Weg der »absoluten Wahrheitssuche«

Das gilt gerade für die Debatte um die angebliche Islamisierung, die Teile der Bevölkerung nachhaltig vom politischen System entfremdet hat. Aktuell erleben wir eine Radikalisierung, die in den sozialen Netzwerken mit »Worte statt Taten« umschrieben ist und sich etwa in Angriffen auf Flüchtlingsheime manifestiert. Es handelt sich dabei nicht nur um organisierte Strukturen, sondern um Bürger ohne organisierten Hintergrund aus der Mitte der Gesellschaft, die vorher noch nicht polizeilich auffällig geworden sind. Angesichts der neuen massiven Gewalt ist der rechte Terror gegen Flüchtlinge und Menschen mit Migrationshintergrund nicht mehr zu ignorieren. Rassistisch motivierte Taten heben die gesellschaftliche Ächtung von Rechtsextremismus quasi auf.[6] Das belegen Studien für Deutschland im Zuge des »Flüchtlingszuzugs«.

Ein im April 2016 veröffentlichtes Lagebild des Bundeskriminalamts bestätigt die Einschätzung der »neuen Einzeltäter«, die für die Behörden ein unbeschriebenes Blatt sind. So war im Jahr 2015 von 551 Tatverdächtigen lediglich ein Viertel wegen rechtsmotivierter Straftaten vorbestraft, nur drei Personen wurden von Landesverfassungsschutzämtern als »relevante Personen« dieses Milieus eingestuft.[7] Ein europäischer Vergleich[8] gestaltet sich schwierig, da es ganz unterschiedliche Kategorien für Hassverbrechen (*hate crimes*) gibt. In Deutschland fließen etwa Propagandadelikte wie die Verwendung des Hakenkreuzes ein, die es in anderen Ländern gar nicht gibt. Zudem dokumentieren einige EU-Staaten Gewalttaten nur lückenhaft.[9]

Für Europa werden zahlreiche Untergangsszenarien entwickelt, die eine »Islamisierung Europas« in den Mittelpunkt stellen und vom »Selbstmord Europas«[10] phantasieren. Einwanderung gilt als ein von feindlich gesinnten Eliten erdachtes Projekt,

---

6 Vgl. Timo Reinfrank / Anna Brausam: »Rechter Terror gegen Flüchtlinge. Die Rückkehr der rechten Gewalt der 1990er Jahre«, in: Oliver Decker / Johannes Kies / Elmar Brähler (Hrsg.): *Die enthemmte Mitte. Autoritäre und rechtsextreme Einstellungen in Deutschland*, Gießen 2016, S. 241 f.
7 Vgl. Lena Kampf: »Viele Straftaten gegen Asylunterkünfte«, in: *Tagesschau.de* vom 27. April 2016, www.tagesschau.de/inland/bka-asylunterkuenfte-101.html
8 Hier gibt es verschiedene Datendokumentationen, etwa von der Europäischen Menschenrechtsagentur, daneben Berichte des Office for Democratic Institutions und Human Rights der OSZE
9 Vgl. Uwe Backes: »Rechtsextremistische Gewalt in Europa«, in: Gerhard Hirscher / Eckhard Jesse (Hrsg.): *Extremismus in Deutschland*, Baden-Baden 2013, S. 44.
10 So etwa der Titel des nun auch ins Deutsche übersetzten Bestsellers von Douglas Murray: *Der Selbstmord Europas: Immigration, Identität, Islam*, München 2018.

das sich gegen die Existenz der europäischen Völker richtet. Gerade junge Männer sind offenbar anfällig, in dieser aufgeheizten Gemengelage den Rattenfängern auf den Leim zu gehen und rechten Ideologien zu folgen. Sie leben zumeist nicht in den Metropolen und sehen in Ausländern den Sündenbock für die eigene Situation, die sie als unbefriedigend empfinden. Über traditionelle Medien informieren sie sich kaum mehr.

Rechtsterroristische Potenziale sind vor allem als Folge des 11. September 2001 entstanden. Die neue ideologische Mixtur, die etwa von der English Defence League (EDL) entwickelt wurde, greift verschiedene Muster auf:

- Die Aktivisten sehen sich als christliche Kreuzritter (*Symbol Georgskreuz*) im Kampf gegen die islamische Gefahr und als Reaktion auf die Propaganda gegen die westliche Welt durch den islamistischen Fundamentalismus.
- Sie sehen sich in erster Linie als eine kulturelle, weniger als eine rassistische Abwehrbewegung der eigenen Identität, beschwören einen Kulturkampf herauf (»*clash of civilizations*«).[11]

Das Erstarken von radikalen Ideologien und rechtsextremistischer Militanz kann ohne die islamistisch-fundamentalistische Herausforderung nicht erklärt werden. Ein antiislamistisches Bollwerk ersetzt das antikommunistische, das nach dem Zusammenbruch des Kommunismus weitgehend obsolet geworden ist.

---

11 Vgl. Uwe Backes: »Rechtsextremistische Gewalt in Europa«, in: Gerhard Hirscher/Eckhard Jesse (Hrsg.): *Extremismus in Deutschland*, Baden-Baden 2013, S. 55.

2. Die rechte Internationale

Von den Worten zu den Waffen: Entwickelte sich innerhalb der 1968er-Bewegung eine Minderheit zu gewalttätigen Linksterroristen, so stellt sich die Situation ein halbes Jahrhundert später anders da. Die Rechtsaußenkräfte in den Parlamenten erhalten massiven Zulauf, eine Verbindung zu der neuen Bedrohung durch gewalttätige Rechtsterroristen muss zumindest diskutiert werden. Gibt es eine Revolution mit umgekehrten, diametral entgegengesetzten Vorzeichen? Fest steht: Der gegenwärtige Zeitgeist steht in den westlichen Demokratien auf »rechts«, fremdenfeindliche Einstellungen nehmen zu, in vielen Staaten gleichen sich die Muster. Eine autoritäre Restauration droht, wie sich an den Wahlergebnissen in Ländern wie Frankreich, Österreich, Ungarn oder Polen am deutlichsten ablesen lässt. Vor wenigen Jahren war eine solche Entwicklung noch ausgeschlossen.

Donald Trump, der im November 2016 zum 45. US-Präsidenten gewählt wurde, verdeutlicht einen globalen und europäischen Trend, die Wiederkehr des Autoritären. Trump, der populistische Agitator, handelt gemäß einer sogenannten »umgekehrten Psychoanalyse«, wie wir das aus dem Zeitalter des Faschismus kennen: Er nähert sich seinem Publikum mit genau der gegenteiligen Intention, mit welcher der Analytiker auf die zu therapierende Person zugeht. Der Demagoge greift die individuellen Verunsicherungen, die neurotischen Ängste auf und verstärkt sie gezielt mit dem Zweck, den Patienten nicht mündig werden zu lassen, um eine feste Bindung zu erzeugen.[12] In seiner

---

12 Vgl. Helmut Dubiel: »Das Gespenst des Populismus«, in: Ders. (Hrsg.): *Populismus und Aufklärung*, Frankfurt a. M. 1986, S. 42.

Kampagne schmiss er mit Schimpftiraden nur so um sich. Mexikaner bezeichnete der Kandidat pauschal als »Vergewaltiger«. Bei Terroranschlägen macht der Immobilienmakler und Milliardär (der »Dealmaker«) auch als Präsident reflexartig den islamistischen Terrorismus als Schuldigen aus, verbunden mit der Forderung nach Law and Order – selbst wenn es sich mitunter um weiße Amerikaner handelt, die aus rechtsextremistischer Motivation zu Gewalttätern wurden. Im Wahlkampf erfand er zudem einen Terroranschlag in Schweden.[13]

Erschwerend kommt hinzu: In der Flüchtlingskrise sind tiefe Gräben entstanden. Ein Europa der offenen Grenzen weicht einem Europa der Abschottung. Kein Politiker aus Europa, den USA oder auch aus Russland und der Türkei kommt in einer politischen Ansprache mehr ohne den Verweis aus, dass wir in schwierigen und unsicheren Zeiten leben. Die Grenzen zwischen demokratischen und demagogischen Beschwörungen scheinen dabei zunehmend zu verschwimmen.

Die Ängste der Europäer in Bezug auf die unkontrollierte Migration scheinen sich immens gesteigert zu haben. Sie laufen auf drei Punkte hinaus, wie die Autorin Julia Ebner darlegt: erstens die Angst, dass etwa junge arabische Männer die eigenen Perspektiven blockieren, Frauen, Jobs und Wohnungen wegnehmen, zweitens, dass Stadtviertel und ganze Gesellschaften islamisiert werden und dass überall Terroranschläge von radikalen Islamisten drohen.

Wahlkämpfe kreisen zunehmend um das Thema Migration, während die öffentliche Skepsis gegenüber der Fähigkeit der gewählten Politiker, mit der Migration fertigzuwerden, stark zuge-

---

13 *Focus.de*, »Donald Trump erfindet Terror«, 19. Februar 2017, https://www.focus.de/politik/videos/us-praesident-donald-trump-erfindet-terroranschlag-in-schweden_id_6670387.html

nommen hat. Dadurch ist die Öffentlichkeit anfälliger und offener geworden für rechtsextreme Parolen, die in diesem Umfeld, wo Angst und Sorge herrschen und Menschen sich als Opfer fühlen, Anklang finden.[14]

Es hat sich grenzübergreifend eine »rechte Internationale« gebildet, die ein halbes Jahrhundert später gegen die Errungenschaften der 68er-Bewegung ankämpft, im Grund eine Gegenbewegung abbildet. Gesellschaftliches Laissez-faire, Emanzipation und Feminismus (sogenannte »Gender-Ideologie«), Toleranz und multikulturelle Gesellschaft gelten ihnen als Feindbilder.

»Globalisierter Rechtsextremismus« galt lange als Widerspruch in sich. Zu stark schienen Parteien und soziale Bewegungen auf den eigenen Nationalstaat fixiert. So konstatierte Franz Schönhuber, der einstige Parteivorsitzende der »Republikaner« und prägende Kraft der »extremen Rechten« Anfang der neunziger Jahre: »Das Einzige, was viele rechte europäische Parteien gemeinsam haben, ist das, was sie trennt. Im Gegensatz zu linken Parteien, die historische Belastungen über neue und gemeinsame Gesellschaftsordnungen überwinden wollen, sich dem Internationalismus verschrieben haben, steht für rechte Parteien der Erhalt der völkischen Substanz und die Unverletzbarkeit des nationalen Territoriums im Vordergrund.«[15] Europas radikale Rechte arbeitete so wenig zusammen, dass man sie nicht als eigenständigen politischen Akteur bezeichnen konnte. Das hat sich in der schönen neuen Welt der Globalisierung grundlegend geändert.

Die neuen, populären Einstellungen lassen sich in drei Punk-

---

14 Vgl. Julia Ebner: *Wut. Was Islamisten und Rechtsextreme mit uns machen*, Darmstadt 2017, S. 119.

15 Franz Schönhuber: *Europas Patrioten. Die Eurorechte: Chance oder Illusion?*, Berg 2000, S. 133.

ten zusammenfassen. Dabei gleichen sich in unterschiedlichen Ländern Europas die Muster:[16]

- *Anti-Establishment*
  - Die Regierung verschweigt der eigenen Bevölkerung die Wahrheit.
  - Die regierenden Parteien »da oben« betrügen das Volk und stecken sich das Geld in die eigene Tasche.
  - Es ist Zeit, aktiven Widerstand gegen die aktuelle Politik zu leisten.

- *Demokratiefeindlichkeit*
  - Die etablierten Parteien machen sich den Staat zur Beute und zerreden Probleme.
  - Es wäre wieder an der Zeit, die Macht in die Hände eines starken (An-)Führers zu geben.
  - Es gibt keine Medienfreiheit, eine »Lügenpresse« gibt den Takt vor.

- *Rechtsextremismus*
  - Es ist wieder an der Zeit, die Bedürfnisse der eigenen Nation nicht nur in den Vordergrund (*Patriotismus*), sondern über alles zu stellen (*Chauvinismus*).
  - Ausländer nutzen lediglich unser Sozialsystem aus und sind meist kriminell.
  - Europa wird vom »Islam« unterwandert.

---

16 Vgl. in ähnlicher Diktion für Deutschland: Andreas Zick / Beate Küpper / Daniela Krause: *Gespaltene Mitte – Feindselige Zustände: Rechtsextreme Einstellungen in Deutschland*, Friedrich-Ebert-Stiftung Bonn 2016.

- Es entstehen Probleme, wenn sich etwa Muslime oder Roma in meiner Gegend aufhalten oder ein Flüchtlingsheim in der Nähe eingerichtet wird.
- Flüchtlinge sind lediglich »Sozialschmarotzer« und sollen im eigenen Land bleiben.

Die Schnittmenge zwischen den hier präsentierten Meinungen, die von Parteien oder Menschen vertreten werden, die sich demokratisch nennen, und den Gründen, die Einsame Wölfe für ihre Taten finden, sind beträchtlich.

Die Anschlussfähigkeit eines rechtsextremen Denkens an die Mitte der Gesellschaft zeigt sich an den Wahlerfolgen in Europa und den USA. Eine »Trumpetisierung« gilt nun als erfolgreicher Politik- und Kampagnenstil.[17] Ohne gleich kulturpessimistisch den »Untergang des Abendlandes« im Sinne von Oswald Spengler beschwören zu müssen, sehen wir doch, dass eine Verrohung des politischen Stils um sich greift und autoritäre Muster an Dominanz gewinnen – auf Kosten von Toleranz und Respekt.

---

17 Vgl. Florian Hartleb: *Die Stunde der Populisten. Wie sich unsere Politik trumpetisiert und was wir dagegen tun können*, Schwalbach im Taunus 2017.

3. Virtuelle Welten

Die globale Vernetzung durch das Internet und die damit verbundene Fixierung auf den westlichen Lebensstil tragen im 21. Jahrhundert zwar maßgeblich zur Ausbreitung der Demokratie bei. Undurchsichtige Tätigkeiten von Geheimdiensten auch in der westlichen Welt, etwa die 2013 aufgedeckte Überwachungs- und Spionageaffäre um die NSA, sprechen aber dafür, dass das Misstrauen nicht verschwunden ist und der Schutz der Privatsphäre im Zuge der technologischen Revolution schwer auf dem Prüfstand steht. Dafür sorgen die Datenskandale rund um den US-Konzern Facebook, der das Zeitalter der sozialen Medien geprägt hat. Es stellt sich die Frage, inwiefern Profitinteressen derartiger Konzerne, gepaart mit einer destruktiven Motivation mancher Nutzer, traditionelle Werte wie Privatheit oder die Achtung der Diskussionskultur untergraben.

Kann es virtuellen Gemeinschaften wirklich gelingen, reale Politik zu betreiben? Der Kommunikationswissenschaftler Otfried Jansen bestritt das im Jahr 1998. Er war der Meinung, dass bestehende soziale Strukturen die Basis für die Entwicklung technisch gestützter Formen bilden.[18] Zwei Jahrzehnte später stellt sich die Frage, ob dieses Urteil wirklich noch zeitgemäß ist. Immerhin fand ein digital-technologischer Quantensprung statt, einschließlich einer völlig neuen Form der Interaktion. Gerade der als organisationsfeindlich verschriene subkulturelle Rechtsextremismus findet hier neue Andockmöglichkeiten.

Der US-amerikanische Philosoph und Rechtswissenschaftler

---

18 Otfried Jarren: »Internet – neue Chancen für die politische Kommunikation«, in: *Aus Politik und Zeitgeschichte*, B 40 (1998), S. 13–21.

Cass Sunstein warnte bereits früh, im Jahr 2002, vor den Gefahren einer »Cyber-Balkanisierung« des öffentlichen Raums, das heißt vor einer politischen Öffentlichkeit, die ihrer Struktur nach Extremismus begünstigt. In einem internetdominierten Mediensystem könnten sich kleine Gruppen mit gemeinsamen Ideen viel leichter von Argumenten und Tatsachen abschirmen, die gegen ihre Auffassungen sprechen, als in traditionellen, an den Massenmedien orientierten öffentlichen Räumen.

Im Gegensatz zu traditionellen Massenmedien kann man bei den neuen Medien frei wählen, von wem man informiert werden und mit wem man diskutieren möchte. In derart isolierten Gruppen streben die extremen Varianten jener gemeinsamen Ansichten, die die Grundlage für die Gruppenbildung waren, nach Unterstützung. Sunstein spricht in dieser Hinsicht von »Hallräumen« (*echo chambers*). Nach einem Argument folgt nicht ein Gegenargument, sondern ein sich verstärkender Nachhalleffekt.[19]

Die verringerten Kontaktschwellen im Netz begünstigen den Aufbau und die Pflege schwacher Bindungen, die je nach Bedarf aktiviert werden. Dennoch bieten sich neue Möglichkeiten. Virtuelle Gemeinschaften sind nicht *unwirklich*, sie folgen nur anderen Interaktionsmustern als physisch-reale Gemeinschaften.

Der Fanatismus von potenziellen Terroristen findet seine Projektionsfläche in der Möglichkeit einer 24-Stunden-Kommunikation und Interaktion – und das bequem von zu Hause aus. Die populärste Spieleplattform Steam wächst und wächst. Jüngsten Zahlen zufolge nutzen sie 33 Millionen Nutzer, davon bis zu 14 Millionen gleichzeitig.

Steam braucht für den Vertrieb keine Shops und nur wenige Angestellte. Durch die geringen Kosten für Produktivität etc. ist

---

19 Vgl. Cass R. Sunstein: *Republic.com 2.0*, Princeton 2002.

der Gewinn der Plattform entsprechend hoch. Er bewegt sich im Milliardenbereich. Zwar wird kontrovers beurteilt, ob der (exzessive) Gebrauch von gewalttätigen Computerspielen zu Aggressionen führt, auch wenn die überwiegende Mehrheit aus harmlosen Nutzern bestehen dürfte. Doch Steam steht in erster Linie für den Vertrieb sogenannter Killerspiele. Als Klassiker gilt Counter-Strike, mittlerweile in der Version Counter-Strike Source. Dort tritt der Spieler als Teil einer von zwei Parteien in einem Netzwerkspiel (meist über das Internet) gegen ein gegnerisches Team an, um einen bestimmten Auftrag zu erfüllen. Das kann beispielsweise das Entschärfen einer Bombe sein. In diesem Beispiel wäre es Aufgabe der einen Partei (Terroristen), die Bombe zu platzieren und deren Detonation zu gewährleisten, und die der anderen Partei (Sondereinsatzkommando), die Bombe zu entschärfen. Um dieses Ziel zu erreichen, steht dem Spieler eine große Auswahl an Waffen zur Verfügung, mit deren Einsatz die Gegner »unschädlich« gemacht werden können.

Die Entwicklung schreitet rasant, enthemmt und ungehemmt voran. Die Spiele werden immer ausgefallener und gewaltverherrlichender. Im Mai 2018 bewarb Steam das Spiel *Active-Shooter*, in dem ein Schulmassaker simuliert wird. Der Spieler steckt in der Rolle eines Spezialkommando-Mitglieds, das in einer Schule nach einem Schützen sucht. Dann wird die Perspektive des wild um sich schießenden Schützen eingenommen. Der Werbeclip endet mit Bildern von auf dem Boden liegenden Leichen. Die Zahl der getöteten Zivilisten wird dabei mitgezählt.[20]

Brisant ist das auch deshalb, weil erst im März 2018 bekannt wurde, dass es auf Steam 173 Nutzergruppen gibt, die frank und

---

20 Vgl. *n-tv.de*: »Amokläufer oder Polizist? Schulmassaker-Spiel löst Empörung aus«, 31. Mai 2018, https://www.n-tv.de/panorama/Schulmassaker-Spiel-loest-Empoerung-aus-article20456765.html

frei School-Shootings preisen.[21] Nach immensen Protesten hat man die realitätsnahe Simulation nun offenbar zurückgezogen. Heißen muss das gleichwohl nicht viel. *Hatred*, eine andere Simulation, in der man unschuldige Zivilisten ermordet, wurde erst entfernt und dann wieder eingestellt.[22] Von daher bestehen erhebliche Zweifel, ob die Spielindustrie trotz der zahlreichen School-Shootings eine Kehrtwendung vollziehen will und kann. Die Kommerzinteressen stehen über lästigen ethischen Debatten, die angesichts der zahlreichen Vorfälle gerade in den USA eigentlich notwendig wären. Man könnte sogar vermuten, dass die ohnehin einsetzende Glorifizierung von School-Shootings in der »Community« dazu genutzt wird, die Gewinnmargen nach oben zu treiben.

Auf Steam tummeln sich schwarze Schafe, die offenbar unbehelligt halböffentliche extremistische Foren gründen, Voice- und Textnachrichten verschicken und unter dem Radar von Sicherheitsbehörden kommunizieren sowie Gewaltphantasien teilen. Mittlerweile lässt sich nicht mehr von einem Irrläufer sprechen, da sich hier gezielt Gleichgesinnte zusammenfinden und vernetzen.

Die *Huffington Post* erkennt mittlerweile ein großes Problem von Steam mit nationalsozialistischen Inhalten. Dabei wird klar: Nicht die Gewaltspiele sind das eigentliche Problem, sondern die sozialen Plattformen, in denen sich im Jahr 2017 Communitys wie »Kill the Jews« oder »Neo Nazi Fascist Party« als öffent-

21 Vgl. *The Center for Investigation Report*: »The Hate Report: Gaming app has 173 groups that glorify school shooters«, 2. März 2018, https://www.revealnews.org/blog/hate-report-gaming-app-has-173-groups-that-glorify-school-shooters/
22 Vgl. *Forbes.com*: »Valve Was Right To Remove ›Active Shooter‹ From Steam, But It's Not Enough«, 30. Mai 2018, https://www.forbes.com/sites/erikkain/2018/05/30/valve-was-right-to-remove-active-shooter-from-steam-but-its-not-enough/#37950b082e28

liche oder private Gruppen finden ließen. Die Zeitung konnte Tausende von Accounts und Nutzergruppen identifizieren, in denen sich einzelne Personen als Nationalsozialisten, School-Shooters oder Rassisten ausgeben.

Gerade der beliebte Einsatz von Satire soll die wahren Absichten verschleiern, die Grenzen zwischen geschmacklosem Spaß und bitterem Ernst bis ins Unkenntliche verwischen. Das drastisch klingende Urteil: Einschlägige NS-Symbolik ist »normalisiert«.[23]

Ähnliches gilt für islamfeindliche Blogs, die als mittelbare oder unmittelbare Reaktion nach dem 11. September 2011 und dem Ausbreiten des islamistischen Terrorismus entstanden sind. Auf Online-Foren wie »Politically Incorrect« in Deutschland oder »EuropeNews« in Dänemark fingen Blogger an, sich über islamkritische Texte auszutauschen und aktiv zu werden. Sie teilten Medienberichte, die als Beweis für eine angebliche Islamisierung dienen sollten: etwa Artikel über Betreiber öffentlicher Kantinen, die aus »falsch verstandener« Rücksicht auf Muslime Schweinefleisch von der Speisekarte genommen hätten.[24]

Schlimmer als die offenen Blogs sind aber längst die verborgenen Parallelwelten geworden, in denen wie auf Steam Gruppen in eigener Sprache kommunizieren oder im Darknet operative Geschäfte wie etwa Waffenkäufe laufen. Die Existenz dieser Foren zu verharmlosen oder die Bekämpfung mit Verweis auf rechtliche Probleme gar nicht erst zu versuchen, wird das Problem der Einsamen Wölfe nur noch verschärfen.

---

23 Vgl. Andy Campell: »Steam, Your Kids' Favorite Video Game App, Has A Big Nazi Problem«, in: *Huffington Post* vom 8. März 2018, https://www.huffingtonpost.com/entry/steam-video-games-nazis_us_5aa006cae4b0e9381c146438
24 Vgl. Oliver Wäckerlig: »Von Online-Blogs zu Anti-Islam-Parteien«, in: *Medien Dienst Integration* vom 29. April 2016, https://mediendienst-integration.de/artikel/gastkommentar-oliver-waeckerlig-islamfeindliche-netzwerke-und-rechtspopulismus-in-europa.html

4. Konjunktur der Verschwörungstheorien

Hinter allem steckt angeblich ein Plan, nichts geschieht aus purem Zufall. Es gibt aktuell eine Renaissance der Verschwörungstheorien, die sich rasant über das Internet verbreiten und von weiten Teilen der Gesellschaft rezipiert werden. Dieses in seinem Ausmaß neue Phänomen darf im Zusammenhang mit der Radikalisierung der Einsamen Wölfe nicht vergessen werden.

Verschwörungstheorien betreffen nicht nur das Internet. Auch herkömmliche Verlage wie in Deutschland der Kopp-Verlag bedienen den Markt, bekommen deutlichen Auftrieb und erreichen ein beträchtliches Publikum.[25] Antisemitische Klischees, die eine lange Tradition haben, spielen darin bis heute eine Rolle und stehen im Mittelpunkt der Diskussion über Verschwörungstheorien. Diese äußern sich hauptsächlich folgendermaßen:

- Jüdisches Finanzkapital beherrscht die Welt. Die Ansicht fußt auf dem gefälschten Buch *Protokolle der Weisen von Zion*[26] und wird angeblich personifiziert durch superreiche Personen wie Bill Gates, Warren Buffet oder George Soros.
- allgemeine Kapitalismus- und Globalisierungskritik (Finanzelite; weltbeherrschende jüdische Macht an der

---

25 Ebd., S. 195–197.
26 So Wolfgang Benz: »Die mächtigste aller Lügen«, in: *Die Zeit* vom 24. Oktober 2017, https://www.zeit.de/zeit-geschichte/2017/03/protokolle-weisen-zion-antise mitismus-faelschung/komplettansicht. Bis heute wird die gefälschte Hetzschrift verbreitet. Vgl. Michael Butter: »*Nichts ist, wie es scheint.« Über Verschwörungstheorien*, Berlin 2018, S. 166 f.

US-amerikanischen Ostküste mit Banken und Börsen an der Wallstreet; Zinsknechtschaft, die einst als Schlagwort im Programm der NSDAP fungierte);

- Verbindung mit einem Hass auf Israel (Vermischung mit einem Philosemitismus);
- Holocaust-Umdeutung (Leugnung, Verharmlosung, Relativierung).

Die antisemitische Tradition setzt sich bis heute fort, hat ihre Bedeutung auch im Terrorismus. Sie spielte beispielsweise bei den Taten von Oklahoma City im Jahr 1995 eine Rolle. In den USA wird innerhalb der extremen Rechten von einer sogenannten »Zionistischen Besatzungsregierung« (ZOG, Zionist Occupation Government«) gesprochen, womit die Regierung in Washington, D. C. gemeint ist.

Die bereits im Buch diskutierten Turner-Tagebücher dienen hier als entscheidende Quelle. Im Netz kursieren zahlreiche Kürzel, Andeutungen und Codierungen – mitunter in klarer Bezugnahme auf die nationalsozialistische Darstellung vom »reichen, geldgierigen Juden mit großen Pranken«. »USrael« meint, die »wahren Herrscher« der USA seien Juden. »NWO« (New World Order) bezieht sich auf die judenfeindlichen (gefälschten) »Protokolle der Weisen von Zion«.[27]

In der Jugendkultur hat eine solche Sprache längst Einzug gehalten. Ein Beispiel ist etwa der Rapper Kollegah (bürgerlich Felix Blume), der in seine Musikvideos antisemitische Verschwörungstheorien und Klischees mischt, wenn etwa das Böse in Gestalt des Teufels den Davidstern trägt. Er bekam zusammen

---

27 Vgl. Sascha Lobo: »Die vielen Formen des Netz-Antisemitismus«, in: *Spiegel Online* vom 13. Dezember 2017, http://www.spiegel.de/netzwelt/web/antisemitismus-im-netz-wie-judenhass-digital-verbreitet-wird-a-1183052.html

mit Farid Bang 2018 den bekannten Musikpreis *Echo* verliehen, der nun nach dem darauf folgenden Aufschrei eingestellt wurde.

Verschwörungstheorien haben im virtuellen Zeitalter Konjunktur, lassen sich im Netz einfach finden – vom 11. September 2001 als Selbstinszenierung der USA bis zur aktuellen Flüchtlingskrise. Letztgenannte ist demnach kein Zufall, sondern Teil eines in die Tat umgesetzten Plans, der von Feinden betrieben wird.[28]

Woher kommt diese Flut, warum werden reale oder imaginäre Gruppen wie Juden, Freimaurer, Illuminaten oder Aliens zum Übel dieser Welt erklärt? Wie kommt es, dass solchen Ideen weit mehr als lediglich Leichtgläubige und Ungebildete anhängen? Verschiedene Gründe sind dafür anzuführen:[29]

- Kompensation für das schwindende Verständnis für Kausalzusammenhänge in Zeiten der Globalisierung
- simples Ausmachen von Sündenböcken, gerade auch als Kompensation für die eigene Orientierungslosigkeit
- Wunsch der Bewahrung und Beharrung einer vermeintlich oder angeblich bedrohten Ordnung
- die Möglichkeit, sich aus der Masse abzuheben und damit eine neue Identität zu erfahren

Solche Verschwörungstheorien werden mitunter geschickt gesteuert und sind Teil einer gezielten Desinformationsarbeit beispielsweise des Kremls, deren Effizienz im Zuge des Ukraine-Kriegs und der Annexion der Krim, aber auch während der Flüchtlingsherausforderung zu beobachten war. Dafür sorgen

---

28 So argumentiert etwa der ungarische Premierminister Viktor Orbán.
29 Vgl. Michael Butter: »Dunkle Komplotte. Zur Geschichte und Funktion von Verschwörungstheorien«, in: *Politikum*, 3/2017, S. 4–14.

spezielle Trolls und Sender wie Russia Today und Sputnik, die in zahlreichen Ländern zu empfangen sind.[30]

Längst hat sich zwischen Europas Rechtsradikalen und Wladimir Putins Russland eine Allianz gebildet. Erstere fungieren dabei als nützliche Idioten. Bei dem umstrittenen Referendum auf der Krim setzte Moskau im März 2014 auf Wahlbeobachter des französischen Front National,[31] des belgischen Vlaams Belang, der ungarischen Jobbik-Partei, der italienischen Lega Nord und der österreichischen FPÖ. Diese Abordnungen bestätigten befehlsgetreu den demokratischen Charakter. Längst hat sich ein festes Netzwerk herausgebildet, das etwa Politiker der deutschen AfD einschließt. So werden verschwörungstheoretische Beiträge von einschlägigen Plattformen in den sozialen Medien von Europas Rechten geteilt.

Ein besonders krasses Beispiel: Das russische Staatsfernsehen hatte Ende Januar 2016 berichtet, eine 13-jährige Russlanddeutsche aus Berlin sei von arabischen Flüchtlingen vergewaltigt worden. Die deutschen Behörden wollten das vertuschen, lautete der harsche Vorwurf. Dabei hatte Lisa gelogen, wie die Polizei später ermittelte. Hunderte Russlanddeutsche glaubten der Propaganda einer medialen Parallelwelt und demonstrierten an verschiedenen Orten in Deutschland. Es zeigte sich, wie einfach sich ein Bevölkerungsteil durch manipulative Berichterstattung aufwiegeln ließ.[32] Generell scheint eine derartige Strategie von Staaten wie Russland ein perfides Mittel zu sein, um Menschen zu radikalisieren und den Westen so zu schwächen.

---

30 Vgl. Ute Schaeffer: *Fake statt Fakt. Wie Populisten, Bots und Trolle unsere Demokratie angreifen*, München 2018, S. 167–203.

31 Mittlerweile wurde die Partei in »Rassemblement National« umbenannt.

32 Vgl. Markus Ackeret: »Die Stunde der Manipulatoren«, in: *Neue Zürcher Zeitung* vom 6. August 2016, http://www.nzz.ch/international/europa/cyber-bedrohungen-die-stunde-der-manipulatoren-ld.109391

5. Reichsbürger –
nur »Papierterroristen«?

Um Verschwörungstheorien bilden sich ganze Gruppen. Das zeigt etwa die Reichsbürgerbewegung, die bis vor kurzem selbst Extremismusforschern gänzlich unbekannt war und nicht in Diskussionen über Extremismus auftauchte. Dem gewaltbereiten Milieu der sogenannten Reichsbürger gehören in der Bundesrepublik mittlerweile mehr als 18 000 Anhänger an – eine schlagartig wachsende Zahl.[33] Sie gründen eigene Königreiche oder Staaten. Dabei eint sie die krude Vorstellung, dass die Bundesrepublik kein völkerrechtlich anerkannter Staat, sondern lediglich eine Firma sei, die »BRD GmbH«. Das Deutsche Reich existiert für sie weiter, der deutsche Staat gilt als Feind, dem man schlichtweg den Gehorsam – Achtung der rechtlichen Ordnung wie das Zahlen von Steuern oder das Begleichen von Strafzetteln – verweigert.

Das Phänomen der Reichsbürger ist keineswegs randständig und kann nicht allein als realsatirische Ansammlung von Spinnern, Sektierern und notorischen Querulanten abgetan werden. Das zeigte sich am 19. Oktober 2016, als die Bewegung endlich auf das Radar von Staatsapparat und Sicherheitsorganen gelangte.[34] An diesem Tag schoss Wolfgang Plan im bayerischen Georgensgmünd aus dem Hinterhalt auf Polizeibeamte. Der heimtü-

---

33 Vgl. Bundesamt für Verfassungsschutz: Aktuelle Zahlen der Reichsbürger und Selbstverwalter, Berlin, März 2018, https://www.verfassungsschutz.de/de/aktuelles/zur-sache/zs-2018-003-reichsbuerger-selbstverwalter-aktuelle-zahlen
34 Vgl. Andreas Speit: »Reichsbürger – eine facettenreiche, gefährliche Bewegung«, in: Ders. (Hrsg.): *Reichsbürger. Die unterschätzte Gefahr*, Berlin 2017, S. 8.

ckischen Tat durch den passionieren Jäger und Sportschützen, ehemaliger Betreiber einer Kampfsportschule, fiel ein Polizeibeamter zum Opfer, ein weiterer wurde schwer verletzt. Fälle von Gewaltanwendung gegenüber Obrigkeiten scheinen sich zu häufen, was nun auch die öffentliche Seite auf den Plan ruft.

Die Bewegung verbreitete sich offenbar schwarmartig und findet inzwischen auch Eingang in die Popkultur. So trat Deutschlands bekanntester Soulsänger, Xavier Naidoo, am Tag der Deutschen Einheit 2014 vor Reichsbürgern auf, was der lange unterschätzten Bewegung erstmals Öffentlichkeit einbrachte.

Der Sohn südafrikanischer Eltern sagte dabei, wer die Erzählung über den 11. September 2001 als Wahrheit hinnehmen würde, habe einen Schleier vor den Augen.[35] Auf die Frage, ob er den 11. September leugne, antwortete Naidoo in einem *Stern*-Interview: »Ich leugne ihn nicht, glaube aber nicht, dass das so abgelaufen ist, wie es in den Medien und von der Politik dargestellt wurde. Die Achillesferse des Anschlags ist doch das 47-stöckige Bürogebäude neben den Türmen gewesen, genauer gesagt: Gebäude Nummer 7. Dieses Gebäude ist Stunden später eingestürzt. Das sah aus wie bei einer kontrollierten Sprengung. Daran gibt es nichts zu deuten.« Auf den Einwand, das sei auch eine populäre Verschwörungstheorie, fügt er an: »Es ist mir egal, was andere dazu sagen. Man braucht sich nur den Zusammensturz ansehen.« Später gab er an, kein Verschwörungstheoretiker, sondern ein »Wahrheitssuchender« zu sein.[36]

Seit Anfang 2017 nimmt der deutsche Staat die Bewegung

---

35 *Spiegel Online*: »Jesus bei den Reichsbürgern«, 7. Oktober 2014, http://www.spiegel.de/kultur/gesellschaft/xavier-naidoo-pop-saenger-richtet-sich-an-verschwoerer-klientel-a-995909.html

36 Interview mit Xavier Naidoo: »Deutschland ist kein souveränes Land. Wir sind nicht frei!«, in: *Der Stern* vom 12. März 2015.

genauer unter die Lupe.[37] Nicht nur Gerichtsvollzieher haben Erfahrungen mit der hohen Gewaltbereitschaft der Szene gemacht. Auf dem ersten Blick wirken Reichsbürger harmlosskurril, wenn sie etwa Personaldokumente, Führerscheine und Autobahnschilder selbst gestalten. Ämter und Behörden werden mit unzähligen Eingaben und voluminösen Schriftstücken überschüttet, geradezu »bombardiert«. Hier kursiert bereits das Wort des »Papierterrorismus«.[38]

Verfassungsschützer fürchten, dass aus diesen Reihen rechtsterroristisch motivierte Einzeltäter hervorgehen könnten.[39] Doch die Gefahr geht weit darüber hinaus: Teile der Szene sind offenbar bereit, ihre Ideologie im Sinne eines Selbstschutzes unter Gewaltanwendung zu verteidigen. Die in Deutschland bekannt gewordenen Reichsbürger gibt es auch in anderen Ländern, besonders stark in Österreich. Der Verfassungsschutz behandelt sie als »Staatsverweigerer« und spricht ebenfalls von einer wachsenden Szene. Anders als in Deutschland ist es bisher zu keinen Gewalt-Eskalationen, etwa gegenüber Polizeibeamten, gekommen.

Besonders zu nennen ist der sogenannte Staatenbund Österreich, der sich im November 2015 zusammenfand und mit Be-

---

37 Vgl. *Süddeutsche Zeitung*, »Bundesregierung wusste bis Anfang 2017 nichts über ›Reichsbürger‹«, 20. Februar 2017, http://www.sueddeutsche.de/politik/kleine-anfrage-der-gruenen-bundesregierung-wusste-bis-anfang-nichts-ueber-reichsbuerger-1.3385865

38 Ein Reichsbürger fordert etwa via »Affidavit« (mittelalterlich für eidesstaatliche Erklärung) im Juni 2018 beim Landratsamt Passau aus einer Gebührentabelle über 203 Millionen Euro, wie aus einem 63-seitigen Forderungskatalog hervorgeht. Das Geld soll in Silberbarren ausbezahlt werden. Vgl. Stefan Brandl: »Echt irre: Reichsbürger fordert von Vize-Landrat über 203 Mio Euro!«, in: *Passauer Woche* vom 27. Juni 2018, S. 7.

39 Vgl. *Zeit Online*, »Ein Volk, viele Reiche, noch mehr Führer«, 20. April 2016, https://www.zeit.de/politik/deutschland/2016-04/reichsbuerger-verfassungsschutz-radikalisierung-einzeltaeter/komplettansicht

griffen der US-stämmigen »One People's Public Trust« (OPPT) operiert. Ihnen zufolge ist die Republik Österreich nur eine Firma – das Österreich, das sie zu repräsentieren vorgeben, hingegen ein »unantastbares, souveränes und absolutes Völkerrechtsobjekt«.

Geführt wird der Staatenbund von Monika Unger, einer Landwirtin aus der Steiermark, die sich als Präsidentin auf Lebenszeit bezeichnet. In ihren Vorträgen, die manchmal Hunderte Personen anziehen, wittert sie eine Verschwörung der Mächtigen gegen die »kleinen Leute«. Hingegen würden Milliardensummen auf einem Treuhandkonto existieren, die »der Vatikan, die City of London und Washington D. C. jedem einzelnen Menschen vorenthalten«.[40] Unger verlinkt ihre Seite auch auf Texte, die den Holocaust leugnen.

In der österreichischen Staatsverweigerer-Szene tummeln sich bürgerliche Aussteiger und Idealisten, Verschwörungstheoretiker, ebenso Antisemiten und Putin-Freunde. Im April 2017 wurden 20 Staatsverweigerer, darunter Unger, wegen Beteiligung an einer staatsfeindlichen Vereinigung festgenommen.[41] Auch in der Schweiz störten etwa 40 Reichsbürger einen Prozess in Aarau wegen eines Verkehrsdelikts und stellten die Legitimation des Richters infrage. Besonders ein Aktivist sorgte für Aufsehen: Daniel Model, ein eloquenter promovierter Ökonom und vermögender Mitinhaber eines Familienunternehmens aus der Verpackungsbranche.[42]

Es zeigt sich ein neues Phänomen. Der ideologisch aufgela-

---

40 Vgl. Hinnerk Berlekamp: »Der Reichsbürger, ein internationales Phänomen«, in: Andreas Speit (Hrsg.): *Die unterschätzte Gefahr*, Berlin 2015, S. 181–183.

41 Vgl. *Die Zeit*, »Staatenbund der Staatsverweigerer«, 25. April 2017, https://www.zeit.de/politik/2017-04/staatsverweigerer-oesterreich-staatsleugner-gesetzverbot

42 Ebd., S. 187–190.

dene Fanatismus, die rigide Ablehnung des Staates, der verfassungsmäßigen Ordnung und ihrer Repräsentanten in Politik und Administration sowie die hohe Gewaltbereitschaft rücken Teile der Reichsbürger in die Nähe von Rechtsterrorismus. Das Motiv entspringt einer Abwehrhaltung, die durchaus Züge einer kommunikativen Botschaft annehmen kann – ein unbedingtes Wesensmerkmal von Terrorismus.

Es ist wahrscheinlich, dass Einzeltäter, die sich als Reichsbürger bekennen, nicht nur Polizeibeamte attackieren, sondern es etwa auch auf ethnische Minderheiten und Flüchtlinge absehen.[43] Natürlich ist längst nicht jeder Reichsbürger ein potenzieller Terrorist. Aber die Gefahr wächst, dass Menschen aus der Reichsbürgerbewegung Einzeltäter werden. Nicht nur Verfassungsschützer fürchten längst, aus der Szene könnte irgendwann jemand wie Anders Behring Breivik hervorgehen.[44]

---

43 So wurde im April 2017 bekannt, dass eine rechtsextremistische Gruppe deutschlandweit Anschläge auf Asylbewerber und Juden plante. Anführer war offenbar ein bekennender Reichsbürger aus Baden-Württemberg. *n-tv.de*, »Reichsbürger plante Anschläge«, 25. Januar 2017, https://www.n-tv.de/politik/Reichsbuerger-plante-Anschlaege-article19640627.html
44 Vgl. *Zeit Online*, »Ein Volk, viele Reiche, noch mehr Führer«, 20. April 2016, https://www.zeit.de/politik/deutschland/2016-04/reichsbuerger-verfassungsschutz-radikalisierung-einzeltaeter/komplettansicht

6. Folgerungen

Die gesellschaftlichen Umstände tragen dazu bei, dass sich anfällige Personen leichter radikalisieren können. In der virtuellen Welt lassen sich über nationale Grenzen hinweg Gleichgesinnte finden, etwa in eigenen Foren auf scheinbar unverdächtigen Spieleplattformen. Der generelle »Rechtsruck« in der Gesellschaft und die von Hysterie begleitete Angst vor dem Fremden und einer »Islamisierung« können das I-Tüpfelchen dafür sein, einen Wutbürger zu einer tickenden Zeitbombe werden zu lassen. Die Bewegung der Reichsbürger zeigt idealtypisch, wie aus scheinbar harmlosen Spinnern eine Gefahr für die öffentliche Sicherheit werden kann – durch Einzelne, die einen Schritt weiter gehen, als lediglich Ämter mit Schriftwechseln zu schikanieren.

Einsamer-Wolf-Terrorismus ist das Produkt der Selbstradikalisierung eines Individuums, die von einer Mixtur aus persönlichen Kränkungen und politisch-ideologischen Motiven ausgelöst wird. Im Unterschied zum Amoklauf ist der Einsamer-Wolf-Terrorismus politisch motiviert und systematisch geplant. Persönliche Erfahrungen werden als ungerecht empfunden und können den Ausgangspunkt eigener Radikalisierung markieren. Diese erfolgt aber nicht über Nacht, sondern ist ein Reifeprozess, in dem kurz- und mittel-, mitunter sogar langfristige Entwicklungen zusammenkommen. So spielt die Identifikation des Akteurs mit radikalen Bewegungen ebenso eine Rolle wie die Beeinflussung durch extremistische Lehren. Die politisch motivierte Durchführung von Gewalttaten kann eine individuelle Entscheidung sein oder nach Interaktion mit einer Gruppe beschlossen werden. Immer aber entsteht eine gewisse Abschottung gegenüber der Außenwelt.[45] Es lässt sich ein Modell für die Radikalisierung und Mobilisierung von Einsamen Wölfen erstellen:[46]

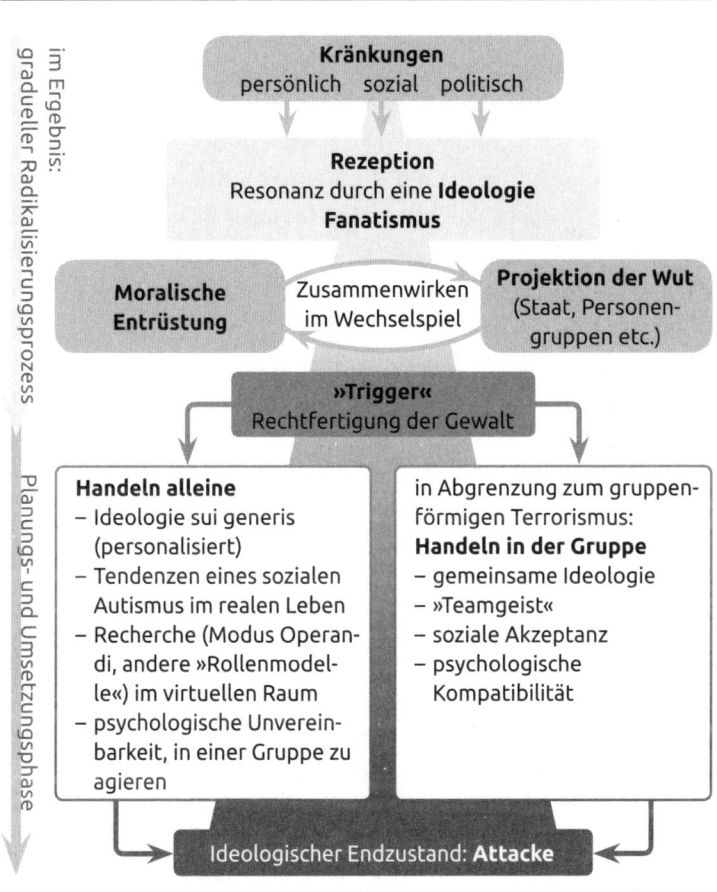

Abbildung 2: Modell der Radikalisierung und Mobilisierung Einsamer Wölfe

---

45 Vgl. Farhad Khosrokhavar: *Radikalisierung*, Bonn 2016, hier S. 38 u. 45f.
46 Eigene Darstellung auf Grundlage von Jeffrey Connor / Carol Rollie Flynn: *Report: Lone Wolf Terrorism*, Georgetown University, Washington D. C. 2015, S. 19.

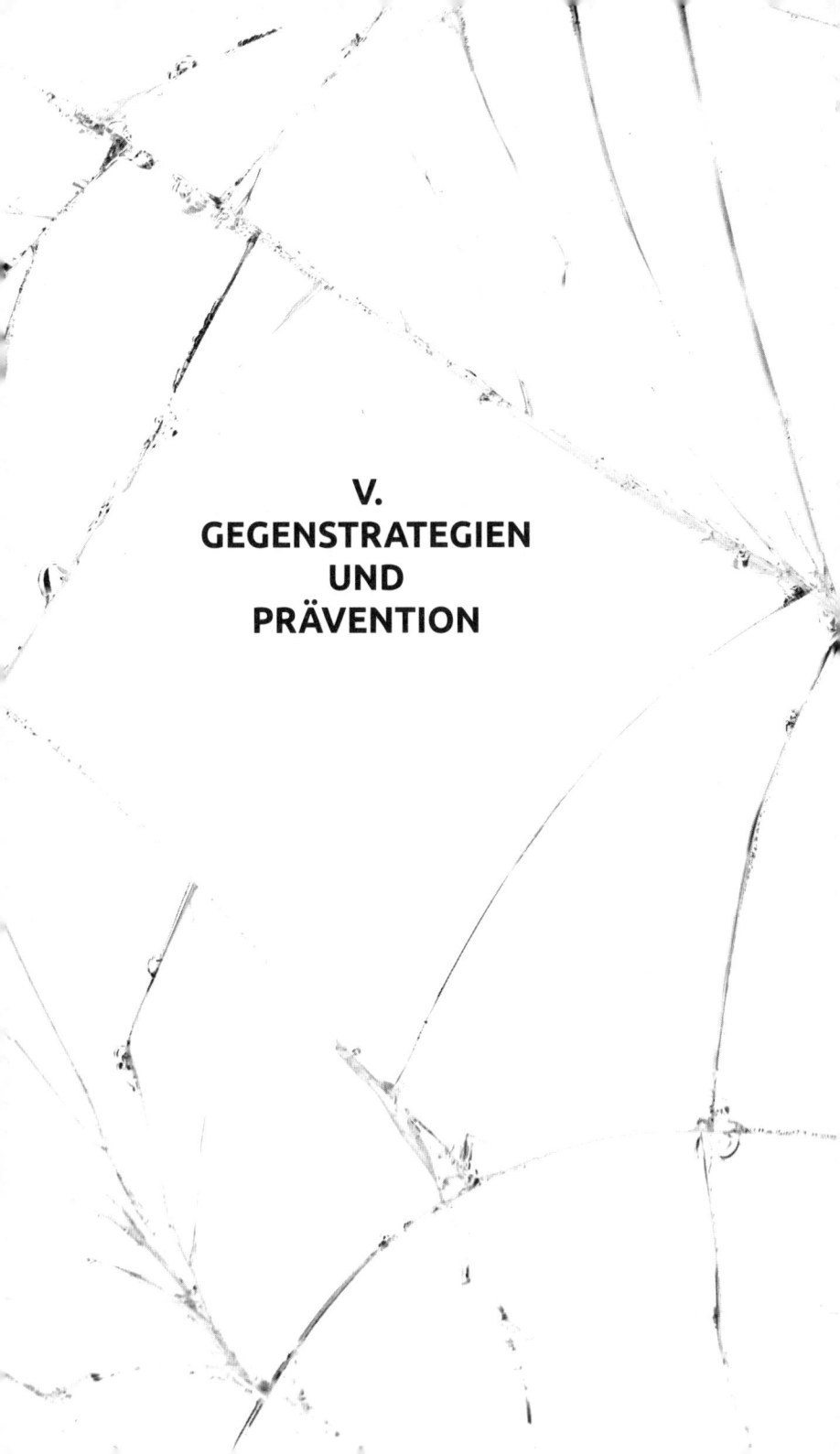

V.
GEGENSTRATEGIEN
UND
PRÄVENTION

Zur Kontrolle und Eindämmung des Terrorismus stehen sich zwei Strategien gegenüber. Nach der *konservativen Strategie* kann Terrorismus allein deshalb existieren, weil der Staat zu liberal und die Gesellschaft zu offen und tolerant ist. Dementsprechend werden rigide Law-and-Order-Maßnahmen mit dem Narrativ »Kampf gegen den Terrorismus« veranlasst, die dem Staat wieder Durchsetzungskraft verleihen sollen.

Nach der *liberalen Strategie* ist nicht die liberale Demokratie als solche Ursache für Terror, sondern der Missbrauch der durch sie ermöglichten Freiheiten. Es wird davon ausgegangen, dass der ideologische Terrorismus ohnehin keinen Rückhalt in der Bevölkerung genießt, weshalb nicht gleich von einer existenziellen Gefahr für Staat und Gesellschaft ausgegangen werden muss. Der Staat sollte keineswegs überreagieren und die Freiheiten der großen Mehrheit beschneiden, um (nutzlose) Maßnahmen gegen wenige Extremisten zu ergreifen.

Es dürfte sich eigentlich von selbst verstehen, dass man Freiheiten nicht dadurch verteidigt, dass man sie einschränkt. Zu welch absurden Folgen das führt, hat sich spätestens mit dem Verhüllungsverbot an französischen Stränden oder dem Vermummungsverbot in Österreich gezeigt. Staatliche Repression löst das Problem nicht.[1] Vielmehr geht es darum, behutsame wie nachhaltige Maßnahmen einzuleiten. Es liegt allerdings in der Natur der Sache, dass unmittelbare Erfolge nicht zu erzielen sind. Das gilt für beide Strategien. Der Unterschied liegt allein darin, dass die konservative Strategie Maßnahmen entfaltet, die alle Bürger sofort zu spüren bekommen, die Straftaten, auf die sie zielen, allerdings selten nachhaltig unterdrücken können. So hat das rigorose Vorgehen des philippinischen Präsidenten Rodrigo Duterte gegen Drogenverkäufer und -konsumenten, dem Tausende Menschenleben zum Opfer gefallen sind, bislang nicht dazu geführt, dass es auf den Inseln keine Drogen mehr gibt. Die Hamburger erinnern sich noch an das Intermezzo des Innensenators Ronald Schill im Zuge der Bürgerschaftswahl 2001. Der Populist, medial zum »Richter Gnadenlos« stilisiert und mit seiner Partei aus dem Stand erfolgreich (19,4 Prozent), versprach vollmundig, die Kriminalität um die Hälfte zu senken und die Drogenszene vom Hamburger Hauptbahnhof zu verbannen. Am Ende blieb es bei bloßer Symbolpolitik.

Maßnahmen der liberalen Strategie hingegen sind für die meisten Bürger unsichtbar, da sie den Anspruch verfolgen, diejenigen zu erreichen, die tatsächlich gefährdet sind, in den Extremismus abzugleiten. Prävention geschieht nicht von heute auf morgen, doch es ist immens wichtig, sie von staatlicher Seite zu unterstützen, und zwar langfristig. Niedrigschwellige Hilfsangebote sollten noch vor den Möglichkeiten der Strafverfolgung das primäre Standbein der Terrorprävention bilden. Solche Angebote können natürlich nur existieren, wenn man zugibt, dass das Problem besteht.

Die neuen technischen Möglichkeiten, die den Tätern im digi-

---

1 Vgl. bereits Hans Joachim Schneider: *Kriminologie der Gewalt*, Stuttgart / Leipzig 1994, S. 185.

talen Zeitalter zur Verfügung stehen, haben zudem die Ermittlungspraxis erheblich verändert: Wenn Polizei und Staatsanwaltschaft die Wohnung eines Beschuldigten durchsuchen, haben sie den Auftrag, neben Tatmitteln wie Waffen schriftliche Unterlagen sicherzustellen. Früher kommunizierten Täter über Festnetzanschlüsse oder wichen konspirativ auf Telefonzellen aus. Das ist Vergangenheit: Die Täter haben die Vorzüge des Cloud-Computing längst für sich entdeckt. Anonymisierung und Kryptierung werden immer mehr zum Standard der Kommunikation von Schwerstkriminellen.[2] Eine Strafverfolgungsbehörde, deren Beamten sich mit solchen modernen Methoden der Kommunikation nicht auskennen, ist nutzlos.

Auch aus diesem Grund werde ich mich im Folgenden in großen Teilen auf den Fall Sonboly beziehen, steht er mit seiner starken Affinität zur Kommunikation via Internet doch exemplarisch für die neuesten Entwicklungen innerhalb des Einsamer-Wolf-Terrorismus, die bislang noch nicht näher aufgearbeitet und analysiert worden sind.

Nie war der Zugang zu volksverhetzenden Inhalten einfacher als heute, gerade auch für Minderjährige. Zumeist reicht der Blick auf die Kommentare unter einem beliebigen Artikel oder Video. Wenige Klicks weiter eröffnet sich in einschlägigen Foren ein buntes Panoptikum aus menschenverachtenden Bildern, Hetzschriften, codierten Schlagwörtern und pseudowissenschaftlichen Analysen, die in deutschen Medien so niemals erscheinen könnten. Die Verrohung des öffentlichen Diskurses ist das Merkmal unserer Zeit, und ihre Rhetorik führt direkt zu

---

2 Vgl. die Einschätzung des Präsidenten des Bundeskriminalamts bereits vor Jahren, siehe Jörg Ziercke: »Freiheit und Sicherheit im digitalen Zeitalter«, in: *Bundeszentrale für politische Bildung*, 22. Oktober 2010, http://www.bpb.de/internationales/europa/europa-kontrovers/38187/standpunkt-joerg-ziercke?p=all

Attentätern wie David Sonboly. Dennoch scheint sich in unserer Gesellschaft kaum jemand ernsthaft daran zu stören, dass Menschen sich öffentlich derartig äußern und wie leicht der Zugang zu diesem Material ist. Die Hartnäckigkeit, mit der die bayerische Staatsregierung noch bis vor kurzem darauf bedacht war, Adolf Hitlers *Mein Kampf* unter Verschluss zu halten, wirkt dagegen geradezu lächerlich.

Prävention muss immer auch da beginnen, wo sie relativ leicht Erfolge erzielen kann. Gerade der Schutz von Jugendlichen sollte ein besonderes Anliegen unserer Gesellschaft sein. Daher gehe ich hier so ausführlich auf den Fall Sonboly ein. Er verdeutlicht, wie Einsamer-Wolf-Terroristen in der heutigen Gesellschaft agieren, und gibt daher Einblicke in die besten Strategien zur Prävention. Dass diese auch die Vermeidung von behördlichen Fehlern zum Gegenstand haben, ist ein trauriger, aber wichtiger Aspekt der Debatte.

1. Notwendiges Umdenken der Sicherheitsbehörden

Die Sicherheitsbehörden sind zumindest in Deutschland weit davon entfernt, die Kategorie des Einsamer-Wolf-Terrorismus in den eigenen Jargon aufzunehmen. Der Verfassungsschutz lehnt sie im Grunde ab, was auch für eine Gesprächsbereitschaft und eine Zugänglichkeit für Argumente gilt. Das hat sich offensichtlich selbst nach den Fällen von Breivik, Steffen und Sonboly nicht gewandelt. So stand im Newsletter von 2017: »Die Gewalttaten (von Einzeltätern) richten sich im Allgemeinen gegen ›weiche‹ Ziele und wurden zum Teil mit frei verfügbaren Tatgegenständen begangen, wie beispielsweise mit einer Axt oder einem Küchenmesser. Um ein besseres Verständnis für das Phänomen des Einzeltäters zu erhalten und seiner Glorifizierung als ›einsamer Wolf‹ entgegenzuwirken, wurde in den letzten Jahren verstärkt zu diesem Thema geforscht.«[3]

Der Fall Sonboly zeigt jedoch deutlich, dass sich bislang nichts geändert hat. Immer noch wird dieser Tätertyp nicht anerkannt. Dieser Umstand ist insofern bedenklich, als sich die Kommunikations- und Interaktionsprozesse längst im virtuellen Raum abspielen. Gerade dort findet sich »unzähliges Werbematerial« und die Möglichkeit, etwa auf Plattformen »Kameraden« zu finden. Diesem Umstand wird aber nicht Rechnung getragen. Es bleibt vage, worin die Forschung überhaupt besteht und ob bis-

---

[3] Bundesamt für Verfassungsschutz: »Einzeltäter – weder einsamer Wolf noch isoliert«, Newsletter, Juni 2017, https://www.verfassungsschutz.de/de/oeffentlichkeitsarbeit/newsletter/newsletter-archive/bfv-newsletter-archiv/bfv-newsletter-2017-02-archiv/bfv-newsletter-2017-02-thema-08

herige Einschätzungen nicht angepasst werden sollten – den rasanten Entwicklungen geschuldet. Vielleicht sollte man auch im Strafrecht gängige Muster überdenken, das Einzeltäter-Terrorismus immer noch grundsätzlich ausschließt. Terrorismusverfahren gelten in der Konsequenz als unpolitische Kriminalfälle.

§ 129 a des Strafrechts (Bildung terroristischer Vereinigungen) ist eine Folge des gruppenförmigen Linksterrorismus der siebziger und achtziger Jahre. Rechtsterroristen sind aufgrund dieser Vorschrift wegen Vergehen wie unerlaubtem Waffenbesitz verurteilt worden. Im August 2009 trat § 89 a StGB in Kraft (Vorbereitung einer schweren staatsgefährdenden Straftat), das die individuelle Vorbereitung eines schwerwiegenden Verbrechens (mindestens ein Tötungsdelikt, erpresserischer Menschenraub oder Geiselnahme), das die Sicherheit des Staates bedroht, unter besondere Strafe stellt. Die Vorschrift umfasst Vorbereitungshandlungen zu schweren politisch motivierten Straftaten und wird als Vorverlagerung der Strafbarkeitsschwelle betrachtet. Dabei ergibt sich der Unrechtszusammenhang fast ausschließlich aus Vorstellungen oder Absichten des Täters, was durchaus Anlass zur Kritik gibt – der Missbrauch des Strafrechts für präventive Zwecke steht im Raum. Der Tatbestand zielt den führenden juristischen Kommentaren zufolge auf Taten mit islamistischem, aber auch rechtsextremistischem Hintergrund. Einbezogen werden ausdrücklich rechtsradikale terroristische Einzeltäter, die bislang nicht bestraft werden konnten, da sie von § 30 StGB ausgeschlossen sind (Versuch der Beteiligung an einem Verbrechen).[4]

Wer einen Terroranschlag mit einem festen Entschluss vorbereitet, indem er sich beispielsweise Einzelteile für die Her-

---

4 Vgl. Münchener Kommentar: *Strafgesetzbuch*, 3. Auflage, München 2017, Kapitel zu § 89 a, S. 125 Rn.2. Vgl. auch Thomas Fischer: *Strafgesetzbuch*, 63. Auflage, München 2016, § 89 a, S. 833–846.

stellung einer Sprengvorrichtung verschafft, dem droht eine Freiheitsstrafe von sechs Monaten bis zu zehn Jahren. Der Bundesgerichtshof urteilte aber 2014, dass diese Taten einer besonderen Prüfung unterzogen werden müssen. Die Entscheidung schließt ein singuläres Sonderstrafrecht aus, das allein die Gesinnung des Täters bestraft.[5]

Es handelt sich folglich weder um ein Tatstrafrecht noch um ein Gesinnungsstrafrecht, das sich etwa durch die traumatische nationalsozialistische Erfahrung grundsätzlich gut begründen ließe. Was jemanden als Täter strafbar macht, ist folglich weder seine menschenverachtende Gesinnung noch sind es konkrete Ziele und Pläne. Die Strafverfolgungsbehörden müssen nachweisen, dass der Täter fest entschlossen ist, eine staatsgefährdende Straftat zu begehen. Diese hohe Hürde macht es im Grunde nahezu unmöglich, als Individualterrorist verurteilt zu werden.[6]

Es fehlt ohnehin die praktische Relevanz, da die Täter oft erst nach ihren Attentaten in das Visier der Ermittler geraten. Dann ist es natürlich zu spät, um diesen Paragraphen zur Anwendung zu bringen. Es mangelt daher ganz klar an eindeutigen Gesetzen, um gegen rechtsradikale Einzeltäter vorzugehen. Bislang gibt es schlichtweg keine Vorschrift, mit der ein Attentäter als solcher verurteilt werden könnte.

In der Täteranalyse haben wir gesehen, dass rechtsextremistisch eingestellte Gewalttäter heutzutage eben nicht jung, betrunken und spontan gewalttätig sind und aus kaputten Familien stammen. Dennoch werden rechtsextremistische Einstellungen

5 Vgl. Münchener Kommentar: *Strafgesetzbuch*, 3. Auflage, München 2017, Kapitel zu § 89 a, S. 127 Rn.8.
6 Vgl. Daniel Koehler: *Right-Wing Terrorism in the 21ˢᵗ Century. The ›National Socialist Undergound‹ and the history of terror from the Far-Right in Germany*, London / New York 2017, hier S. 89 und 91.

und Gewalttaten in Deutschland größtenteils als Probleme von Jugendlichen oder jungen Erwachsenen aus zerrütteten Familienverhältnissen sowie mit niedrigem Bildungsstatus interpretiert. Dieser »pathologisierende Ansatz« steht bei der Erklärung individueller Motive nach wie vor hoch im Kurs.[7] Ein Umdenken in der Annäherung an rechtsextremistische Gewalttäter und in der Betonung eines Gruppenprozesses, einer sozialen Gemeinschaft, scheint angebracht. Alles andere ist Augenwischerei und wird Attentate nicht verhindern.

Andere Länder sehen die Bedrohungslage anders, nicht nur die USA, die hier die zentrale Bedrohung der Gegenwart erkennen. Die Terrorismusbekämpfung erreichte unmittelbar nach dem 11. September 2001 mit dem Patriot Act eine neue repressive Dimension. Die Ermittlungsbehörden wurden damit ermächtigt, im großen Stil Daten untereinander auszutauschen und eine weitreichende Überwachung wie Kontrolle der Zivilbevölkerung durchzuführen. Die als »Lone Wolf« bekannte Bestimmung erlaubt die spezielle Überwachung von Einzelpersonen, die keiner Terrorvereinigung zuzuordnen sind. Dazu war etwa auch der CIA ermächtigt, der vorher nur im Ausland tätig sein durfte.[8]

Auch Scotland Yard warnte schon im November 2009 vor dem Anstieg des Rechtsextremismus und -terrorismus, spezifisch durchgeführt von »lone wolves«. Es sei eindeutig, dass dieses neue Konzept, weniger organisiert zu sein, auf dem Vormarsch sei.[9]

---

7 Vgl. Michail Logvinov: »Rechts motivierte Gewalt: Erklärungsansätze und empirische Befunde«, in: *forum kriminalprävention*, 4/2012, S. 15.
8 Vgl. Elizabeth B. Bazan: *Intelligence Reform and Terrorism Prevention Act of 2004: »Lone Wolf« Amendment to the Foreign Intelligence Surveillance Act, Report for Congress*, Washington D. C. 2004, https://fas.org/irp/crs/RS22011.pdf
9 *The Telegraph*: »Warning of threat from right wing ›lone wolf‹ terrorists«, 2009,

Der niederländische Geheimdienst AIVD urteilte im Jahr 2012: »AIVD ist sich der Tatsache bewusst, dass Einsame Wölfe eine Gewalthandlung auf eigene Faust verschwörerisch planen und ausführen, was aber selten in kompletter Isolation passiert. AIVD betrachtet Radikalisierung als ein soziales Phänomen. Das gilt auch für die meisten Einsamen Wölfe. In der Nachbetrachtung solcher Ereignisse kommt häufig zum Vorschein, dass Einsame Wölfe kaum Kontakte mit gleichgesinnten Individuen im realen Leben hatten, aber aktiven Kontakt mit Leuten im Internet pflegten. Gerade diese Kontakte haben entscheidend zu ihrer Radikalisierung beigetragen und zur Gewalthandlung inspiriert.«[10]

Es wäre also auch in Deutschland längst angebracht, gängige Handlungsmaximen zu überdenken. Wenn das tradierte Muster bestehen bleibt, Terrorismus lediglich als gruppenförmige Erscheinungsform zu betrachten, wird es keine Fortentwicklung in der Prävention und Bekämpfung geben. Der britische Extremismus- und Terrorismusexperte Matthew Goodwin urteilte 2013 im Zuge des Falls von Pavlo Lapshyn harsch: »Sicherheitsbehörden haben mindestens 50 Jahre damit verbracht, neue Rechtsdurchsetzungsinstrumente zu schaffen – in der Annahme, dass es sich bei Terrorismus um ein zellenbasiertes System mit einer Befehlskette handelt. Aber das Zerstören von Gruppendynamik, das Infiltrieren von Organisationen und das Aufbrechen von schwachen Verbindungen in einer Befehlskette erscheint plötzlich überflüssig im Kampf gegen isolierte Individuen, die vielleicht niemals einen ›Glaubensbruder‹ getroffen haben.«[11]

https://www.telegraph.co.uk/news/uknews/5940740/Warning-of-threat-from-right-wing-lone-wolf-terrorists.html

10 AIVD, General Intelligence and Security Service in the Netherlands: *Jihadism on the Web. A Breeding Ground for Jihad in the Modern Age*, Amsterdam 2012, S. 20 f.

11 Matthew Goodwin: »›Lone wolves‹ such as Pavlo Lapshyn are part of a bigger

Die politische Auseinandersetzung um die angemessene Reaktion auf Terrorismus dient häufig der Profilierung von Personen (etwa Politikern, die sich einen Ruf als unnachgiebige Umsetzer von Law and Order kreieren wollen), Parteien und Behörden. Grundsätzlich ist das legitim, auf Gefährdungslagen muss reagiert werden. Mit raschem Erfolg kann aber meist nicht gerechnet werden.[12] Es ist vielmehr so, dass eine gewisse Unfähigkeit oder, weniger drastisch formuliert, eine Ohnmacht herrscht, rechtsterroristische Täter zu entdecken. Der NSU konnte quer durch Deutschland jahrelang unerkannt morden, obwohl der Verfassungsschutz in seinem Dunstkreis agierte und ein Netzwerk hinter den Akteuren stand. Dass sich diese Problematik insbesondere für Einsame Wölfe stellt, zeigt der Fall von Franz Fuchs, aber auch von Peter Mangs in Schweden. Beide konnten jahrelang unerkannt und unentdeckt bleiben.

Die politische Debatte folgt konjunkturellen Mustern, da sie ähnlich wie der Terrorismus auf Ereignisbezogenheit setzt. In Deutschland ertönt schnell der Ruf, den Sicherheitsorganen mehr Befugnisse und Kompetenzen zu verleihen.[13] Das zeigte sich auch in der allgemeinen Betroffenheit darüber, dass in Form des NSU jahrelang unentdeckt eine rechtsterroristische Gruppe agieren konnte. Ob das für eine wirksame Prävention sorgt, darf nach dem Fall Sonboly bezweifelt werden. Mehr Demokratie wagen, mehr Offenheit und Toleranz zulassen, lautete hingegen die Reaktion auf den Breivik-Rechtsterrorismus in Norwegen. Bislang hat er in dem Land keine Nachahmer gefunden.

---

threat«, in: *The Guardian* vom 23. Oktober 2013, https://www.theguardian.com/commentisfree/2013/oct/23/pavlo-lapshyn-extremist-bomber-lone-wolves

12 Vgl. Johannes Dillinger: *Terrorismus. Wissen was stimmt*, Freiburg im Breisgau 2008, S. 119 f.

13 Vgl. Patrick Gensing: *Terror von rechts. Die Nazi-Morde und das Versagen der Politik*, Berlin 2012, S. 224 f.

Anders in Deutschland: Die Ermittlungsbehörden rühmten sich für eine vorbildliche Arbeit,[14] während Sonbolys Gesinnungsgenossen in einem virtuellen Anti-Flüchtlingsclub weiter agierten – mit tödlichen Folgen. Obwohl Dutzende von professionellen Ermittlern am Werk waren, ging man davon aus, dass es sich beim Forum Steam um eine harmlose Plattform für Gewaltspiele handelt. Ebenso unverständlich ist, dass bekannt war, dass Sonboly einen Mail-Account beim amerikanischen Konzern yahoo.com besaß, die deutschen Behörden es jedoch versäumten, in den USA ein Auskunftsgesuch einzuleiten.

Die Kooperation zwischen den Behörden hierzulande, über Bundesländer hinweg und zwischen Bund und Ländern[15] funktioniert ebenso wenig zufriedenstellend wie die internationale Zusammenarbeit. Das beweist eben nicht nur der Fall »Anis Amri«, sondern auch der Fall »David Sonboly«, wo rechte Gewalt ignoriert und bagatellisiert wurde. Die Verfassungsschutzberichte schweigen, eine politisch motivierte Kriminalität ist nicht angezeigt. Darüber hinaus hätte die bayerische Staatsregierung dem Bundeskriminalamt eine »politisch motivierte Straftat« anzeigen müssen, was nicht erfolgte.

Der Fall von David Sonboly passt jedoch exakt zur amtlichen Definition wie Einstufung: »Im Gegensatz zur Allgemeinkriminalität bedrohen politisch motivierte Straftaten vor allem die demokratischen Grundlagen unseres Gemeinwesens und die Achtung der im Grundgesetz konkretisierten Menschenrechte. Die Täter fühlen sich bei der Begehung politisch motivier-

---

14 Etwa im Fachgespräch mit dem Verfasser, vgl. *München.de – Das offizielle Stadtportal*: »Gutachten zum Münchener Amoklauf präsentiert«, 2017, https://www.muenchen.de/aktuell/2017-10/gutachten-zum-amoklauf-oez-vorgestellt.html
15 Das zeigt sich etwa, wenn das BKA das LKA erst ein halbes Jahr später, nach Pressemeldungen, über die US-Spur im Fall von Sonboly informiert.

ter Straftaten durch eine Ideologie oder ein Gefühl angeblicher Überlegenheit gegenüber dem Anderssein anderer gerechtfertigt und entfalten somit kein Unrechtsbewusstsein.«[16] Vor allem gilt als politisch motivierte Kriminalität, »wenn in Würdigung der gesamten Umstände der Tat und/oder der Einstellung des Täters Anhaltspunkte dafür gegeben sind, dass sie: [...] sich gegen eine Person wegen ihrer politischen Einstellung, Nationalität, Volkszugehörigkeit, Rasse, Hautfarbe, Religion, Weltanschauung, Herkunft oder aufgrund ihres äußeren Erscheinungsbildes, ihrer Behinderung, ihrer sexuellen Orientierung oder ihres gesellschaftlichen Status richten (sogenannte Hasskriminalität).«[17]

Dementsprechend hätte auch das politische Statement ausfallen können. Es hätte eine Warnung vor Rechtsterrorismus, vor Einsamen Wölfen ausgesprochen werden müssen. Das ist nicht passiert. Die Polizeibehörde der Europäischen Union, EUROPOL, welche die Tendenzen im Rechtsterrorismus jedes Jahr protokolliert, hätte auch den Fall David Sonboly aufgenommen. Im Bericht über das Jahr 2016 heißt es, dass rechtsextremistische Aktivitäten mehr und mehr von Kleingruppen oder Individuen ausgeführt werden. David Sonboly wird darin nicht erwähnt.[18]

Das Bild vieler Behörden, wonach sich militanter Rechtsextremismus ausschließlich aus der Skinhead- und Kameradschaftsszene speist, und nicht auf scheinbar harmlosen Spieleplattformen vorkommen kann, ist längst überholt. Zunehmend gedeiht in den Nischen dieser Boards eine Subkultur, die von militan-

---

16 Bundesministerium des Innern: »Politisch motivierte Kriminalität«, 2017, http://www.bmi.bund.de/DE/Themen/Sicherheit/Kriminalitaetsbekaempfung/ Politisch-motivierte-Kriminalitaet/politisch-motivierte-kriminalitaet_node.html
17 Ebd.
18 Vgl. EUROPOL: *EU Terrorism and Trend Report 2017*, The Hague, S. 45–47, https://www.europol.europa.eu/activities-services/main-reports/eu-terrorism-situation-and-trend-report-te-sat-2017

tem und rassistischem Hass geprägt, höchst interaktiv und darüber hinaus international vernetzt ist. In den meisten Amtsstuben scheint jedoch ein Bild und Verständnis aus den achtziger oder neunziger Jahren vorzuherrschen. Das belegt die bereits erwähnte Aussage des bayerischen Innenministers Joachim Herrmann, wonach David Sonboly kein Rechtsextremist sei, da keine Belege für eine Mitgliedschaft in einer einschlägigen Partei oder Organisation gefunden wurden.

Im krassen Gegensatz zu dieser Verlautbarung sollte die Aus- und Weiterbildung der Polizei- und Justizbehörden berücksichtigen, dass jemand ohne Organisation sehr wohl ein Rechtsterrorist sein kann. Ähnlich wie beim islamistischen Fundamentalismus haben wir es mit einem höchst dynamischen Feld zu tun. Schwierig war die Einschätzung wohl auch deshalb, weil die Eltern von David Sonboly einst als Flüchtlinge nach Deutschland gekommen sind (was Innenminister Joachim Herrmann stets betont, um die Amoklaufthese zu erhärten). Nach dem Motto: Wie kann jemand, der selbst Migrationshintergrund hat, zu einem Rechtsextremisten werden? Hier gibt es jedoch zahlreiche Beispiele, etwa das von Safet Babic. Die Eltern des 1981 geborenen Funktionärs der NPD kamen einst als bosnische, muslimische Bürgerkriegsflüchtlinge nach Deutschland. Der Sohn, der 1997 eingebürgert wurde und einen deutschen Pass hat, agitiert nun gegen Asylheime und ruft den nationalen Widerstand aus.[19]

---

19 Vgl. Britta Stuff: »Wie ein Gastarbeitersohn zum NPD-Funktionär wurde«, in: *Spiegel Online* vom 5. September 2016, http://www.spiegel.de/spiegel/safet-babic-eltern-waren-gastarbeiter-er-wurde-npd-funktionaer-a-1110830.html

2. Virtuelle Plattformen
als Gefahrenherd

Es gehört zum virtuellen Hausrecht von Twitter, Facebook und Co., einzelne User auszuschließen, sei es übergangsweise oder dauerhaft. Das akzeptiert jeder Nutzer in dem Moment, in dem er seinen Account erstellt hat. Offenbar auf Druck der Behörden ist Facebook nach eigenen Angaben zuletzt entschiedener gegen extremistische Beiträge vorgegangen. Die Europäische Union hatte gefordert, Facebook und seine Konkurrenten müssten solche Inhalte schneller entfernen. Facebook verwendet eine automatisierte Software, um derartige Posts ausfindig zu machen. Daneben veröffentlichte das Unternehmen erstmals eine Definition des Begriffs »Terrorismus«, die jedoch Einzeltäter ausschließt und sich auf Gruppen bezieht. Zuvor war nicht bekannt, nach welchen Kriterien Einträge als extremistisch eingestuft werden. Im April 2018 hieß es in einer Stellungnahme: »Wiewohl die Herausforderung des Online-Terrorismus nicht neu ist, hat sie doch ein beträchtliches Wachstum erreicht, da digitale Plattformen zentral in unserem Leben geworden sind. Bei Facebook erkennen wir die Bedeutung, dass Menschen sicher sind, weshalb wir Technologie sowie unser Counterterrorismus-Team einsetzen, um das sicherzustellen.«[20]

Anspruch und Wirklichkeit klaffen jedoch weit auseinander. Facebook-Gründer Mark Zuckerberg führt die PR-Beteuerungen seines eigenen Unternehmens ad absurdum. In einem In-

---

20 Facebook: »Hard Questions: How Effective Is Technology in Keeping Terrorists off Facebook?«, April 2018, https://newsroom.fb.com/news/2018/04/keeping-terrorists-off-facebook/

terview vom Juli 2018 spricht er sich dagegen aus, Facebook-
Beiträge zu sperren, in denen der Holocaust geleugnet wird.
Er selbst sei Jude und finde es zutiefst beleidigend, wenn Menschen anzweifeln, dass es den Holocaust gegeben habe: »Aber
am Ende glaube ich nicht, dass unsere Plattform das herunter-
nehmen sollte, weil ich denke, dass es Dinge gibt, bei denen verschiedene Menschen falschliegen. Ich glaube nicht, dass sie ab-
sichtlich falschliegen.«[21]

Wie wenig eigenverantwortliche Prüfung auf virtuellen Plattformen tatsächlich funktioniert, belegt die jüngste Diskussion
in den USA um militanten Rechtsextremismus im Internet auf
drastische Weise. Die 2013 gegründete neonationalsozialistische
Gruppe »Atomwaffen Division« gilt als hochgradig gefährlich.
Sie inspiriert Einsame Wölfe, die alleine losschlugen, etwa in Texas, Virginia, Washington und Nevada. Alle eint die Huldigung
des Dritten Reichs, der Hass auf Juden und Homosexuelle. Fünf
Morde werden der Gruppe direkt zugerechnet. Der 20-jährige
Samuel Woodward etwa ermordete im Januar 2018 einen homosexuellen jüdischen Studenten. Woodward pries *Mein Kampf*
und schrieb, dass der Nationalsozialistische Untergrund »ziemlich cool« gewesen sei.[22] Der ideologische Kitt ist offensichtlich. Aber die Gruppe konnte weiter ungehindert agieren. Auf
Steam und YouTube platzierten Aktivisten unter dem Banner
der »Atomwaffen Divison« Propagandafilme, in denen sie etwa
die Vergasung der Juden fordern.

---

21 Mark Zuckerberg: »The Recode Interview. Everything was on the table – and
after Facebook's wildest year yet, that's a really big table«, 18. Juli 2018, https://www.
recode.net/2018/7/18/17575156/mark-zuckerberg-interview-facebook-recode-
kara-swisher
22 Vgl. *ProPublica*: »Inside Atomwaffen As It Celebrates a Member for Allegedly
Killing a Gay Jewish College Student«, 23. Februar 2018, https://www.propublica.
org/article/atomwaffen-division-inside-white-hate-group

Die Videos konnten jedoch nur abgerufen werden, wenn der User vorher sein Einverständnis darüber gibt, extreme Inhalte zu akzeptieren. Mitarbeitern von beiden Plattformen müssen die Videos also aufgefallen sein, ohne dass sie es für nötig gehalten hätten, diese zu sperren. Ende Februar 2018 reagierte Verge, der Betreiber von Steam, schließlich, ebenso wie YouTube.[23]

Ein grundsätzliches Problem bleibt: Steam hat kaum Meldemechanismen. Man kann nur Gruppen oder Nutzer melden, keine Inhalte oder konkreten Gewaltdrohungen. Mittlerweile gibt es eine Petitionsseite, um Valve auf diese Probleme hinzuweisen. Der Aufruf kritisiert, dass rassistische Accounts im Newsfeed erscheinen. Bereits eine Basissuche nach entsprechenden Stichwörtern wie »Nazi«, »Jews« oder »School Shooting« bringe Tausende Ergebnisse. Im Juli 2018 hatte die Petition 35 706 Unterstützer.[24]

Schon im Januar 2010 beschwerte sich ein Spieler in einem deutschen Forum über die Verbreitung zahlreicher Hassgruppen: »Liebe Gamestar! Mir ist des Öfteren mal aufgefallen, dass sich im Steam diverse Gruppen tummeln, die zweifelhafte Namen haben bzw. fragwürdige Texte posten oder sogar eindeutig rassistische Aussagen treffen. [...] Ich bin der Meinung, dass sich

---

23 Vgl. ebd. und: *The Verge*: »Discord shuts down more neo-Nazi, alt-right servers«, 2018, https://www.theverge.com/2018/2/28/17062554/discord-alt-right-neo-nazi-white-supremacy-atomwaffen#pto-606488

24 *Care 2* Petitions: »Tell This Online Platform That Allowing Hate Is Not Ok«, 2018, https://www.thepetitionsite.com/takeaction/861/602/295/ – Die Initiative wurde durch den Fall »Nicolas Giampa« ausgelöst. Der Teenager aus den USA betrieb eine Steam-Seite mit einem SS-Logo und dem Spruch: »Der Nationalsozialismus wird bleiben.« Er pries Adolf Hitler und eine weiße Revolution, bezeichnete sich auch unter seinem Twitter-Pseudonym als Nationalsozialist. Zugleich war er Trump-Anhänger und befürwortete das Vorgehen Bashar Assads in Syrien. Als ihn seine Eltern im Dezember 2017 mit seinen Online-Aktivitäten und seiner auffälligen Gesinnung konfrontierten, erschoss er sie.

Valve aufgrund ihrer in Deutschland exklusiven Vertriebsrechte und sogar landesspezifischen Verkaufsstrategien zumindest aus moralischen Zwecken darum kümmern sollte. Denn es leuchtet mir nicht ein, dass z.B. ein Fantasyspieldemo [...] aufgrund Gewalt hier nicht heruntergeladen werden kann, damit auch ja keine Kinder so was in die Finger bekommen können, aber es scheinbar niemanden interessiert, wenn eben diese Kinder mit neonazistischem Gedankengut in Kontakt geraten können.« In der weiteren Diskussion konkretisiert der Spieler: »Ich rede von Leuten, die sich als Steam-Logo für ein Hakenkreuz entschieden haben, und warum Steam nicht reagiert, wenn man eine Meldung an sie schreibt! Wozu gibt es denn die Möglichkeit, so was zu melden?«[25]

Offenbar gehen diese Entwicklungen an den Behörden auch hierzulande vorbei. Die Staatsanwaltschaft München spricht bis heute vom »World Wide Web«[26] und bringt damit Machtlosigkeit und Überforderung zum Ausdruck. Hier fehlt es offenkundig an Expertise, was in anderen europäischen Ländern ähnlich ist. Im Prozess gegen Breivik wurde schnell deutlich, dass die beiden vom Gericht einbestellten ersten Gutachter von der rechtsextremistischen Online-Unterwelt, in der sich Breivik über ein Jahrzehnt aufgehalten hatte, so gut wie keine Ahnung hatten.[27] Dabei ist es längst geboten, über den nationalstaatlichen Teller-

25 *Gamestar*: Forumsbeitrag »Nazi-Szene in Steam«, Username: Knusper, 18. Februar 2010, (Rechtschreibfehler korrigiert), https://www.gamestar.de/xenforo/threads/nazi-szene-im-steam.378351/
26 So die Sprecherin der Staatsanwaltschaft Anne Leiding in der Sendung ARD *Fakt* vom 15. Mai 2018, Bericht Christian Bergmann, https://www.mdr.de/investigativ/video-197676_zc-f80c8d3a_zs-0fdb427d.html
27 Vgl. Sindre Bangstad: »Norwegen: Ein Fall von Entpolitisierung?«, in: Anna Maria Kellner (Hrsg.): *Demokratien und Terrorismus – Erfahrungen mit der Bewältigung von Terroranschlägen*, Friedrich-Ebert-Stiftung, Bonn 2017, S. 46.

rand hinauszusehen und Vernetzung neu zu denken. Es wäre den Ermittlern leicht möglich gewesen, etwa die Mitglieder des »Anti-Refugee-Club« auf Steam anzuchatten, wie es der investigative Journalist Christian Bergmann für ARD *Fakt* getan hat. Immerhin existierte die Community der potenziellen Massenmörder auf Steam bis zum September 2017. Christian Bergmann kam innerhalb kurzer Zeit zu Erkenntnissen, die den rund 60 Ermittlern zuvor verborgen geblieben waren.

Dass die deutschen Behörden die Hinweise zu Atchison nicht weitergaben, hatte fatale Folgen, da der US-Amerikaner nicht nur für den Nachruhm von Sonboly sorgte, sondern selbst im Dezember 2017 in New Mexico losschlug. Das FBI wiederum führte im März 2016, vier Monate vor dem Anschlag in München, bei Atchison eine Hausdurchsuchung durch, weil er sich im Netz eine Waffe beschaffen wollte. Die Behörde fand bei der Durchsuchung jedoch nichts und kam zu dem Schluss, Atchison sei ein harmloser »Online-Troll«. Die Folge: Der US-Amerikaner blieb seitdem unter dem Radar der Behörden. Zu diesem Zeitpunkt muss er mit David Sonboly bereits in Kontakt gestanden haben. Davon erfuhren deutsche Ermittler nichts. Dabei hätte es Grund zum Einschreiten gegeben: Beide waren Teil eines virtuellen, internationalen Netzwerks von potenziellen Massenmördern. Die absolute Festlegung bayerischer Behörden auf die Schulmobbingthese dürfte die polizeiinternen Möglichkeiten, in Richtung eines solchen Netzwerkes zu ermitteln, nicht befördert haben.

Von einem Reporterteam von ARD *Fakt* darauf angesprochen, dass deutsche Behörden möglicherweise wichtige Erkenntnisse hätten liefern können, die den Amoklauf in Aztec vielleicht hätten verhindern können, sagte der dortige Sheriff Brice Current: »Wir haben keine Informationen zu Atchison aus Deutschland bekommen. Es ist absolut enttäuschend, wenn es Informationen gegeben hat, die nicht geteilt worden sind.«[28] Dabei hatte David F. aus Ludwigsburg die Behörden auf Atchison verwiesen, was das Landeskriminalamt Stuttgart trotz des konkreten Zeugenhinweises nicht weiter verfolgte.[29] Es wird deutlich: Der Radikalisierungsprozess von David Sonboly über US-amerikanische Plattformen wie Steam wurde nicht einmal geprüft, geschweige denn diskutiert. Eine internationale Kooperation scheint unabdingbar, wenn solche Fälle in Zukunft wirklich verhindert werden sollen.

Auf jenen David F. stieß man durch den Zeugen Florian M., der zwei Tage nach der Tat in München zur Polizei Erfurt ging und dort einen USB-Stick abgab, mit dem Hinweis, der Stick enthalte Informationen zu Mitwissern und Mittätern des OEZ-Attentats. Auf dem USB-Stick befanden sich Auszüge aus dem Forum auf Steam. Offenbar war der inzwischen abgetauchte Zeuge selbst auf der Plattform aktiv, ob als Privatperson oder als verdeckter Ermittler. Nach dem München-Attentat soll er allerdings schockiert darüber gewesen sein, dass einer der User die Anschlagspläne in die Tat umgesetzt habe. Aus Sorge, die Polizei Erfurt würde diese Informationen nicht weitergeben, meldete Florian M. seine Informationen zusätzlich bei der Polizei Ludwigsburg. Dort wies er die Beamten auch auf einen potenziellen Attentäter im Landkreis hin. Daraufhin kam es bei dem damals 15-jährigen David F. zu einer Hausdurchsuchung. David F. verfügte über die Zugangsdaten für mehrere von Sonbolys Steam-Accounts und loggte sich zwei Tage nach dessen Attentat ein.

---

28 Zitiert in der Sendung ARD *Fakt* vom 15. Mai 2018, Bericht Christian Bergmann, https://www.mdr.de/investigativ/video-197676_zc-f80c8d3a_zs-0fdb427d.html

29 Vgl. ebd. David F. gab weiter zu Protokoll, dass er noch von einer weiteren Person wüsste, die globale Anschläge plane. Er kenne sie nur unter dem Nicknamen »Cannibalwolf«. Er komme aus Liechtenstein.

Fünf Monate vor München schrieb David F. Sonboly noch: »Free your Hate!« (»*Befreie deinen Hass!*«).

Die Nebenklageanwältin Claudia Neher hatte im Prozess gegen den Waffenhändler Philipp Körber versucht, das Forum Steam und den Stick als Beweisstücke heranzuziehen. Weiter wollte sie die Zeugen Florian M. und David F. laden und die Unterlagen zu David F. für den Fall sichten lassen. Die Beweisanträge wurden in dem Prozess nicht zugelassen, die Staatsanwaltschaft München ermittelte trotz dieser Hinweise nicht weiter. Sie hatte nach Akteneinsicht und vor dem Verfahren gegen den Waffenbeschaffer beschlossen, dass die Fälle »David F.« und »Sonboly« in keinem Zusammenhang stehen.[30] Wie Claudia Neher dem Autor gegenüber äußerte, war es zudem weder aus sozialpolitischer Sicht noch im konkreten Einzelfall einsichtig, warum Körber nicht wegen Beihilfe angeklagt wurde. Der Prozess habe nicht dem Rechtsfrieden gedient.[31] Generell ist unklar, ob sich verdeckte Ermittler, jedenfalls folgenlos, auf Steam tummelten.

Dieser Fall zeigt allzu deutlich auf: Die ermittelnden Behörden denken nach wie vor, es handle sich bei Usern von derartigen Plattformen hauptsächlich um »Internet-Pseudonyme«, mit denen man wenig anfangen könne. Es stimmt, dass Nutzer sich bei Steam anmelden können, ohne persönliche Daten zu hinterlassen: Ein Nickname und eine Wegwerf-E-Mail reichen, um auf der Plattform mitzudiskutieren. Doch wer hinter einem Nicknamen steckt, lässt sich mithilfe der IP-Adresse über eine einfache Abfrage beim Internet-Provider herausfinden. Solange

---

30 Vgl. Kira Ayyadi: »Das OEZ-Attentat und der international vernetzte virtuelle Rechtsextremismus«, in: *Bell Tower – Netz für digitale Zivilgesellschaft*, Amadeu Antonio Stiftung, 16. Juli 2018, http://www.belltower.news/artikel/das-oez-attentat-und-der-international-vernetzte-virtuelle-rechtsextremismus-13977

31 Im Gespräch mit dem Autor am 10. Juli 2018.

ein User keine Tools zur IP-Verschleierung benutzt, sollte es für Strafverfolger folglich keine große Schwierigkeit sein, die Identität eines Steam-Nutzers herauszufinden.[32]

Nun scheint das Bayerische Staatsministerium für Justiz auf die Versäumnisse im Fall von Sonboly zu reagieren, wie aus einer Pressemitteilung vom Juni 2018 hervorgeht – mit der Gründung von zwei Einheiten, der Zentralstelle Cybercrime Bayern (ZCB) bei der Generalstaatsanwaltschaft Bamberg und der Zentralstelle zur Bekämpfung von Extremismus und Terrorismus (ZET) bei der Generalstaatsanwaltschaft München.[33] Bedarf besteht sicherlich.

Ein weiteres Problem: Aus Kommerzinteressen wird terroristischen Aktivitäten kein Riegel vorgeschoben. Auf Steam können potenzielle Terroristen immer noch weitgehend ungeschützt agieren. Unter Hunderttausenden von Spielern, die jeden Tag allein Counter-Strike spielen, können sie sich leicht verbergen. Während der Games sind Text- und Voice-Chats möglich – eine ideale Plattform, um sich kennenzulernen. Ermittler können die »schwarzen Schafe« nur schwer ausfindig machen. Am effizientesten scheint es daher, wenn Spieler untereinander Verstöße melden könnten, wenn ihnen aggressives, hasserfülltes Verhalten auffällt.

In Deutschland ist Anfang 2018 das Netzwerkdurchsetzungsgesetz (NetzDG) in Kraft getreten. Es schreibt vor, dass Online-Plattformen wie Facebook klar strafbare Inhalte binnen 24 Stunden nach einem Hinweis löschen müssen. In weniger eindeutigen

---

32 Vgl. Daniel Mützel: »Amokläufer vernetzen sich auf weltgrößter Gaming-Seite – Polizei und Betreiber ignorieren das Problem«, in: *Motherboard Vice* vom 27. Juni 2018, https://motherboard.vice.com/de/article/xwmjnw/amoklaeufer-auf-steam-polizei-und-betreiber-ignorieren-problem-david-s-muenchen-attentat

33 Vgl. Bayerisches Staatsministerium der Justiz: Pressemitteilung 6218 vom 4. Juni 2018.

Fällen haben sie eine Woche Zeit. Bei Verstößen drohen Strafen von bis zu 50 Millionen Euro. Wenn die Netzwerke nicht schnell genug reagieren, können sich die User beim Bundesamt für Justiz beschweren. Computer- und Videospiele fallen aber nicht unter das Gesetz, weshalb die Wirksamkeit begrenzt sein dürfte. Offenbar hat es die Lobby der Spielindustrie geschafft, dass Online-Spiele von diesem ersten Gesetzesentwurf ausgenommen sind.[34] Der Fokus auf Facebook und Twitter wirkt angesichts der aktuellen Bedrohungslage ohnehin antiquiert. Das gilt auch für Whatsapp, wo einschlägige Gruppen schnell identifizier- und ermittelbar sind. So flogen im März 2018 im österreichischen Bezirk Schärding sechs Personen auf, darunter Gemeinderäte der FPÖ,[35] die sich gegenseitig Hitler-Bilder, Fotos, auf denen sie in SS-Uniform posieren, sowie hetzerische Abbildungen und Kommentare über Flüchtlinge schickten. Die Polizei stieß bei einer Verkehrskontrolle und nach dem Konfiszieren eines Smartphones auf die Gruppe und führte unmittelbar danach Hausdurchsuchungen durch. Wegen des Verdachts der Wiederbetätigung[36] wertete das Landesamt für Verfassungsschutz und Terrorismusbekämpfung die Daten auf Computer, Mobiltelefonen und USB-Sticks aus.[37]

---

34 Vgl. Christina Brause: »Die wollen doch nur spielen«, in: *Die Welt* vom 6. Februar 2018, https://www.welt.de/print/welt_kompakt/webwelt/article173237989/Die-wollen-doch-nur-spielen.html

35 Die FPÖ, mittlerweile Regierungspartei, distanzierte sich notgedrungen von ihren Mitgliedern und drängte umgehend zum Parteiausschluss.

36 Im Artikel 9 des 1955 unterzeichneten Staatsvertrags, welcher Bestandteil der Bundesverfassung ist, verpflichtete sich Österreich, alle nationalsozialistischen Organisationen aufzulösen und keine Wiederbetätigung zuzulassen. Die bis heute gültige Rechtsordnung verbietet u. a. unter Androhung von Strafe jede Betätigung im Sinne des Nationalsozialismus.

37 *Die Presse.com*: »Razzia wegen Hitlerbildern«, 2018, https://diepresse.com/

Online-Spiele als Plattformen für Kriminelle, speziell Terroristen zu sehen, diese Überlegung ist in den sicherheitspolitischen Debatten bisher kaum präsent. Dabei sind sie ein effizientes Vehikel, da sie ungeschützt Kommunikation ermöglichen. Ermittler haben sie, anders als etwa Smartphones, nicht im Fokus.[38] Warum die bayerischen Sonderermittler der SOKO OEZ, die mit der Aufarbeitung des Attentats betraut wurde, von den virtuellen Aktivitäten eines David Sonbolys nur wenig mitbekamen, bleibt ein Rätsel. Zwar stellten die Behörden kurz nach dem Attentat eine Anfrage bei Valve, besorgten sich Profile, Chat-Inhalte und IP-Adressen. Doch wirklich nützliche Erkenntnisse konnten sie nicht daraus ziehen.[39]

Der lasche Umgang mit der mächtigen Video- und Gaming-Industrie verdeutlicht, dass die Gefahr weder erkannt noch gebannt ist. Längst existiert eine globale Online-Subkultur, die höchst interaktiv ist und über nationale Grenzen hinweg agiert. Die Aktivisten müssen dabei nicht das eigene Zimmer verlassen, in den Krieg ziehen oder im Untergrund leben. Ein Computer und ein Internetzugang reichen ihnen aus. Dies gilt es in Zukunft zu beachten.

Auch die Branche selbst ignoriert die politische Bedrohungslage. Felix Falk, Geschäftsführer von GAME, dem Verband der deutschen Videospielbranche, sieht keine Gefahr dafür, dass

---

home/innenpolitik/5393755/Oberoesterreich_Razzia-wegen-Hitlerbildern-bei-FPOeGemeinderaeten

38 So der Kriminologe Thomas-Gabriel Rüdiger, zitiert nach Matthias Jauch: »Immer einen Schritt zu spät«, in: *der Freitag* vom 18. November 2011, https://www.freitag.de/autoren/matthias-jauch/immer-einen-schritt-zu-spaet

39 Vgl. Daniel Mützel: »Amokläufer vernetzen sich auf weltgrößter Gaming-Seite – Polizei und Betreiber ignorieren das Problem«, in: *Motherboard Vice* vom 27. Juni 2018, https://motherboard.vice.com/de/article/xwmjnw/amoklaeufer-auf-steam-polizei-und-betreiber-ignorieren-problem-david-s-muenchen-attentat

Spiele ungewollt zum Vehikel für Radikalisierung werden. Beim Austausch der Spieler untereinander handle es sich um Absprachen, nicht um politische Debatten. Außerdem gebe es nur wenige Spiele, in denen man einander schreiben könne. Und bei denen würde die Kommunikation »in der Regel durch Moderatoren begleitet und kontrolliert.«[40] Auf meine konkreten Nachfragen zu den Enthüllungen um Sonboly und Atchison hin bekräftigte Falk, dass auf Steam keine »für die Bevölkerung meinungsrelevanten Debatten stattfinden« würden.[41] Spätestens jetzt denkt man unweigerlich an die drei Affen, die nichts sehen, nichts hören und nichts sagen. Selbst US-Präsident Donald Trump traf im März 2018 die Betreiber von Steam, da sich die rassistisch motivierten Fälle häuften. Er mahnte, dass sich die Gewalt in den Spielen gefährlich auswirken würde.[42]

Es besteht definitiv Bedarf, hier einzuschreiten. Sonboly wurde ja wegen seiner aggressiv rassistischen Äußerungen gemeldet, ohne dass etwas geschehen wäre. Als Nickname nutzte David Sonboly unter anderem den Namen des Winnenden-Amokläufers Tim Kretschmer. Auf Steam schrieb er, dass er »die Wiedergeburt oder der Geist von Tim K.« sei und uns alle holen werde. Das Problem: Auch wer den Massenmörder Kretschmer so offenkundig verehrt, macht sich nicht strafbar. Grundsätzlich sind solche Äußerungen von der Meinungsfreiheit gedeckt. Problematisch wird es erst, wenn konkret die Taten gebilligt werden –

40 Zitiert nach Christina Brause: »Die wollen doch nur spielen«, in: *Die Welt* vom 6. Februar 2018, https://www.welt.de/print/welt_kompakt/webwelt/article 173237989/Die-wollen-doch-nur-spielen.html
41 E-Mail am 18. Juli 2018 an den Autor durch Martin Pupper, Leiter der Öffentlichkeitsarbeit.
42 Vgl. Andy Campell: »Steam, Your Kids' Favorite Video Game App, Has A Big Nazi Problem«, in: *Huffington Post* vom 8. März 2018, https://www.huffingtonpost. com/entry/steam-video-games-nazis_us_5aa006cae4b0e9381c146438

und auch dann erst, wenn die »Billigung geeignet ist, den öffentlichen Frieden zu stören.«[43]

Ein Gleichaltriger hatte sogar mit Sonbolys Vater telefoniert und ihn gebeten, Ali solle sich Hilfe suchen.[44] Wenn Gleichaltrige schon hellhörig werden und einschreiten wollen, wäre ein funktionierendes Frühwarnsystems hier sicher nützlich gewesen. Die Spieleindustrie nimmt diesen Aspekt jedoch nicht ernst, von politischer wie behördlicher Seite erfolgt wenig Druck. Man sieht an diesem Fall aber sehr deutlich, dass auch Einsame Wölfe Spuren hinterlassen, die man leicht finden kann, wenn man denn danach sucht.

Eine Gruppe wie der »Anti-Refugee-Club« ist beileibe kein Einzelfall auf Steam. Eine Suche auf der Plattform nach dem Begriff »Nazi« bringt knapp 18 000 Treffer, nach »Amok« 1500. Wer »Sonboly« eingibt, wird ebenfalls fündig. Drei User trugen im Mai 2018 dieselben Nicknamen, die dieser bei seinen Aktivitäten genutzt hatte. Nicht nur Sonboly und Atchison waren »Brüder im Geiste«, die sich durch ihre Begeisterung für Ballerspiele kennenlernten.[45] Eine Steam-Gruppe mit dem Namen »Eldigado is a god« verehrt Atchisons Usernamen. Sie hat im Juli 2018 70 Mitglieder.

Wir sollten anfangen, diese Subkultur stärker zu durchdringen – zu unserem Selbstschutz und für eine Fortführung der offenen Gesellschaft auch in der virtuellen Welt. Dazu gehört die

---

43 Markus Böhm/Angela Gruber, Angela: »Amok-Kult. Wie junge Menschen Gewalttätern im Netz huldigen«, in: *Spiegel Online* vom 2. August 2016, http://www.spiegel.de/netzwelt/web/amoklauf-kult-im-internet-wie-junge-menschen-amoklaeufern-huldigen-a-1105693.html

44 Britta Bannenberg: *Gutachten zum Fall von David S. für das Bayerische Landeskriminalamt*, Gießen, Februar 2018, S. 54.

45 Vgl. Martin Bernstein: »Das Netzwerk der Todesschützen«, in: *Süddeutsche Zeitung* vom 15. Mai 2018, S. 30.

Erkenntnis, dass die Globalisierung Schattenseiten hat und einen militanten, rassistisch motivierten Hass revitalisiert. Dabei handelt es sich oft um junge Männer, die selbst mitten in Europa geboren und aufgewachsen sind und sich aus freien Stücken auf einem abseitigen, dunklen Pfad jenseits von den scheinbar stabilen Wegen der bürgerlichen Zivilgesellschaft begeben. Durch die virtuelle Vernetzung sind sie den Ermittlern oft mindestens einen Schritt voraus. Skeptisch stimmt, dass viele Ermittler, Staatsanwälte und Gerichtsbehörden kaum vertieftes Wissen über das Darknet haben. Meist wissen nur Spezialermittler, wie die anonymen Marktplätze funktionieren, wie Kriminelle etwa mit Waffen handeln. Kaum ein Staatsanwalt hat jemals selbst mit der Kryptowährung Bitcoin bezahlt, die im Darknet als Standardwährung verwendet wird und bequem an zahlreichen legalen Online-Börsen zu kaufen ist.[46]

Doch selbst wenn die Möglichkeiten der Behörden ausgeschöpft werden, im Darknet zu operieren, heißt das nicht, dass richtig gehandelt wird. Im Darknet in kriminelle Handelsforen einzudringen, gelingt meist nur, wenn man zuvor einen Verdächtigen geschnappt hat und ihm einen – nach § 46 b des Strafgesetzbuches erlaubten – »Deal« anbietet: Im Tausch gegen eine mildere Strafe stellt der Beschuldigte seinen Darknet-Account den Ermittlern zur Verfügung, die nun als Lockvogel immer tiefer in die Händlerstruktur eindringen.

Auch im Fall von Philipp Körber, der David Sonboly die Waffe besorgte und übergab, hat das auf diese Weise funktioniert.[47] Ein

---

46 Vgl. Otto Hostettler: »Hilflose Ermittler. Warum Kriminelle im Darknet wenig zu befürchten haben«, in: *Aus Politik und Zeitgeschichte*, 46/47/2017, S. 10 f.

47 Die Waffen, die er im Darknet verkaufte, bezog Körber meist aus Tschechien, von seinem Kontaktmann »Hyena«. Von »Hyena« hatte er wohl auch die Glock 17 erhalten, die für den Linkshänder Sonboly eigens umgebaut wurde.

Ermittler übernahm seinen Account »Erich Hartmann«, der im auf Drogen- und Waffenhandel spezialisierten Darknet-Forum »Deutschland im Deep Web« (DiDW) als zuverlässiger Waffenlieferant galt.[48] Das Attentat war zu diesem Zeitpunkt aber schon passiert. Dabei begannen die Ermittlungen gegen das Darknetforum bereits im April 2015, also gut ein Jahr vor der Tat in München.[49]

Die Waffenlieferung an Sonboly hätte dennoch verhindert werden können. Ein verdeckter Beamter des Zollkriminalamts stand in Kontakt mit Sonbolys Pseudonym »Maurächer«. Etwa ein Jahr lang suchte Sonboly im Darknet nach einer Waffe. Sein Ziel war, die Waffe zu erwerben, die auch Breivik benutzt hatte. Der Ermittler wurde auf Sonboly aufmerksam. Er hatte auch Kontakt zum Waffenhändler Körber und wohl Zugang zur Nachricht von Sonboly an »Erich Hartmann«: »Könntest Du an eine Glock 17 mit 2 Magazinen und 150 Schuss rankommen?« Diese konkrete Anfrage hätte ein Alarmsignal sein können. Schließlich fand Sonboly in Körber einen Lieferanten – mit tödlichen Folgen.[50]

Dabei hat das Zollfahndungsamt Frankfurt einen ziemlich genauen Überblick über den illegalen Handel im Darknet. Die Zahl der verdeckt ermittelnden Beamten und Zuträger ist hoch. Dennoch gab es zum Zeitpunkt des Falls »Sonboly« keine Dienst-

---

48 Im nationalen Terrorismusabwehrzentrum, zu dem unter anderem das BKA und der Verfassungsschutz sowie das Zollkriminalamt gehören, wurde der Fall dennoch nicht diskutiert.

49 Vgl. Andreas Förster: »Der Waffenhändler aus dem Darknet«, in: *Stuttgarter Zeitung* vom 27. August 2017, https://www.stuttgarter-zeitung.de/inhalt.muenchner-amoklauf-prozess-beginnt-der-waffenhaendler-aus-dem-darknet.d9b8dedc-8b22-4a0a-b6a0-5e51640e8769.html

50 Vgl. ARD *Fakt*: »Zollermittler hatte möglicherweise Hinweis auf Attentatspläne«, Bericht: Christian Bergmann / Marcus Weller, Sendung vom 12. September 2017.

anweisungen, wie etwa beim Kauf bzw. Verkauf einer Waffe vorgegangen werden sollte. Körber konnte schließlich gefasst werden. Dennoch besteht kein Grund zur Entwarnung: Um Körber waren bundesweit zahlreiche Waffennarren versammelt, auch aus dem Reichsbürgermilieu, einige mit rassistischem Hintergrund. Körber sagte aus, dass fast alle seiner Kunden Waffen kauften, weil sie Angst vor Einbrechern und Flüchtlingen hätten. Dieser Herd an potenziellen rechtsextremistischen Tätern ist bis heute unentdeckt. Das gilt auch und gerade für die Plattform Steam.

3. Spurensuche im sozialen Umfeld

Die Tätertypen sind sehr unterschiedlich. Dennoch lässt sich ein festes Muster eines Einsamer-Wolf-Terroristen erkennen:[51]

+ Sie kombinieren häufig persönliche und politische Probleme.
+ Sie leiden an psychischen Krankheiten.
+ Ihre Radikalisierung findet nicht in einem sozialen Vakuum statt.
+ Sie kommunizieren ihre Aufgeschlossenheit für Gewalt und die Möglichkeit der Verwirklichung eines Massakers.
+ Sie zeigen sich inspiriert von anderen Tätern und extremistischen Ideen.
+ Es gibt ein Trigger-Erlebnis, das ihre konkrete Gewalthandlung auslöst.

Wichtiges Merkmal der Einsamen Wölfe scheint zu sein, dass sie eine Phase der eigenen Radikalisierung durchlaufen, die sie mitunter im stillen Kämmerlein, via Internet und sozialen Medien erfahren. Es wäre dennoch übertrieben, allein das Internet als Hort der Radikalisierung auszumachen. Im Grunde haben Einsame Wölfe immer eine Affinität zu einer Person, Gemeinschaft oder Gruppe, sei es online oder in der realen Welt. Dieser Befund ist umso wichtiger, da er der Annahme widerspricht, dass Einsamer-Wolf-Terroristen nicht mit anderen Personen kommunizieren oder anderen Gewalttraditionen folgen.

---

51 Vgl. Mark S. Hamm / Ramón Spaaij: *The Age of Lone Wolf Terrorism*, New York 2017, S. 29.

Meist findet ein Zusammenspiel von Online- und Offline-Aktivitäten statt, in Form eines Überlappens beider Sphären. Sind die Sicherheitsbehörden dafür gerüstet? Der Experte Armin Pfahl-Traughber meint dazu: »Man darf sich beispielsweise die Frage stellen, ob etwa ein Anders Behring Breivik in Deutschland den Polizei- und Verfassungsschutzbehörden vor seinen Taten aufgefallen wäre.«[52] Die Chefin des Nachrichtendienstes der norwegischen Polizei, Janne Kristianen, machte wenige Tage nach dem Attentat folgende sehr kontrovers bewertete Aussage: »Ich glaube, nicht einmal die Stasi in Ostdeutschland hätte diese Person enttarnen können. Selbst dort wäre er durchs Netz gegangen.«[53]

Ganz ohne Spuren blieb der Massenmörder freilich nicht, obwohl er meist im Kinderzimmer saß. Auch ein Breivik hatte gute, langjährige Freunde. Im Prozess gegen ihn erzählten vier Männer die Geschichte eines Mannes, der zunehmend vereinsamte, wunderlicher wurde und in ein düsteres Weltbild abglitt. Dass etwas nicht stimmte, hatten sie lange gemerkt, spätestens 2006, als Breivik seine Wohnung aufgab und zu seiner Mutter zog. Er wirkte ihrer Aussage nach niedergeschlagen, meldete sich kaum noch und erzählte, dass er an einem Buch über die »Islamisierung Europas« arbeite – das Pamphlet, mit dem er später seine Terroranschläge zu rechtfertigen versuchte. Bei den seltenen Treffen mit der Clique äußerte er immer extremere politische Ansichten. Zuletzt drängten die Freunde auf ein Treffen, da er

---

52 Armin Pfahl-Traughber: »Das ›Lone Wolf‹-Phänomen im deutschen Rechtsterrorismus. Eine Analyse von Fallbeispielen«, in: Sybille Steinbacher (Hrsg.): *Rechte Gewalt in Deutschland. Zum Umgang mit dem Rechtsextremismus in Gesellschaft, Politik und Justiz*, Göttingen 2016, S. 217.
53 Zitiert nach Øyvind Strømmen: »Der Soloterrorist als Kulturphänomen«, in: Frank Decker / Bernd Henningsen / Kjetil Jakobsen (Hrsg.): *Rechtspopulismus und Rechtsextremismus in Europa*, Baden-Baden 2015, S. 245–254.

sich völlig zurückzog. Breivik willigte schließlich ein, vertagte es aber auf die Zeit nach dem 22. Juli 2011.[54]

Breiviks Name tauchte auch auf einer Liste von Personen auf, die Chemikalien bei einer Firma in Polen bestellten, die sich für den Bombenbau eignen. Auch David Sonboly war weit davon entfernt, unsichtbar zu sein. Ob seine sozialen Phobien daher wirklich – wie von den Behörden dargestellt – ausschlaggebend für die Tat waren, ist mehr als fraglich. Immerhin fanden die Ermittler 140 Kontakte auf seinem Smartphone, zudem rund 30 Chats. Er hatte auch einen regelmäßigen Partner zum Fußballspielen und trug Zeitungen aus.

Der Terrorismus ist lediglich ein Symptom, das auf Krankheiten des sozialen, politischen und kulturellen Lebens hinweist. Gerade mit Blick auf die Jugend spielen Drogenabhängigkeit, Alkoholismus wie allgemeine Antriebs- und Perspektivlosigkeit eine besondere Rolle. Der Terrorismus kann hier vielleicht als ein »schriller Aufruf« interpretiert werden, auf die Ursachen dieser Krankheit einzugehen.[55] Wie Drogensüchtige hinterlassen Einsame Wölfe durchaus Spuren, gerade im Freundes- und Familienkreis. Thomas Müller, einer der bekanntesten Kriminalpsychologen in Europa und unter anderem als Profiler einst mit dem Fall von Franz Fuchs betraut, meint: »Wenn man im Nachhinein Menschen befragt, die mit dem Täter zu tun hatten, kann ihnen jeder kleine Signale sagen, die darauf hindeuten. Dem Umfeld eines Täters fehlt nur die Aufmerksamkeit, die Sen-

---

54 Vgl. Gunnar Herrmann: »Mein Freund, der Massenmörder«, in: *Süddeutsche Zeitung* vom 29. Mai 2012.
55 Vgl. bereits vor Jahrzehnten Iring Fetscher: »Hypothesen zur politisch motivierten Gewalttätigkeit in der Bundesrepublik«, in: *Hearing des Bundesjugendkuratoriums*, München 1979, S. 11.

sibilität, doch vor allen Dingen die Zeit, diese Signale im Vorfeld zu deuten, ihnen entgegenzuwirken.«[56] Joe Navarro, ein früherer FBI-Agent, der zahlreiche Terroristen interviewte und 2005 das Buch *Hunting Terrorists: A Look at The Psychopathology of Terror* verfasste, vertritt ebenfalls die Ansicht, dass all diese Individuen, unabhängig von ihrem Antrieb und ihrer Ideologie im Besonderen, immer die Kommunikation mit Menschen in ihrem Umfeld suchen. In der Nachanalyse stoßen wir immer auf Menschen, die Gespräche bestätigten und sich gewissermaßen schuldig fühlen, da sie die Signale nicht richtig gedeutet oder ignoriert haben.[57]

Auch bei David Sonboly gab es solche Hinweise. Seine einstige beste Freundin Svenia G. sagte, er habe aus seinen Mordphantasien keinen Hehl gemacht: »Früher war das halt: ›Ich habe Streit mit dieser Person.‹ Und später wurde es: ›Ich hasse diese Person. Ich bringe die irgendwann mal um.‹ Und später war es immer so: ›Ich hasse diese ganzen Leute. Ich hasse die Türken! Ich hasse das! Ich möchte das einfach nicht in meinem Leben.‹ Wie oft wir jetzt zu den Lehrern gegangen sind und gesagt haben, dass Ali wirklich extrem in alldem verfangen ist und dass er seine Ideen umsetzen möchte. Das haben wir gesagt, aber es kam halt nichts. Es wurde immer abgenickt als ›Ja, das ist nur der Ali‹.«

Bis heute belastet die Freundin der Verdacht, nicht genug getan zu haben: »Vorwürfe mache ich mir bis jetzt noch, weil ich nicht verstehen kann, wieso wir nicht früher irgendetwas gemacht haben. Wir waren die Freunde. Wir wussten davon Bescheid. Wir wussten das. Tagtäglich hatte Ali uns davon erzählt,

---

56 Thomas Müller: »Jeder kann zum Amokläufer werden«, in: *Die Welt* vom 20. August 2009, https://www.welt.de/vermischtes/article4362672/Jeder-kann-zum-Amoklaeufer-werden.html

57 Zitiert nach Joe Navarro: »Wounded Minds«, in: *Southern Poverty Law Centre: Age of the Wolf. A Study of the Rise of the Lone Wolf and Leaderless Resistance Terrorism*, Montgomery / Alabama 2015, S. 36.

und wir haben es nicht stoppen können.«[58] Dabei wäre es vielmehr Sache der Erzieher und Behörden gewesen, dieses Verhalten genau zu beobachten.

Bei David Sonboly trugen seine zwischenzeitlichen schulischen Probleme wohl auch zur Radikalisierung und zur Herausbildung eines rassistischen Weltbilds bei. Gerade Anzeichen von Rassismus oder abfällige Äußerungen gegenüber Menschen mit Migrationshintergrund müssen richtig gedeutet werden – auch wenn sie von Menschen kommen, die selbst einen Migrationshintergrund haben und keine Springerstiefel tragen. Auch muss weiter intensiv die grassierende Computersucht junger Menschen, ihre Kommunikation via Teamspeaker und das Spielen von Killerspielen im Kinderzimmer im schulischen Kontext diskutiert werden. Nach der Schule zog sich Sonboly in sein Zimmer zurück und blieb dort stundenlang. Er mochte es nicht, wenn jemand sein Zimmer betrat, und er verbrachte seine Zeit im Wesentlichen allein vor dem Computer. Er war süchtig und saß praktisch seine gesamte Kindheit davor. Seinen ersten Steam-Account legte er im Alter von neun Jahren an.[59] Eine Defizitanalyse sollte dahingehend vorgenommen werden, ob dieser Aspekt nicht einer besonderen Betrachtung wert ist.

Es gibt Möglichkeiten, auffällige Menschen wie Sonboly anhand eines Rasters daraufhin abzugleichen, ob sie potenzielle Attentäter sind. Werden einige Punkte davon erfüllt, sollte man sich an die Behörden wenden. Wir sollten genauer auf Spuren achten und möglicherweise externe Beratung heranziehen:[60]

---

58 Zitiert nach ARD *Fakt*: »München-Attentat: Warum viele Hintergründe im Dunkeln bleiben«, Bericht: Christian Bergmann / Marcus Weller, Sendung vom 22. August 2017.

59 Britta Bannenberg: *Gutachten zum Fall von David S. für das Bayerische Landeskriminalamt*, Gießen, Februar 2018, S. 26.

60 Auf Grundlage von Diane M. Zierhoffer: »Threat Assessment: Do Lone Terro-

1. Motivation (Kränkung, Sendungsbewusstsein, Rassismus etc.)
2. Kommunikation (mit Blick auf die bösen Absichten)
3. Interesse für Terrorismus und Suche nach Vorbildern (Gewaltphantasien, Amok)
4. Verhalten im Zusammenhang mit den Attacken (Radikalisierungsprozess, Rückzug etc.)
5. Mentale Störungen (Diagnosen, Behandlungen)
6. Organisation (Planung der Tat)
7. Bestätigung (etwa durch Andockversuche an Organisationen)
8. Soziale Beziehungen (Umfeld, Betonung auf den virtuellen Raum)
9. Auffälligkeiten von anderen (gerade im virtuellen Raum)
10. Präventionsmöglichkeiten (Rassismus an Schulen etc.)

Die Behandlung von Rechtsextremismus in der Schule sollte nicht mit dem Jahr 1945 enden, sondern die aktuellen Bezüge berücksichtigen. Wie schwer das seitens des Lehrpersonals wohl auch aus moralischer Perspektive ist, zeigt, wie Norwegens Schulen die Terroranschläge vom 22. Juli 2011 behandeln. Breiviks Taten, Ideologie und Motive werden weder vorgestellt noch diskutiert, sondern systematisch totgeschwiegen.[61]

Einsamer-Wolf-Terroristen verfolgen immer das Ziel, sich ein Denkmal zu setzen. Dies geschieht hauptsächlich durch ausführliche mediale Berichterstattung. Gelingt das, ziehen diese

rists Differ From Other Lone Offenders«, in: *Journal of Strategic Security*, 2/2014, S. 57–59.
61 Vgl. Sindre Bangstad: »Norwegen: Ein Fall von Entpolitisierung?«, in: Anna Maria Kellner (Hrsg.): *Demokratien und Terrorismus – Erfahrungen mit der Bewältigung von Terroranschlägen*, Friedrich-Ebert-Stiftung, Bonn 2017, S. 49.

»Helden« Nachahmer an. Vor diesem Hintergrund stellt sich die Frage, ob die Thematik »Einsamer Wolf« überhaupt filmisch aufgegriffen werden sollte. Eine gelungene Form ist gleichwohl der dokumentarisch orientierte Film *Der Patriot* über Franz Fuchs von Elisabeth Scharang, der auf Tonbandprotokollen der Verhöre beruht und die einzelnen Szenen für sich selbst sprechen lässt. Hier werden die psychologischen Auffälligkeiten des Täters ebenso deutlich wie seine rechtsextremistische Gesinnung. Dem 2007 ausgestrahlten Film liegt jede Art von Heroisierung fern.

Präventiv sollte im Sozialkundeunterricht zudem der virtuell ablaufende Radikalisierungsprozess genauer untersucht werden – mitsamt der eigenen Sprache in Chats. Um hier Schritt zu halten, ist die Schulung digitaler Kompetenzen unabdingbar – im Erlebnisraum Schule selbst. Es gibt immer noch Lehrkörper, die von der Dynamik in virtuellen Welten keine Ahnung haben. Soziale (aber auch politische) Kommunikation hat sich grundlegend gewandelt. Auch die Vorstellungen von Extremismus und Terrorismus sind an den neuen Realitäten anzupassen. Es braucht eben kein Parteibuch, keinen Mitgliederausweis in einer Organisation mehr. Insgesamt verlangt die Prävention eine auf den ersten Blick paradox anmutende Strategie:

- *Im virtuellen Leben* ist es notwendig, die auffälligen Aggressoren sozial zu isolieren und rechtsextremistische Kommunikationsbrücken auf virtuellen Plattformen wie Steam zu zerschlagen. Terroristen können umso eher an ihr Ziel gelangen und Anschläge durchführen, wenn sie sich mit Gleichgesinnten austauschen können.[62]

---

62 Vgl. Daniel Byman: »How to Hunt a Lone Wolf. Countering Terrorists Who Act on Their Own«, in: *Foreign Affairs*, 2/2017, S. 97.

- *Im realen Leben* müssen die oft sozial isolierten Menschen die Bindungen an die Gesellschaft zurückgewinnen und reintegriert werden. Hier sind pädagogische und psychologische Angebote gefragt, etwa auch im Umgang mit Persönlichkeitsstörungen. Depressionen beispielsweise werden immer noch tabuisiert, obwohl in den letzten Jahren eine mediale Aufklärungskampagne eingesetzt hat.

Anhand des Falls David Sonboly lässt sich auch die Rolle der Kinder- und Jugendpsychiatrie kritisch hinterfragen. Obwohl er als Patient Hilfe suchte, wurde das Gefahrenpotenzial nicht erkannt. Das Klinikum sah keine Hinweise für eine Fremdgefährdung und verharmloste die rassistisch unterlegten Gewalt- und Tötungsphantasien. Es wäre also irreführend, allein der Gesellschaft den Schwarzen Peter zuzuschieben, wenn selbst professionelle Kräfte die Bedrohung verkennen. Das lag aber auch an der Manipulationsfähigkeit des Täters selbst: Während der zeitlich letzten Therapie hatte der Beschuldigte offenbar bereits die Fähigkeit erlangt, bewusst zu dissimulieren, das heißt Krankheitsanzeichen herunterzuspielen und zu verbergen. Bei seinem letzten Termin am 13. Juli 2016, neun Tage vor der Tat, distanzierte er sich von akuter Selbstmordgefahr und Fremdgefährlichkeit. Die Therapeuten glaubten ihm. Generell müssen also offensichtlich die Maßnahmen überdacht werden, wie junge Menschen mit einer ausgeprägten Computersucht und einem exzessiven Hang zu Gewalt- und Killerspielen zu therapieren sind.

VI.
FAZIT

Albert Einstein schrieb in seinen Betrachtungen der Persönlichkeit: »Wenn wir über unser Leben und Streben nachdenken, so merken wir, dass fast all unser Tun und Wünschen an die Existenz anderer Menschen gebunden ist. Wir merken, dass wir unserer Art nach den geselligen Tieren sehr ähnlich sind [...]. Nur das einzelne Individuum kann denken und dadurch für die Gesellschaft neue Werte schaffen, ja selbst neue moralische Normen aufstellen, nach welchen sich das Leben der Gemeinschaft vollzieht. Ohne schöpferische, selbständig denkende und urteilende Persönlichkeiten ist eine Höherentwicklung der Gesellschaft ebenso wenig denkbar wie die Entwicklung der einzelnen Persönlichkeit ohne den Nährboden der Gemeinschaft.«[1]

Der Einsame Wolf hat die positiven Aspekte des Individuums pervertiert und in eine angstmachende Form der irreparablen Verletzung umgewandelt – frontal gerichtet auf das Gegenüber, den Feind, dem jede Individualität abgesprochen wird. Bei ihm heißt es: die Juden, die Flüchtlinge, die Muslime, die Schwarzen etc. Innige soziale Verbundenheit wird durch asoziale Sprengkraft ersetzt.

---

1 Albert Einstein: *Mein Weltbild. Wie ich die Welt sehe*, Berlin 2010. S. 13 f.

Einsame Wölfe sind die Symptome der Welt, in der wir leben, auch wenn wir die Ursachen gerne verdrängen. Wir müssen ihre Taten im politischen Zusammenhang sehen und dürfen ihre Absichten nicht durch »Entpolitisierung« und »Pathologisierung« negieren. In den Gerichtsprozessen etwa gegen Franz Fuchs, David Copeland, John Ausonius, Peter Mangs und Frank Steffen standen die persönlichen Störungen im Vordergrund, nicht die fremdenfeindlichen Motive. Der Rechtsstaat klammert die schwer zu fassenden ideologischen Beweggründe aus, was sich in anderen Bereichen fortsetzt, etwa im Fall Sonboly: Das ein Jahr nach dem Attentat von München eingeweihte Denkmal für die Opfer trägt die irreführende Inschrift »Amoklauf«, es enthält kein Wort von Terrorismus. Für das Selbstbild und die Erinnerungskultur Münchens ist das ebenso ungenügend wie aus der Perspektive der Opferangehörigen, aber auch der Gesellschaft insgesamt.

Sonboly war kein klassischer Amokläufer, der sich an ehemaligen Mitschülern oder Lehrern rächen wollte, sondern jemand, der es aus politischen Motiven auf bestimmte Menschen abgesehen hatte. Es handelte sich um einen über ein Jahr geplanten, gezielt ausgeführten Anschlag, nicht um eine spontane Gewalteskalation. Für die Angehörigen und Familien der Opfer ist der Umstand besonders schwer zu fassen, dass die Taten »nicht vom Himmel gefallen sind«. Gerade deshalb brauchen sie in der Aufarbeitung und Bewältigung eine besondere Fürsorge, was im Fall von München auch erfolgt.

Viele der diskutierten Anschläge zeigen: Menschen müssen stellvertretend und anonym dafür büßen, Teil einer verhassten Gruppe zu sein. Rechtsextreme Online-Communitys helfen, dass Menschen miteinander in Berührung kommen, die ansonsten aller Wahrscheinlichkeit nach niemals Kontakt zueinander aufgenommen hätten. Solch verbindende Netzwerke können auf der einen Seite einen unterstützenden bzw. legitimierenden Rahmen bilden, auf der anderen Seite zur Koordinierung bzw. Organisation von Gewalthandlungen eingesetzt werden. Die Behörden müssen sich schnell modernisieren und bereits in der Ausbildung die neue Dimension eines virtuellen, international vernetzten Rechtsextremismus endlich berücksichtigen.

Nicht nur innerhalb des islamistischen Terrorismus, sondern auch innerhalb des Rechtsextremismus gilt: Die neue Täterstruktur des Einsamen Wolfs wächst in bedeutendem Maße. Solche Täter sind zwar nicht in Partei oder Organisation eingebunden, handeln aber trotzdem aus politischen Motiven, etwa aus Rassismus. Den Rahmen bilden dabei Internationalisierung und Virtualisierung: Der Fall Sonboly in München offenbart exemplarisch Defizite der Politik, insbesondere in der inneren Sicherheit wie Justiz. Zu schnell entstand das Narrativ eines unpolitischen Amoklaufs. Zu sehr sind Ermittlungsbehörden in traditionellen Mustern verhaftet, zu groß scheint der Wunsch nach einer Entpolitisierung von politisch motivierten Schreckenstaten. Offenbar wird mit zweierlei Maß gemessen, was die Behandlung von islamistischem Terrorismus und Rechtsterrorismus anbetrifft.

Im Falle der IS-Einzeltäter genügt es, wenn der Gewalttäter »Allahu akbar« ruft oder ein IS-Symbol in seinem Zimmer gefunden wird, um als islamistischer Terrorist eingestuft zu werden. Das galt etwa für den 17-jährigen Flüchtling Riaz A., der im Juli 2016, nur kurz vor dem Attentat von München, Reisende in einem Regionalzug bei Würzburg mit Axt und Messer angriff. Was hätte ein Sonboly rufen müssen, damit seine Tat als politisch eingestuft wird?, fragte die *Süddeutsche Zeitung* mit lakonischem Unterton zu Recht.[2]

---

2 Vgl. Lena Kampf / Kassian Stroh: »Die Tat eines ›echten Deutschen‹«, in: *Süddeutsche Zeitung* vom 4. Oktober 2017, S. 35.

Zivilisierte Gesellschaften, die in der Vergangenheit Erfahrungen mit totalitären Regimen gemacht haben, wollen sich nicht dem Vorwurf ausgesetzt sehen, den Schutz stigmatisierter Bevölkerungsgruppen nicht garantieren zu können. Im Gegensatz dazu stehen sie dafür ein, menschenfeindliche Gewalt präventiv zu verhindern. Wie das Phänomen des Einsamen Wolfs zeigt, gelingt das jedoch nur ungenügend. Die Folge ist eine unbequeme Debatte, auch weil ein Kampf mit der Frontstellung »ein ganzer Staat« gegen »ein Individuum« ungleich erscheint. Als Reaktion wird mit der Bildung von neuen Institutionen und Kommissionen reagiert, mit einem Mehr an Verwaltung. Das Problem aber bleibt und lässt manche Fassade brüchig erscheinen.

Was leitet sich daraus ab, wenn nach konjunkturellen Mustern die mangelnde Abwehrfähigkeit der Demokratie gegenüber ihren Feinden konstatiert wird? Immerhin gibt es wenig Handhabe, gegen rechtsextremistische virtuelle Terrornetze vorzugehen, die Einsame Wölfe zu ihren Taten animieren. Sie verbergen sich etwa hinter dem Schleier von Spieleplattformen, deren kommerzfokussierte Betreiber nur schwer zum Einschreiten zu drängen sind. Im Fall Atchison hat selbst das FBI die Brisanz nicht erkannt, obwohl der rechtsextremistische Täter zahlreiche Spuren hinterließ. Auch David Sonboly war namentlich bekannt. Leicht hätte man gegen den »Anti-Refugee-Club« vorgehen können, wo lange nach dem Attentat von München, bis zum September 2017, noch rassistische Gedanken ausgetauscht wurden. Wer vermutet hätte, dass sich Sonboly in einem solchen virtuellen und internationalen Netzwerk bewegt hätte, wäre ohne die Enthüllungen im Dezember 2017 sicherlich als Verschwörungstheoretiker abgekanzelt worden.

Der Verweis auf den Einzelfall und die Fokussierung auf Motive wie Liebeskummer oder Schulmobbing konterkarieren eine notwendige wie unbequeme Debatte, da sie die Gesellschaft von jeder Mitverantwortung befreien. Anders gesagt: Die Behörden gehen wie im Fall Sonboly einem Täter auf den Leim, der sich durch eine hohe Kränkbarkeit auszeichnet. Alltagserlebnisse werden ihm zur Demütigung und Zumutung. Aus diesem Blickwinkel lässt sich die politische Stoßrichtung erklären, wenn etwa ethnische Minderheiten zur Zielscheibe in der polarisierenden Debatte über Flüchtlinge gemacht werden.

Einheimische aus den entsprechenden Ländern fühlen sich betroffen, wenn jemand aus ihren Reihen zum Terroristen mutiert. Viele Norweger waren nach den Attacken vom 22. Juli 2011 verletzt und traurig. Die Solidarität hat aber ihre Grenzen. Die erstarkten rechtspopulistischen Parteien und Bewegungen instrumentalisieren die Taten in Echtzeit. Das war direkt am Abend des 22. Juli 2016 der Fall, als etwa die AfD die Schrecken der Islamisierung und der »Willkommenskultur« beschwor – ohne jegliche Erkenntnisse abzuwarten.

Gerade in Zeiten, in denen etablierte Medien an Glaubwürdigkeit eingebüßt haben und Parallelwelten existieren, braucht es Seriosität und Verlässlichkeit in der Berichterstattung. Die virtuelle Gerüchteküche macht es freilich schwer – in einer Öffentlichkeit, die schnell an islamistische Terroranschläge denkt.

Das Thema »Zuwanderung« ist für den Rechtsterrorismus zentral. Alle Täter kamen aus Gesellschaften, in denen über Fragen der Zuwanderung heftig und kontrovers gerungen wurde und wird. Die anhaltende erhitzte Debatte über Flüchtlinge dürfte weiter Gewalt säen. Individuen, die ohnehin psychische Probleme haben, finden hier ihre Sündenböcke und damit eine Projektionsfläche für die eigene Misere. Der Versuch, Terrorismus ausschließlich durch psychologische Theorien zu erklären und damit in der Bedeutung zu reduzieren, greift zweifellos zu kurz und wirkt allein als Beruhigungspille für die Bevölkerung nach politischen Maßgaben. Die Taten entstehen nicht im Affekt oder im Wahn, sondern aufgrund eines minutiösen Plans. Breivik etwa verwahrte sich dagegen, als krank und unzurechnungsfähig gesehen zu werden. Das wäre ein »schlimmeres Schicksal als der Tod«. Ihm ging es allein um die politische Dimension seiner Tat.[3]

Terroristische Akteure äußern sich in aller Regel lange vor ihren Taten gegenüber Dritten sehr auffällig – in der realen wie virtuellen Kommunikation. Sonboly etwa wurde immer wieder von gleichaltrigen Online-Spielern gesperrt, da er aus seinen Gewaltphantasien keinen Hehl machte. Typisch für solche Täter: Sie verbringen ihre Zeit mit gewaltverherrlichenden, indizierten Computerspielen, um Gewalt als Lösungsansatz zu erleben. Die Gesellschaft selbst muss lernen, Warnverhalten zu identifizieren und möglichst frühzeitig zu melden. Das wird deutlich, wenn eine Person sich in Kriegermentalität als »militärisches Kommando« ausgibt, offen Sympathien für Waffen bekundet, sich mit vorherigen Attentätern und Gewalttätern identifiziert sowie von einem missionarischen Drang beseelt zu sein scheint.

Rechtsterroristisch motivierte Einsamer-Wolf-Terroristen sind nicht nur psychisch auffällig, sondern auch Teil eines größeren ideologischen Rudels. Sie zeigen sich von vorgeführten Aggressionen – etwa die mediale und virtuelle Diskussion über Terrorismus – angetan und sehen hier ein probates Mittel, ihre Probleme und Wünsche zu artikulieren. Sie vermischen großspurige politische Erklärungen mit dem Mord an Menschen, die ihnen nichts getan haben und zu denen keine persönliche Verbindung besteht. Ihr rassistisches Weltbild teilt die Welt in Freund und Feind, ihr Hass richtet sich gegen Minderheiten.

---

3 Vgl. Tore Wehling, Tore / Stefan Hansen: »Breivik, Terrorist oder Amokläufer?«, in: Joachim Krause / Stefan Hansen (Hrsg.): *Jahrbuch Terrorismus 2011/2012*, Opladen 2012, S. 121.

Viele solcher ideologischen Überzeugungen klingen abstrus-lächerlich. Das wissen wir von Beispielen aus der Geschichte, etwa der Verbrennung von Hexen, die angeblich Schiffe versenkt und Menschen in Katzen verwandelt haben, dem Plan zur Ausrottung sämtlicher Juden in Europa, weil ihr Blut angeblich die arische Rasse vergiftet, oder der Hinrichtung aller Kambodschaner, die Brillen trugen, weil das angeblich bewies, dass sie Intellektuelle und somit Feinde des kommunistischen Regimes waren.[4]

Ein Breivik, der sich zum Tempelritter stilisiert und Europa vor der Islamisierung retten will, schließt sich hier nahtlos an. Und die Täter, die aus der Anonymität kommen und dann den Rassenkrieg auslösen oder wie ein Sonboly die Türken auslöschen wollen, ebenso. Radikalisierung sollte als ein sozialer Prozess gelten. Es wäre fatal, den neuen Terrorismus rechter Einzeltäter allein mit den einfachen Zugangsmöglichkeiten im Internet zu erklären. Unerwünschte Nebenwirkungen in Form eines Einzeltäterterrorismus sind besonders dann möglich, wenn sich eine Gesellschaft etwa in Immigrationsfragen entzweit, wenn Verbalradikalismus zur Norm wird. Eine Auseinandersetzung mit den rechtspopulistischen und -radikalen Kräften sollte nicht dazu führen, dass die Mitte als Kopie dem Original hinterherläuft und Ansichten und Formulierungen übernimmt. Eine solche Entwicklung führt zur Legitimierung politisch ausgrenzender Forderungen, etwa beim Flüchtlingsthema.

Spätestens hier stellt sich die Frage nach dem Selbstverständnis moderner Gesellschaften, die angehalten sind, feinere Sensoren für narzisstische Muster und rechtsextremistisch motivierte Botschaften zu entwickeln. Es geht nicht um neue Befugnisse wie die Schaffung von Gremien und Fachstellen, sondern um

---

4 Vgl. Steven Pinker: *Gewalt. Eine neue Geschichte der Menschheit*, Frankfurt a. M. 2011, S. 825.

den Erwerb von Kompetenzen: Schließlich sind neue, virtuell vernetzte Tätertypen entstanden, die in der Gesellschaft wie Öffentlichkeit nach wie vor nur sporadisch als Gefahr wahrgenommen werden, einer allgemeinen Gleichgültigkeit geschuldet. Die Behörden meiden die notwendige Debatte darüber, dass neue Pfade beschritten werden müssen, um rechte Gewalt erkennen zu können – wenn man das will. Die restlos verantwortungslose Haltung der Spielindustrie, die das Vorkommen von Rassismus leugnet und in ihren Foren keine für die Gesellschaft relevanten Debatten zu erkennen meint, tut ein Übriges. Das Ignorieren einer gefährlichen Vernetzung auf scheinbar harmlosen Spieleplattformen ist ebenso gefährlich wie die scheinbar gewollte Entpolitisierung der Attacken von Einsamen Wölfen nach dem Motto: »Es kann nicht sein, was nicht sein darf.«

Danksagung

Ich möchte mich herzlich beim Verlag Hoffmann und Campe bedanken, der mir das Vertrauen schenkte und die Chance gab, aus einem Exposé ein Buch zu machen. In erster Linie hat das Projekt mein Lektor Erik Riemenschneider verantwortet und betreut. Initiiert und motiviert hat mich Imke Rösing von der Berliner Agentur Rauchzeichen. Inhaltlich hinter dem Projekt stand der Münchener Opferanwalt Yavuz Narin, der als Nebenkläger im NSU-Prozess ebenso engagiert war wie im Prozess gegen den Waffenhändler von David Sonboly. Mit seiner damaligen Mitarbeiterin Claudia Neher führte und führe ich intensive Debatten.

Eine fruchtbare Zusammenarbeit hatte ich mit einigen Journalisten, besonders mit dem couragierten Christian Bergmann vom MDR, da es immer wieder neue Erkenntnisse im Fall David Sonboly gab. Bei meinem Vater Wilfried bedanke ich mich für das Korrekturlesen. Die Bibliothek des Deutschen Bundestags in Berlin und die der Universität Passau, meine Alma Mater, erlaubten mir Forschungsaufenthalte.

Am Ende steht der wichtigste Dank. Mein privates Umfeld hat es mir ermöglicht, mich voll und ganz, mit der notwendigen Hingabe diesem Buch zu widmen. Hier stehen zuvorderst Teele Holmberg für ihre Liebe und Unterstützung sowie Villem, der während des Schreibens und vieler Spaziergänge vom Baby zum Kleinkind wurde. Meinen Eltern Anna und Wilfried möchte ich ebenfalls herzlich danken.

Tallinn, den 1. August 2018
Florian Hartleb

Stefan Aust
Der Baader-Meinhof-Komplex
Vollständig überarbeitete und erweiterte Neuausgabe
992 Seiten, gebunden
ISBN 978-3-455-00033-7
Hoffmann und Campe Verlag

Stefan Austs Buch, ein »Klassiker« (FAZ) der jüngeren Geschichts-
schreibung, ist keine Anklageschrift und nicht das Plädoyer eines
Verteidigers, es ist auch kein Urteil, weder in juristischer noch
in moralischer Hinsicht. Es soll ein Protokoll sein, eine Chronik
der Ereignisse vom Juni 1967, als der Student Benno Ohnesorg
von einem Polizisten erschossen wurde, bis zum »Deutschen
Herbst« 1977, der Entführung und späteren Ermordung des Arbeit-
geberpräsidenten Hanns Martin Schleyer, der Entführung und
Befreiung der Passagiere und Besatzungsmitglieder der Lufthansa-
Maschine »Landshut« und den Selbstmorden im Hochsicherheits-
trakt von Stammheim. Detaillierter und brisanter denn je: Eine
Fülle neuer Fakten, die zu einem großen Teil erst durch Austs
akribische Recherchen ans Tageslicht kommen, macht diese
Neuausgabe möglich und notwendig. Neben neuem Fotomaterial
wertet der Autor eine Vielzahl neu aufgefundener und erst heute
freigegebener Ermittlungsakten sowie private Aufzeichnungen
und Aussagen von Zeitzeugen aus.

»Wer immer sich künftig über die RAF,
ihre Ursprünge, ihre Struktur und ihre Figuren ein Bild
machen will, er wird den Aust lesen müssen.«
Die Zeit

»Das bedeutendste Buch über die RAF.«
Frankfurter Rundschau

Can Dündar
Tut was!
Plädoyer für eine aktive Demokratie
Zweisprachige Ausgabe Deutsch/Türkisch
Aus dem Türkischen von Sabine Adatepe
80 Seiten, Taschenbuch
ISBN 978-3-455-00453-3
Hoffmann und Campe Verlag

»Sollen wir die Demokratie, die trotz all ihrer Fehler immer noch die beste Regierungsform ist, die wir haben, schutzlos dastehen lassen, weil sie zunehmend aus der Mode kommt? Meine Antwort lautet: Nein! Demokratie muss sich verteidigen.«

In seinem leidenschaftlichen Plädoyer für eine aktive Demokratie erklärt Can Dündar, warum es nicht mehr reicht, alle vier Jahre brav seine Stimme abzugeben. Seit Populismus zur globalen Krankheit geworden ist und nur noch 4,5 Prozent der Weltbevölkerung in vollständig demokratischen Zuständen lebt, braucht es Bürger, die sich aktiv an der Politik beteiligen, die ihre Stimme lautstark zu Gehör bringen. Dündar zeigt, wie jeder Einzelne sich für soziale Gerechtigkeit und Meinungsfreiheit einsetzen kann. Wenn wir uns jetzt einmischen und uns erheben, ist noch nicht alles verloren.

»Ein kleines Büchlein mit einem großen Plädoyer.«
ZDF aspekte

»Ein tolles Buch!«
Markus Lanz